高职高专“十二五”规划教材

市场营销实务案例教程

主　审　文求实
主　编　姚亚琳　钟　妙　袁三军
副主编　彭荣华　肖　玲　刘一虹
参　编　任　岚　黄浩波

南京大学出版社

主要内容

本书每章均以联想乐 Phone 项目为引导，通过执行实训项目提高学生营销技能。为了让学生全面掌握市场营销知识，具有较强的营销实践能力，本教材以认识市场营销及营销观念为起点，在市场营销环境分析、消费者分析的基础上，为企业选择目标市场进行市场定位，最终形成设计企业的市场营销组合策略，即设计企业的产品策略、价格策略、渠道策略和促销策略。

本教材结构紧凑，理论联系实际，实用性较强，既可作为高职高专院校市场营销专业教材，也可作为其他专业和企业管理人员自学用书。

图书在版编目(CIP)数据

市场营销实务案例教程 / 姚亚琳，钟妙，袁三军主编. 一 南京 ：南京大学出版社，2015.8

高职高专"十二五"规划教材

ISBN 978-7-305-15673-1

Ⅰ. ①市… Ⅱ. ①姚… ②钟… ③袁… Ⅲ. ①市场营销学一高等职业教育一教材 Ⅳ. ①F713.50

中国版本图书馆 CIP 数据核字(2015)第 191320 号

出版发行 南京大学出版社
社　　址 南京市汉口路 22 号　　邮　编 210093
出 版 人 金鑫荣

丛 书 名 高职高专"十二五"规划教材
书　　名 市场营销实务案例教程
作　　者 姚亚琳　钟　妙　袁三军
责任编辑 尤　佳　王抗战　　编辑热线 025-83597087

照　　排 南京南琳图文制作有限公司
印　　刷 丹阳市兴华印刷厂
开　　本 787×1092 1/16　印张 14.75　字数 359 千
版　　次 2015 年 8 月第 1 版　2015 年 8 月第 1 次印刷
ISBN 978-7-305-15673-1
定　　价 32.00 元

网址：http://www.njupco.com
官方微博：http://weibo.com/njupco
官方微信号：njupress
销售咨询热线：(025) 83594756

前 言

市场营销学是一门应用性和实践性很强的学科，能够将理论与实践建立充分和密切的联系。通过实践场景让学生从中加深对相关理论的理解，最终让他们用理论解释实践，这是让学生吸收知识、培养能力的有效途径。因此，我们在这部教材的编写上力求兼顾理论与实务，使两者能够完美融合与相得益彰，理论先进、适用，解释现实，指导实践，实务涵盖现实，贴近实践，加深理论理解，提高学生的悟性，培养学生的能力。

本书在体系结构上，保持了市场营销学体系的基本构架，在内容上进行了整合和提炼，既突出市场营销学的广泛实用性，又体现它的持续发展性。

本书的特色主要体现在：

1.“好看”。考虑到我们面向的对象是高职层次的学生，我们在编写上首先强调趣味性，精选了大量的实例，富有哲理，阅读性强，让学生在欢乐中得到思想的启迪和营销智慧。在做到学习情境和职业情境紧密结合的同时，注重行文的活泼与优美，尽量用形象化、具体化的语言，使学生能直观、形象地获取经验。

2.“好教”。一个大案例贯穿整个教材，教师在梳理教案、把握主干上面更得心应手。由过去的老师讲学生听，变为学生主动地学习，学生完成上一个模块学习自然而然地产生对下一个模块学习的兴趣，变被动学习为主动学习，完成了“由实践到理论、从具体到抽象、由个别到一般”和“提出问题、解决问题、归纳总结问题”的教学程序。

3.“好做”。本教材各章内容针对性地穿插足够数量具典型意义的案例和相关知识介绍。在激发学生的学习兴趣上，注重体现知识的拓展性、案例的生动性、学习的自主性。引入新的理论、案例、材料，甚至是课后练习等，培养学生的创造激情和创造能力。在导入正式内容前给出“案例导入”，以便引起学生对本章的兴趣和关注；各章内容中穿插“案例”、“材料”等增加内容的可读性，每个案例还给出了相应的“要领和启示”，在对应的理论与实践之间构建桥梁。在培养学生的能力上，每章安排了“案例分析”、“思考与应用”和“课外阅读”等练习和实践，突出了知识应用能力的培养。

本书由姚亚琳、钟妙、袁三军担任主编，彭荣华、肖玲、刘一虹担任副主编，任岚、黄浩波参与编写。全书由姚亚琳负责设计总体框架、制定大纲、统稿，文求实担任主审。

本书的顺利出版要感谢湖南信息职业技术学院、湖南信息学院、河南牧业经济学院、长沙电力职业技术学院、江西工程学院等相关院校领导的大力支持，要感谢各位编写人员的辛勤劳动，还要感谢南京大学出版社领导和编辑老师对本系列教材的支持与编审工作。在此一并表示深深的谢意。

在本书的编写过程中，我们参阅了国内外营销学者大量的研究成果，有些没有一一说明，在此表示歉意。由于编者水平有限，书中疏漏在所难免，敬请各位专家读者批评斧正！

编者

2015 年 5 月

目　录

项目一　走进市场营销

工作描述

市场营销是近年来发展最为迅猛的管理学科之一，其理论与方法不仅广泛地应用于企业，还运用到了我们生活的方方面面。作为顾客，我们每天都在不知不觉地参与营销活动。企业的生命在于营销，没有营销，企业将无从发展。

任务一　初识市场营销

【任务目标】

1. 了解市场及其构成；
2. 掌握市场营销的核心概念；
3. 了解市场营销学的发展历程和研究方法。

【任务方法】

1. 大案例导入课程以激发学生的学习兴趣；
2. 相关核心概念系用精讲方式；
3. 以课堂讨论的方式加深学生对知识的理解和巩固。

【任务分析】

要想做好市场营销，首先必须树立市场营销的意识。本项目任务就是带领大家认识并熟悉市场营销，掌握这门建立在经济学、行为学和现代管理理论基础上的应用科学。

【案例导入】

中国手机市场发展现状

回顾我国移动电话20多年的发展历程，我国移动通信市场的发展速度和规模令世人瞩目，中国的移动电话发展史是超常规、成倍数、跳跃式的。据国家工业和信息化部日前发布的报告显示，2011年第一季度我国又增加了3 000万个手机用户，截止到3月底，中国手机用户已达8.89亿。根据该增长率推算，我国的手机用户总数在今年5月将突破9亿大关。我国即将成为世界上首个拥有9亿手机用户的国家。作为全球最大的手机市场，中国市场无疑蕴藏着巨大的商机。随着中国手机市场的飞速发展，国内外手机制造商之间的竞争日趋加剧。对这些手机制造商而言，目前面临的一个重要问题就是如何及时满足消费者需求以提高市场占有率，如何树立良好的品牌形象以获取可持续性竞争优势。

案例提示：

联想作为国内PC机业务的龙头老大，为了能在智能机市场上占得一席之地，必须掌握中国手机市场的发展规律，迎合消费者的习惯，设计符合中国消费者喜好的手机。为保证企业经营健康发展，企业满足市场需求、实现利润最大化及贡献于社会，要通过一定的市场营销活动实现。因此，认识和熟悉市场及市场营销是掌握这门应用学科的基础。

【理论基础】

一、市场

（一）市场的定义

市场是商品经济发展的产物，市场的概念也是随着商品经济的发展而发展的，最初的市场，主要是指商品交换的场所。因为在人类社会初期，生产力水平很低，能进入交换的产品很少，交换关系也很简单，生产者的产品有剩余时，就需要寻找一个适当的地点来进行交换，这样就逐渐形成了市场。随着生存和社会分工的发展，商品交易日益频繁，交换关系也越来越复杂，市场成为了不同生产者通过买卖方式实现产品相互转让的商品交换关系的总和。因此，市场的涵义虽然多种多样，但归纳起来通常有三种：

1. 传统的市场概念

市场是商品交换的场所，是进行商品交换的必要条件，没有一定的场所，交换就无法进行。这是对市场最本意的解释，也是最传统、最狭义的定义。它强调买主和卖主发生交换关系的地点和区域，很显然，任何一家企业都要考虑其产品销往哪些区域，在哪种场所出售。

2. 经济学的市场概念

市场是商品交换关系的总和，这是经济学中市场的广义解释，即市场是由那些从事商品生产和交换的生产者、经营者、消费者之间交换行为和活动体现的经济关系的总结，强调的就是商品供求关系、竞争关系、利益关系等。通常说的“市场机制”“机制调节”中的“市场”就是经济学意义的市场。

3. 营销学的市场概念

市场是指某些产品和劳务现实或潜在购买者的集合，这是从企业或者卖方角度对市场的解释。所谓购买者可以分为两类：一是现实的既有支付力又有购买兴趣的购买者；二是潜在的即可能具有购买力和购买欲望的购买者。明确自己产品的市场规模，消费者及用户构成，是企业营销战略决策、制定决策、组织营销活动的基本出发点。所谓市场，就是面向消费需求，面向自己的顾客。

从企业或卖方的角度看，市场由三个要素组成：有某种需要的人、购买力和购买欲望。这三个要素相互制约，缺一不可，任何一个要素为零，市场将为零。只有三者结合起来才能构成现实的市场，才能决定市场的规模和容量。例如，一个国家或地区人口众多，但收入很低，购买力有限，则不能成为容量很大的市场，如一些发展中国家；反之，购买力虽然很高，但是人口很少，同样也不能成为很大的市场，如瑞士、新加坡等国家。

（二）市场的类型

根据不同的划分标准，市场可以划分出不同的类型。

1. 根据市场范围分：区域市场、国内市场、国际市场。区域市场又可以分为农村市场与城市市场，或者沿海市场与内地市场，东部、南部、西部、北部、中部市场等。

2. 根据市场客体分：消费者市场、生产者市场、中间商市场和政府市场。

3. 根据市场状况分：买方市场和卖方市场。

4. 根据竞争程度分：完全竞争市场、完全垄断市场、寡头垄断市场、垄断竞争市场。

二、市场营销

（一）市场营销的概念

"Marketing"一词有时是指社会的某些经济活动或企业的某些经济活动，或视为企业的市场营销活动；有时是指以市场营销活动为研究对象的市场营销学。因此，Marketing 用于不同场合的含义是不同的，不能将两种不同场合的 Marketing 的含义混为一谈。

对于市场营销，西方学者从不同的角度下了多种定义。美国学者基恩·凯洛斯曾将各种市场营销定义分为三类：一是将市场营销看作一种为消费者服务的理论；二是强调市场营销是对社会现象的一种认识；三是认为市场营销是通过销售渠道把生产企业同市场联系起来的过程。这从一个侧面反映了市场营销的复杂性。

本书采用著名营销学家菲利普·科特勒教授关于市场营销的定义：市场营销(Marketing)是个人和群体通过创造并同他人交换产品和价值以满足需求和欲望的一种社会和管理过程。

根据此定义，可将市场营销概念具体归纳为如下三点：

(1) 市场营销的最终目标是"满足需求和欲望"；

(2) "交换"是市场营销的核心，交换过程是一个主动、积极寻找机会，满足双方需求和欲望的社会过程和管理过程；

(3) 交换过程能否顺利进行，取决于营销者创造的产品和价值满足顾客需求的程序和交换过程管理的水平。

（二）市场营销的核心概念

市场营销既然是个人和群体通过创造并同他人交换产品和价值以满足需求和欲望的一种社会和管理过程。显而易见，市场营销作为一种复杂、连续、综合的社会和管理过程，是基于下列核心概念之上的（如图 1－1 所示），只有准确把握市场营销的核心概念及其相互之间的关系，才能深刻认识市场营销的本质。

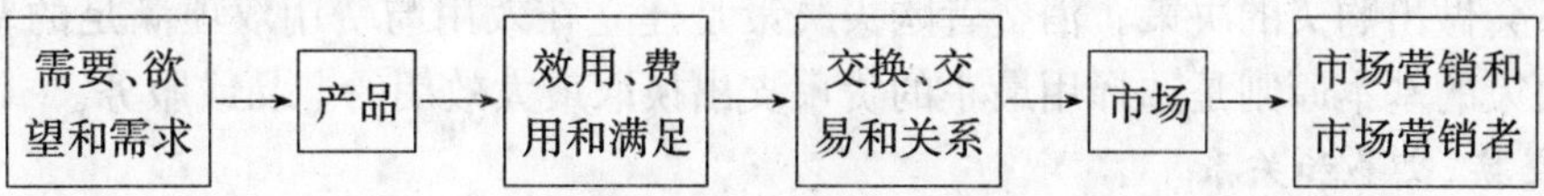

图 1－1　市场营销的核心概念

1. 需要、欲望和需求

消费者的需要、欲望和需求是市场营销活动的出发点，满足消费者的需要、欲望和需求是市场营销活动的目的。需要、欲望和需求是三个既相互联系、又相互区别的概念，认识这组概念的关联性和差异性，对营销者来说是十分重要的。

人的需要存在于人本身的生理和心理的自然状态之中，是人们感到某种要求尚未被满足的或被剥夺的状态。人为了生存需要食物、衣服、房屋等相关物品，并通过消费这些物品来满足相应的生理和心理的需要。人的需要是人的自然性的表现，既包括物质的、生理的需要，也包括精神的、心理的需要，具有多元化、层次化、个性化、发展化的特性，营销者只能通过营销活动对人的需要施加影响和引导，而不能凭主观臆想加以创造。

欲望是指人希望得到更深层次的需要的满足。欲望源于需要，欲望生成行为动机和行为过程。欲望愈强烈，愈能激励人为实现欲望而采取主动、积极和创造性的行为。人的需要是有限的，但人的欲望是无限的。

需求是指人对特定产品或服务的欲望。需要转化为需求必须具备两个条件：一是有强烈的需要欲望，二是有一定的支付能力。需求形成市场，因此，企业进行营销决策时，重要的不是有多少人需要、喜欢自己的产品或服务，而是有多少人愿意并有支付能力购买自己的产品和服务；重要的不是提供什么产品或服务，然后采取各种方式与手段将其卖出去，而是在准确预测需求的基础上，通过提供优质的产品、合理的价格、全面满意的服务来影响和引导需求，将潜在需要的欲望变成现实的市场。

2. 产品

产品泛指满足人的特定需要和欲望的商品和劳务。人们对产品重要性的认识，不在于通过购买拥有其所有权，而在于通过购买获得使用它们所能提供的效用与服务。产品是获得效用与服务的载体，它涵盖那些可满足需要和欲望的有形产品、服务产品和其他载体。人们在选择和购买产品时，实际上是在选择和购买最能满足他们需要的一种愿望和利益。如果只研究产品载体，忽视消费者的需要和欲望，不清楚消费者真正的购买愿望和利益，产品的生产和销售便失去了市场意义，就会因犯市场“营销近视症”的错误而失去市场。

3. 效用、费用和满足

在诸多产品的购买选择中，消费者总是根据多项标准去选择能提供最大效用的产品作为购买目标。效用最大化是消费者选择产品的首要原则。所谓效用是指消费者对产品满足其需要的整体效能的评价。效用的评价，既取决于厂商所提供的产品使用中的实际效能，也取决于消费者将产品实际效能与期望效能进行的对比评价。当产品实际效能与期望效能愈接近，愈能刺激消费者发生购买行为；否则，消费者拒绝购买。

效用是消费者选择购买行为的首要标准，但仅有效用标准还不能促使消费者做出实际的选择。消费者除了效用标准外，还需要用价值标准对购买行为进行比较，即购买某种产品或服务所支付的货币数额。如果消费者选择效用最大，而为此付出的经济利益得不偿失时，消费者不会做出购买的决策。消费者购买决策是建立在效用与费用双项满足的基础之上，其购买决策的基本原则是选择用最小的货币支出换取最大效用的产品或服务。

4. 交换、交易和关系

当人们决定通过交换来满足需要和欲望时，才产生市场营销。交换是人们取得产品的多种方式之一。人们通过自行生产、强取、乞讨、接受馈赠等方式获取产品时，并不存在市场及市场营销，只有通过市场交换取得产品时，才存在市场营销。交换是以提供某物作为回报而从他人换取所需要产品的行为。交换行为的发生需要五种条件：存在交换双方；每方都能提供另一方需要并有价值的东西；交换双方都具有沟通与送货的能力；交换双方都是自由人(可以自由地接受或拒绝)；交换双方都能在交换过程中受益。

交换并非是一次性的活动，而是一个过程。交换的双方都要经历一个寻找合适的产品和服务、谈判价格和其他交换条件以及达成交换协议的过程。一旦达成交换协议，交易也就产生。交易是指交换双方在达成协议后实际发生的价值交换行为或过程。交易发生的基本条件是：交易双方；双方互为满意的有价值的物品；双方满意的交换条件（价格、地点、时间、运输及结算方式等）。

5. 市场营销与市场营销者

市场营销既指人类与市场有关的一切活动，具体地说，是指个人与社会组织为了满足人类的欲望和需求而进行的现实的或潜在的交换活动。市场营销是一个社会管理过程，在这一过程中个人和群体通过创造、提供与他人交换有价值的产品与服务而满足自己的需要和欲望。

市场营销者是指从他人处寻求资源并愿意以有价物品进行交换的个人或社会组织。一般而言，市场营销者是指服务于目标客户市场同时又面临竞争者的公司组织。市场营销者的营销活动是在多种力量影响下进行的，他既是营销活动的主导力量，又受各种外部力量的制约。市场营销者只有在内部资源与外部环境协调互助的发展过程中，才能实现营销绩效的最大化。

三、市场营销学

市场营销学是20世纪初从经济学中脱胎出来的，它的形成是一个特殊的历史过程，在此过程中市场营销学不断发展并逐渐成熟。

(一) 市场营销学的起源与发展

市场营销学于20世纪初起源于美国，它是美国社会经济环境发展变化的产物。100多年以来，随着经济形势和工商企业市场营销活动的变化，市场营销学也有了很大发展，大致可分为以下几个阶段。

第一阶段：萌芽阶段（1900～1920年）

早在1902年，美国有几所大学就率先开设了市场营销学课程。这一阶段，承担大学商科教学的教师们开始注意到交换领域的定价、分销和广告问题的研究，并陆续开设相关课程。但市场营销学的理论体系尚未形成，时常需借用经济学理论，市场营销研究与企业的营销管理实践也没有密切联系起来。因此可以说这一阶段是市场营销学的“萌芽阶段”。1912年，哈佛大学教授哈杰特齐（J. E. Hagertg）出版了第一本以“Marketing”（市场营销学）命名的教科书，被认为是市场营销学作为一门独立学科产生的标志。

第二阶段：功能研究阶段（1921～1945年）

这一阶段以营销功能研究为特点。1929～1933年，资本主义世界爆发了经济大危机，市场萧条，市场问题空前突出。因此市场营销学逐渐受到学术界和企业界的重视，各种流派的不同观点和研究方法相继出现，逐渐形成了市场营销学的概念和理论体系。1926年，“全国市场营销学和广告学教师协会”在美国建立。1937年，“美国市场营销协会”（AMA）成立，并在全美各地设立了几十个分会，在几十所大学里组织了市场营销学研究俱乐部，出版了杂志，交流研究成果和组织人员培训工作等，对市场营销学的发展起到了促进作用。

这一阶段，市场学的研究在深度和广度上都有一定的进展，但还没有超出流通领域，仍局限于推销问题的研究，没有重大突破。1942年，克拉克出版的《市场营销学原理》一书在功能研究上有所创新，把功能归结为交换功能、实体分配功能、辅助功能等，并提出了推销是创造需求的观点,实际上是市场营销的雏形。

第三阶段:形成和巩固阶段(1946～1965年)

随着"二战"后科学技术的发展,劳动生产率大大提高,经济增长迅速,市场态势发生了重大变化:一方面商品供应数量空前增加,新产品和新品种不断出现,形成了买方市场;另一方面,由于资本主义政府吸取了30年代大危机的教训,推行一整套高工资、高消费和高福利的社会经济政策,刺激和提高了国民的购买力,使消费者对于商品的购买选择性日益增强。在这种情况下,企业间的市场竞争愈演愈烈,原来的市场营销学理论和实务已不能适应企业市场营销活动的需要。于是,在市场学的理论上出现了一个重大突破,形成了"以消费者为中心"的现代市场营销观念。至此,市场营销学的研究突破了流通领域,深入到生产领域和消费领域,形成了现代市场营销学体系。

这一时期的主要特征是:市场营销理论的阐述更加准确;强调市场营销活动必须适应消费者需求的变化;强调目标市场营销学、市场营销信息和市场营销系统的重要作用;从企业环境与营销策略二者关系来研究营销管理问题。代表人物有:范利(Vaile)、格雷特(Grether)、考克斯(Cox)、梅纳德(Maynard)、贝克曼(Beckman)、罗·奥尔德逊(Wraoe Alderson)、约翰·霍华德(John. A. Howard)和尤金·麦卡锡(E. J. Mocarthy)等。

1960年,美国的尤金·麦卡锡集大成著出《基础市场学》,提出了4P组合,即产品(Product)、价格(Price)、渠道(Place)和促销(Promotion)的营销组合。麦卡锡为我们提供了一个有助于记忆营销组合主要工具的简便方法。

第四阶段:差异化发展阶段(1966～1980年)

这一时期,市场营销学逐渐从经济学中独立出来,同管理科学、行为科学、心理学、社会心理学等理论相结合,广泛吸收其他学科的概念、原理,使市场营销学的理论体系更加充实。从原来的总论性、归纳性和概括性分析研究,转变为区别不同的研究对象、确定具体研究内容的专门性研究,并分化出许多子学科,如服务市场营销学、国际市场营销学、非营利组织市场营销学、房地产市场营销学等。

这一时期的代表人物主要有:菲利浦·科特勒(Philip Kotler),乔治·道宁(George S. Downing)等。1967年,美国著名市场营销学教授菲利浦·科特勒出版了《市场营销管理:分析、计划与控制》一书,该著作全面系统地论述了现代市场营销理论。他对营销管理下了精辟的定义:营销管理就是通过创造、建立和保持与目标市场之间的有益交换和联系,以达到组织的各种目标而进行的分析、计划、执行和控制过程,并提出市场营销管理过程包括分析市场营销机会,进行营销调研,选择目标市场,制定营销战略和战术,制定、执行及调控市场营销计划。

第五阶段:国际化阶段(1981～1990年)

20世纪80年代以后,市场营销学在理论研究的深度和学科体系的完善上都得到了极大的发展。1986年,菲利普·科特勒在《哈佛商业评论》(3～4月号)发表了《论大市场营销》一书,提出了"大市场营销"(Megamarketing)概念,在原来的4P′s基础上增加了两个P:"政治力量"(Political Power)和"公共关系"(Public Relation)。这一概念引领了市场营销战略思想的新发展。

这一时期也是市场营销学的分支学科——国际市场营销学理论化、系统化的大发展时期,是市场营销学在国际范围内迅速扩散和被广为采纳的时期。伴随着和平与发展的主旋律，许多发展中国家积极倡导改革开放、发展经济，有力地促进了市场营销学的传播，也极大地丰富了市场营销学的理论内容。

第六阶段：科技化阶段（1991年～至今）

进入20世纪90年代以来，伴随着Internet的广泛使用和科技发展对经济的深远影响，市场营销学界的学者们纷纷运用现代科学技术（如电子商务和Internet）开展市场营销教学与研究。寻求科学技术与市场营销的结合，成为这一时期市场营销教学与研究的一大热点。

（二）市场营销学在我国的传播

第二次世界大战后，从20世纪50年代开始，市场营销学从美国传播到日本、西欧、前苏联和东欧各个国家。从一些公司在市场营销中应用现代美国市场营销学的原理和技术，到各大高等学府开设市场营销学课程，现代美国市场营销学在全球范围内广泛传播。同样，市场营销学在我国也得到了传播与发展。经过几十年的时间，我国对于市场营销学的研究、应用和发展已取得了可喜的成绩。

早在30年代，我国就有市场营销学的译本。现存最早的教材，是丁馨伯编译的《市场学》，由复旦大学于1933年出版。但是，当时我国对市场营销学的研究仅限于几所设有商科或管理专业的高等院校，传播极其有限。

从新中国成立到实行改革开放前的30年左右的时间里，由于国家实行高度集中的计划经济体制，市场营销学更是无从得到传播与应用，国内学术界对国外市场营销学的发展情况也知之甚少。

在党的十一届三中全会上，党中央提出了对外开放、对内搞活的总方针，从而为我国引进和研究市场营销学创造了有利的环境。1978年，北京、上海、广州的部分学者和专家开始着手市场营销学（当时称之为"销售学原理"）的引进研究，可谓在市场营销学的引进上迈出了一步。1979年，鉴于国家经济的发展，当时的对外贸易部、第二机械工业部和少数大专院校开始聘请外籍教师来华讲授市场营销学。

20世纪80年代初期，我国有少数大专院校，开始陆续开设市场营销学课程。1980年，中美两国政府合作举办的中国工业科技管理大连培训中心成立。大连培训中心在培训我国大中型企业的厂长经理时，市场营销学作为一门核心课程被开设。

1984年10月，"中国高等院校市场学研究会"成立。1991年，"中国市场学会"成立。"两会"的成立标志着市场营销学在中国的研究与传播进入到普及、推广的新阶段。

随着改革开放的深入，我国已由过去长期供不应求的计划经济发展为活跃的市场经济。现代企业制度建立后，企业成为市场经济活动的主体。在激烈的市场竞争下，企业比以往任何时候都更加关注市场和客户需求，关注营销策略和营销部门在企业中的地位与作用。在这种新的形势下，我国理论界和工商业、外贸、银行等业务部门开始重视引进、学习研究和应用现代西方市场营销学所阐明的市场营销原理和技术。现在，我国许多综合大学、工科大学、高等财经院校和广播电视大学等都已开设市场营销学课程，市场营销学的知识正在我国迅速传播，并已开始运用于我国企业的国内、国际市场营销活动之中。学术界对市场经济体制的市场营销管理，中国市场营销的现状与未来，跨世纪中国市场营销面临的挑战、机遇与对策等重大理论课题都展开了研究，有力地扩展了市场营销学的研究领域，并取得了可喜的成果。

尤其是加入WTO以来，我国企业面临着来自国际市场的竞争压力，大家正在以前所未有的热情来研究市场营销学，以新的思考去面对市场的挑战。未来，我国市场营销学的研究会更加突出中国特色，在边引进、边消化、边吸收的基础上，逐步建立起切合我国国情的、中国化的市场营销学。

（三）市场营销学的研究对象、内容与方法

1. 市场营销学的研究对象

市场营销是个人和群体通过创造并同他人交换产品和价值以满足需求和欲望的一种社会和管理过程，而市场营销学则是研究市场营销活动及其规律的科学。市场营销学的研究对象是以满足消费者需求为中心的企业市场营销活动过程及其规律性，即企业在动态市场上如何有效地管理和实施以产品（Product）、定价（Price）、地点（Place）、促销（Promotion）为主要内容的市场营销活动，提高企业的经济效益，求得生存和发展，实现企业的目标。即研究企业如何识别、分析评价、选择和利用市场机会，从满足目标市场顾客需求出发，有计划地组织企业的整体活动，通过交换，将产品从生产者手中转移到消费者手中，以实现企业经营目标。具体为以下三个方面的问题：

（1）消费者的需求和欲望及其形成、影响因素、满足方式等（即消费者行为）；

（2）供应商如何满足并影响消费者的欲望和购买行为（即供应商行为）；

（3）辅助完成交易行为，从而满足消费者欲望的机构及其活动（即市场营销机构行为）。

2. 市场营销学的研究内容

市场营销学的主要研究内容包括三个部分：分析环境与市场；研究营销活动与营销策略；实施市场营销计划、组织与控制。

第一部分内容着重分析企业与市场环境的关系，分析影响和制约企业营销活动的各种环境因素，分析各类购买者行为，进而提出企业进行市场细分和选择目标市场的理论和方法，并进行市场调查和市场需求预测。这是市场营销的基础和基本思路。

第二部分内容是研究企业营销活动与营销策略，这是市场营销学的核心内容。其任务在于论述企业如何运用各种市场营销手段以实现企业的预期目标。市场营销活动中所包含的可控制的变数很多，美国学者尤金·麦卡锡把这些变数概括为四个基本变数，即产品、价格、（销售）地点和促销，简称为“4Ps”，对 4Ps 策略的研究，构成了营销活动研究的四大支柱。这部分内容不仅就每个基本变数可供选择的营销策略进行了分析，而且提出了“市场营销组合”这一十分重要的概念，强调四个基本变数不是彼此孤立的、分割的，必须依据外部环境的动向，进行产品、定价、分销及促销四大策略的最佳组合，以保证从整体上满足顾客的需求。

第三部分关于市场营销计划、组织与控制的实施，主要是企业为保证营销活动的成功而在计划、组织、控制等方面采用的措施与方法。

3. 市场营销学的研究方法

（1）市场营销学的传统研究方法是随着市场营销学的发展而变化的。在 20 世纪 50 年代前，对市场营销学的研究主要采用传统的研究方法，包括产品研究法、机构研究法、功能研究法。

1）产品研究法：即对产品（商品），如农产品、机电产品、纺织品等分门别类的研究方法。主要研究产品的设计、包装、厂牌、商标、定价、分销、广告及各类产品的市场开拓。这种研究方法其优点是具体实用，可详细地分析研究各类产品在市场营销中遇到的具体问题，缺点是需耗费大量人力、物力和财力，而且重复性很大。这一方法的研究结果，形成各大类产品的市场营销学，如汽车市场营销学等。

2）机构研究法：它是一种以人为中心的研究方法。这种方法以研究市场营销制度为出发点，即研究营销渠道中各个环节及各种类型的市场营销机构，诸如代理商、批发商、零售商等市场营销问题。其研究结果形成批发学、零售学等。

3）功能研究法：是研究市场营销的各类职能以及在执行这些职能的过程中所遇到的问题及解决方法。例如，通过研究交换功能（购买与销售）、供给功能（运输与储存）、便利功能（资金融通、风险承担、市场信息等）以及企业执行各种功能中可能遇到的问题，来研究和认识市场营销问题。这一方法在西方学术界颇为流行。

（2）进入20世纪50年代以后，市场营销学从传统市场营销学演变为现代市场营销学，研究市场营销学的方法主要是现代科学方法，包括管理研究法、系统研究法及社会研究法。

1）管理研究法：这是战后西方营销学者和企业界采用较多的一种研究方法，它是从管理决策的角度来分析、研究市场营销问题，综合了产品研究法、机构研究法和功能研究法。从管理决策的角度看，企业营销受两大因素的影响：一是企业不可控制因素，诸如人口、经济、政治、法律、物质、自然、社会文化等因素；二是企业可控因素，即产品、价格、分销及促销。企业营销管理的任务在于全面分析外部不可控制因素的作用，针对目标市场需求特点，结合企业目标和资源，就企业的可控因素制定出最佳的营销组合策略，实现企业赢利目标。

2）系统研究法：它是系统理论具体应用的一种研究方法，是从企业内部系统、外部系统，以及内部和外部系统如何协调来研究市场营销学。企业内部系统主要是研究企业内部各职能部门，如生产部门、财务部门、人事部门、销售部门等如何协调，以及企业内部系统同外部系统的关系如何协调。后者主要研究企业同目标顾客和外部环境的关系。内部与外部系统又是通过商品流程、货币流程、信息流程联结起来的。只有市场营销系统的各组成部分相互协调，才能产生高的营销效益。

3）社会研究法：主要是研究企业营销活动对社会利益的影响。市场营销活动，一方面带来了社会经济繁荣，提高了社会及广大居民的福利；另一方面造成了某些负面效应，诸如污染社会及自然环境，破坏社会生态平衡。因此，有必要通过社会研究方法，寻求使市场营销的负面效应减少到最低限度的途径。

任务二　把握营销观念的发展

【任务目标】

1. 了解营销观念的发展阶段；
2. 掌握新旧营销观念的区别；
3. 了解顾客让渡价值的概念和提升途径；
4. 掌握营销理论的发展趋势。

【任务方法】

1. 在理论与实践结合的基础上，分析营销观念的发展变化趋势；
2. 结合实例，认识营销不同发展阶段的特点，逐步形成营销意识。

【任务分析】

任何理论和学科都不是一蹴而就的，它必然经历一个发展完善的过程，市场营销理念就是一个逐步发展的过程，了解市场营销观念的发展变化能够帮助我们更好地强化市场营销理念，以先进的经营理念做指南，紧紧围绕消费者需求，开展营销活动。

【案例导入】

中国手机市场发展趋势

近年来，我国移动通信的发展倍受瞩目，且移动通信在人们的通信方式中占据越来越重要的位置。伴随我国移动用户和移动业务的持续增长，我国手机终端市场需求的增长空间巨大。

2007 年我国手机市场的销售规模达到 14 913 万部，受国际金融危机的影响，2008 年国内手机销售仅为 14 736 万部，较上年下跌 1.2%。到 2009 年底，我国经济企稳向好，同时受国内 3G 市场的拉动，我国手机销售规模达到了 15 656 万部，较上年增长 6.2%。

移动电话新增用户的持续增长、换机用户的增长及 3G 市场的发展构成了 2009 年中国移动电话市场低位反弹的主要动力，而更多的厂商进入市场有效参与市场竞争，以及现有移动电话主力厂商加大竞争投入力度，都在一定程度上刺激了市场需求的增加，从而带动市场总量的持续增长。

从国内手机市场的季度销售情况来看，我国手机市场的抗金融风险能力较强。2008 年国内手机市场销售一片低迷，连续三个季度的手机销售出现负增长，其中，第二季度达到低谷−14.6%。从 2009 年开始国内手机市场的销售出现反弹，到第四季度，环比增长率达到 24.8%，手机市场重新回到高速增长期。得益于整个手机市场销售的良好发展，2009 年国内 3G 手机的销售也快速增长。2009 年国内 3G 手机销售共计 491.6 万部，3G 终端的快速发展，也将极大推动我国 3G 的建设和发展进程。在未来数年内，受国内 3G 市场的发展及移动通信业务量不断攀升、新型移动数据业务不断出现的影响，中国手机市场将稳步走高。

总体上来说，我国手机市场呈稳步上升的形势。手机消费者数量在不断增加，手机的销售规模也在不断扩大。其中，3.6 英寸～5.0 英寸产品为用户关注的主流，智能手机和 3G 手机是未来手机市场的主流产品。未来我国手机在生产方面应该更加注重质量和性能，以满足消费者的需求。

案例提示：

伴随我国移动用户和移动业务的持续增长，我国手机终端市场需求增长空间巨大。联想作为国内 PC 机业务的龙头企业，如何在智能机市场上占得一席之地，赢得市场并驾驭市场，在激烈的竞争中游刃自如，长足发展，立于不败之地？其关键是树立正确的市场营销观念。

【理论基础】

一、市场营销观念演变

市场营销管理观念(即观念或者称为导向)是企业从事营销活动的基本指导思想,是企业如何看待顾客和社会的利益,即如何处理企业、顾客和社会利益三者之间的关系。无论是西方国家还是我国,企业经营观念思想演变都经历了由"以生产为中心"转变为"以顾客为中心"的过程。企业经营观念的演变过程,既反映了社会生产力及市场趋势的发展,也反映了企业领导者对市场营销发展客观规律认识的深化结果。

现代企业的市场营销管理观念可归纳为五种,即生产观念、产品观念、推销观念、市场营销观念和社会市场营销观念。

1. 生产观念(production concept)

生产观念是指导销售者行为的最古老的观念之一。这种观念产生于20世纪20年代以前。企业经营观念不是从消费者需求出发,而是从企业生产出发。其主要表现是"我生产什么,就卖什么"。生产观念认为,消费者喜欢那些可以随处买得到而且价格低廉的产品,企业应致力于提高生产效率和分销效率,扩大生产,降低成本以扩展市场。例如,美国皮尔斯堡面粉公司,从1869年至20世纪20年代,一直运用生产观念指导企业的经营,当时这家公司提出的口号是"本公司旨在制造面粉"。美国汽车大王亨利·福特傲慢地宣称"不管顾客需要什么颜色的汽车,我只有一种黑色的"也是一种典型表现。显然,生产观念是一种重生产、轻市场营销的商业观念。

生产观念是在卖方市场条件下产生的。在资本主义工业化初期以及第二次世界大战末期和战后一段时期内,由于物资短缺,市场产品供不应求,生产观念在企业经营管理中颇为流行。我国在计划经济旧体制下,由于市场产品短缺,企业不愁其产品没有销路,工商企业在其经营管理中也奉行生产观念,具体表现为:工业企业集中力量发展生产,轻视市场营销,实行以产定销;商业企业集中力量抓货源,工业生产什么就收购什么,工业生产多少就收购多少,也不重视市场营销。

除了物资短缺、产品供不应求的情况之外,有些企业在产品成本高的条件下,其市场营销管理也受产品观念支配。例如,亨利·福特在本世纪初期曾倾全力于汽车的大规模生产,努力降低成本,使消费者购买得起,借以提高福特汽车的市场占有率。

2. 产品观念(product concept)

产品观念是一种较早的企业经营观念。产品观念认为,消费者最喜欢高质量、多功能和具有某种特色的产品,企业应致力于生产高值产品,并不断加以改进。它产生于市场产品供不应求的"卖方市场"形势下。最容易滋生产品观念的时机,莫过于在企业发明一项新产品时。此时,企业最容易产生"市场营销近视",即不适当地把注意力放在产品上,而不是放在市场需要上,在市场营销管理中缺乏远见,只看到自己的产品质量好,看不到市场需求在变化,致使企业经营陷入困境。

小案例 1－1

美国某钟表公司营销观念

美国某钟表公司自1869年创立到20世纪50年代，一直被公认为是美国最好的钟表制造商之一。该公司在市场营销管理中强调生产优质产品，并通过由著名珠宝商店、大百货公司等构成的市场营销网络分销产品。1958年之前，公司销售额始终呈上升趋势。但此后其销售额和市场占有率开始下降。造成这种状况的主要原因是市场形势发生了变化：这一时期的许多消费者对名贵手表已经不感兴趣，而趋于购买那些经济、方便、新颖的手表；而且，许多制造商迎合消费者需要，已经开始生产低档产品，并通过廉价商店、超级市场等大众分销渠道积极推销，从而夺得了某钟表公司的大部分市场份额。某钟表公司竟没有注意到市场形势的变化，依然迷恋于生产精美的传统样式手表，仍旧借助传统渠道销售，认为自己的产品质量好，顾客必然会找上门，致使企业经营遭受重大挫折。

3. **推销观念**(the selling/sales concept)

推销观念(或称销售观念)产生于20世纪20年代末至50年代前，是为许多企业所采用的另一种观念，表现为“我卖什么，顾客就买什么”。它认为，消费者通常表现出一种购买惰性或抗衡心理，如果听其自然的话，消费者一般不会足量购买某一企业的产品，因此，企业必须积极推销和大力促销，以刺激消费者大量购买本企业产品。推销观念在现代市场经济条件下被大量用于推销那些非渴求物品，即购买者一般不会想到要去购买的产品或服务。许多企业在产品过剩时，也常常奉行推销观念。

推销观念产生于资本主义国家由“卖方市场”向“买方市场”过渡的阶段。在1920～1945年间，由于科学技术的进步，科学管理和大规模生产的推广，产品产量迅速增加，逐渐出现了市场产品供过于求，卖主之间竞争激烈的新形势。尤其在1929～1933年的特大经济危机期间，大量产品销售不出去，迫使企业重视采用广告术与推销术去推销产品。许多企业家感到：即使有物美价廉的产品，也未必能卖得出去；企业要在日益激烈的市场竞争中求得生存和发展，就必须重视推销。例如，美国皮尔斯堡面粉公司在此经营观念导向下，当时提出“本公司旨在推销面粉”。推销观念仍存在于当今的企业营销活动中，如对于顾客不愿购买的产品，往往采用强行的推销手段。

这种观念虽然比前两种观念前进了一步，开始重视广告术及推销术，但其实质仍然是以生产为中心的。

4. **市场营销观念**(marketing concept)

市场营销观念是作为对上述诸观念的挑战而出现的一种新型的企业经营观念。这种观念是以满足顾客需求为出发点的，即“顾客需要什么，就生产什么”。尽管这种思想由来已久，但其核心原则直到50年代中期才基本定型，当时社会生产力迅速发展，市场趋势表现为供过于求的买方市场，同时广大居民的个人收入迅速提高，有可能对产品进行选择，企业之间的竞争加剧，许多企业开始认识到，必须转变经营观念，才能求得生存和发展。市场营销观念认为，实现企业各项目标的关键，在于正确确定目标市场的需要和欲望，并且比竞争者更有效地传送目标市场所期望的物品或服务，进而比竞争者更有效地满足目标市场的需要和欲望。

市场营销观念的出现，使企业经营观念发生了根本性变化，也使市场营销学发生了一次革命。市场营销观念同推销观念相比具有较大的差别。

西奥多·莱维特曾对推销观念和市场营销观念做过深入的比较，他指出：推销观念注重卖方需要；市场营销观念则注重买方需要。推销观念以卖主需要为出发点，考虑如何把产品变成现金；而市场营销观念则考虑如何通过制造、传送产品以及与最终消费产品有关的所有事物，来满足顾客的需要。可见，市场营销观念的四个支柱是：市场中心，顾客导向，协调的市场营销和利润。推销观念的四个支柱是：工厂，产品导向，推销和赢利。从本质上说，市场营销观念是一种以顾客需要和欲望为导向的观念，是消费者主权论在企业市场营销管理中的体现。许多优秀的企业都是奉行市场营销观念的。

小案例 1-2

本田雅阁车的设计

日本本田汽车公司要在美国推出一种雅阁牌新车。在设计新车前，他们派出工程技术人员专程到洛杉矶地区考察高速公路的情况，实地丈量路长、路宽，采集高速公路的柏油，拍摄进出口道路的设计。回到日本后，他们专门修了一条 9 英里长的高速公路，就连路标和告示牌都与美国公路上的一模一样。在设计行李箱时，设计人员意见有分歧，他们就到停车场看了一个下午，看人们如何放取行李。这样一来，意见马上统一起来。结果本田公司的雅阁牌汽车一到美国就倍受欢迎，被称为是全世界都能接受的好车。

5. **社会市场营销观念**(societal marketing concept)

社会市场营销观念是对市场营销观念的修改和补充，产生于 20 世纪 70 年代西方资本主义国家能源短缺、通货膨胀、失业增加、环境污染严重、消费者保护运动盛行的新形势下。因为市场营销观念回避了消费者需要、消费者利益和长期社会福利之间隐含着冲突的现实。社会市场营销观念认为，企业的任务是确定各个目标市场的需要、欲望和利益，并以保护或提高消费者和社会福利的方式，比竞争者更有效、更有利地向目标市场提供能够满足其需要、欲望和利益的物品或服务。社会市场营销观念要求市场营销者在制定市场营销政策时，要统筹兼顾三方面的利益，即企业利润、消费者需要的满足和社会利益。

上述五种企业经营观念，其产生和存在都有其历史背景和必然性，都是与一定的条件相联系、相适应的。当前，外国企业正在从生产型向经营型或经营服务型转变，企业为了求得生存和发展，必须树立具有现代意识的市场营销观念、社会市场营销观念。但须指出的是，由于诸多因素的制约，当今并不是所有企业都树立了市场营销观念和社会市场营销观念。事实上，还有许多企业仍然以产品观念及推销观念为导向。

中国入世之后，随着经济体制的改革和全球化的浪潮，我国很多企业的营销观念发生了极大的变化，树立了市场营销观念和社会市场营销观念。但是，由于经济发展的不平衡等因素，仍有较多企业以推销观念为主。因此可以说我国目前处于多种观念并存的阶段。

二、现代营销观念和传统营销观念的比较

由于市场营销观念的提出使企业营销观念发生了根本性变革，被视为是市场营销学的

一次革命。因此,有关学者以此为标志,将五种观念归并为两大类:一类是传统的营销观念,包括生产观念、产品观念和推销观念;另一类为现代营销观念,包括市场营销观念和社会市场营销观念。新旧两类营销观念在指导思想、出发点、手段运用、目标及实现途径以及适用条件等方面存在着质的区别。

1. 营销的指导思想不同

传统营销观念把消费者视为异己力量,仅作为企业获取盈利的手段和工具,因而忽视消费者自身的利益和要求。现代营销观念认为,消费者是企业不可分割的组成部分,消费者的需要是企业生存发展的前提和动力,所以高度重视消费者及社会利益,甚至将其置于企业利益之上。

2. 营销活动的出发点不同

传统营销观念以企业的要求和产品本身为出发点,根据自身的生产能力决定生产产品的品种和数量,在生产过程开始前不预先考虑市场销路。现代营销观念坚持以消费需求作为营销活动的出发点,强调从市场调查预测开始。深入研究消费者的需求特点,根据消费需求生产适销对路的产品。

3. 营销活动的手段不同

传统营销观念的手段比较单一,偏重于通过提高生产效率、降低成本来提高产品质量和价格,或借助各种推销手段促成产品销售。现代营销观念强调营销手段的综合性、整体性,运用产品设计、包装、定价、分销渠道、广告宣传、售后服务等各种手段的有效组合,把商品销售给消费者,从而全方位地满足消费者的多种需求。

4. 营销活动的目标及实现途径不同

传统营销观念以获取盈利为唯一目标,力求通过每次销售取得最大的即期利润。现代营销观念注重企业盈利与消费者和社会利益的兼顾与平衡,强调通过满足消费者需要和维护社会长远利益来实现企业的长期利益。

5. 营销观念的适用条件不同

传统营销观念主要适用于产品供不应求,卖方居于支配地位的卖方市场环境。现代营销观念则适用于产品供过于求,卖主竞争激烈,买方居于主导地位的买方市场环境。

在现代市场经济条件下,传统营销观念的落后性和不适应性是显而易见的。但是,同时应当看到,从传统营销观念向现代营销观念的演进是一个历史过程。这一过程是与生产力发展水平的提高、市场环境的变化以及社会的文明进步程度紧密联系在一起的。相对于商品经济发展的特定阶段而言,任何一种营销观念的存在都有其必然性和合理性。而在一定社会范围和历史时期内由于生产力发展不平衡,不同行业、不同地区、不同产品的微观或局部市场环境千差万别,企业领导者的认知水平和价值取向也不尽相同。因此,不同的企业可能会奉行不同的营销观念。要求营销观念的整齐划一,简单地摒弃或否定某种营销观念也是不现实的。此外,在倡导现代营销观念时,应注意避免片面强调对现有消费需要的一味迎合或满足,而忽略了运用现代科学技术发明和制造新产品,主动引导消费,积极开发新的消费领域,创造新的消费需求。

三、顾客让渡价值理论

在现代市场营销观念的指导下,企业应致力于顾客服务和顾客满意。要实现顾客满意,需要从多方面开展工作，并非人们所想象的只要价格低，则万事大吉。事实上，消费者在选择卖主时，价格只是考虑因素之一，消费者真正看重的是"顾客让渡价值"。

顾客让渡价值(Customer Delivered Value)，是指顾客总价值(Total Customer Value)与顾客总成本(Total Customer Cost)之间的差额。顾客总价值，是指顾客购买某一产品与服务所期望获得的一组利益，它包括产品价值、服务价值、人员价值和形象价值等。顾客总成本是指顾客为购买某一产品或服务所耗费的时间、精神、体力以及所支付的货币资金等，因此，顾客总成本包括货币成本、时间成本、精神成本和体力成本等。

由于顾客在购买产品或服务时，总希望把有关成本包括货币、时间、精神和体力等降到最低程度，而同时又希望从中获得更多的实际利益，以使自己的需要得到最大限度地满足。因此，顾客在选购产品时，往往从价值与成本两个方面进行比较分析，从中选择价值最高、成本最低，即顾客让渡价值最大的产品作为优先选购的对象。

企业为在竞争中战胜竞争对手，吸引更多的潜在顾客，就必须向顾客提供比竞争对手具有更多顾客让渡价值的产品，这样才能使自己的产品让消费者喜欢，进而购买本企业的产品。为此，企业可从两个方面改进自己的工作：第一，通过改进产品、服务、人员与形象，提高产品的总价值。第二，通过降低生产与销售成本，减少顾客购买的时间、精神与体力的耗费，从而降低货币与非货币成本。

(一) 顾客购买的总价值

增加顾客购买的总价值是使顾客获得更大顾客让渡价值的有效途径之一。顾客总价值由产品价值、服务价值、人员价值和形象价值构成，其中每一项价值因素的变化均对总价值产生影响。

1. 产品价值

产品价值是指产品的功能、特性、品质、品种与款式等所产生的价值。产品价值是顾客需要的中心内容，也是顾客选购产品的首要因素。因此，在一般情况下，它是决定顾客购买总价值大小的主要因素。产品价值是由顾客需要来决定的，在分析产品价值时应注意：

(1) 在经济发展的不同时期，顾客对产品的需要有不同的要求，构成产品价值的要素以及各种要素的相对重要程度也会有所不同。例如，我国在计划经济体制下，由于产品长期短缺，人们把获得产品看得比产品的特色更为重要，因而顾客购买产品时更看重产品耐用性、可靠性等性能，而对产品的花色、款式、特色等却较少考虑。而如今，我国市场商品日益丰富，人们生活水平普遍提高，顾客往往更重视产品的特色和质量，如要求功能齐备、式样新颖、质量上乘等。

(2) 在经济发展的同一时期，不同类型的顾客对产品的价值也会有不同的要求，在购买行为上显示出极强的个性特点和明显的需求差异性。因此，这就要求企业必须认真分析不同经济发展时期顾客需求的共同点以及同一发展时期不同类型顾客需求的个性特征，并据此进行产品的开发与设计，增强产品的适应性，从而为顾客提供更大的价值。

2. 服务价值

服务价值是指伴随产品实体的出售，企业向顾客提供的各种附加服务，包括产品介绍、送货、安装、调试、维修、技术培训、产品保证等所产生的价值。

服务价值是构成顾客总价值的重要因素之一。在现代市场营销实践中，随着消费者收入水平的提高和消费观念的变化，消费者在选购产品时，不仅注意产品本身价值的高低，而且更加重视产品附加价值的大小。特别是在同类产品质量与性质大体相同或类似的情况下，企业向顾客提供的附加服务越完备，产品的附加价值越大，顾客从中获得的利益就越大，从而购买的总价值也越大；反之，则越小。因此，在提供优质产品的同时，向消费者提供完善的服务，已成为现代企业市场竞争的新焦点。

美国哈佛商业杂志发表的一项研究报告指出："公司只要降低5%的顾客流失率就能增加25%～85%的利润，而在吸引顾客再度光顾的众多因素中，首先是服务质量的好坏，其次是产品的本身，最后才是价格。"据美国汽车业的调查，一个不满意的顾客会影响251个人的购买意愿。争取一位新顾客所花的成本是保住一位老顾客所花钱的6倍。有一位名叫吉拉德的德国汽车经销商，每个月要寄出13 000张卡片，任何一位从他那里购买汽车的顾客每月都会收到有关购后情况的询问。这一方法使他生意兴隆。

3. 人员价值

人员价值是指企业员工的经营思想、知识水平、业务能力、工作效益与质量、经营作风、应变能力等所产生的价值。

企业员工直接决定着企业为顾客提供的产品与服务的质量，决定着顾客购买总价值的大小。一个综合素质较高又具有顾客导向营销思想的工作人员，会比知识水平低、业务能力差、营销思想滞后的工作人员为顾客创造更高的价值，从而创造更多的满意的顾客，进而为企业创造市场。人员价值对企业、对顾客的影响作用是巨大的，并且这种作用往往是潜移默化、不易度量的。因此，高度重视对企业人员综合素质与能力的培养，加强对员工日常工作的激励、监督与管理，使其始终保持较高的工作质量与水平就显得至关重要。

4. 形象价值

形象价值是指企业及其产品在社会公众中形成的总体形象所产生的价值。包括企业的产品、技术、质量、包装、商标、工作场所等所构成的有形形象所产生的价值，公司及其员工的职业道德行为、经营行为、服务态度、工作作风等行为形象所产生的价值，以及企业的价值观念、管理观念等理念形象所产生的价值等。

形象价值与产品价值、服务价值、人员价值密切相关，在很大程度上是上述三方面价值综合作用的反映和结果。

形象对于企业来说是宝贵的无形资产，良好的形象会对企业的产品产生巨大的支持作用，赋予产品较高的价值，从而带给顾客精神上和心理上的满足感、信任感，使顾客的需要获得更高层次和更大限度地满足，从而增加顾客购买的总价值。因此，企业应高度重视自身形象塑造，提高企业的形象价值，进而为顾客带来更大的价值。

（二）顾客购买的总成本

降低顾客购买的总成本是使顾客获得更大顾客让渡价值的有效途径之二。顾客总成本不仅包括货币成本，而且还包括时间成本、精神成本、体力成本等非货币成本。一般情况下，顾客购买产品时首先要考虑货币成本的大小，因此，货币成本是构成顾客总成本大小的主要因素。在货币成本相同的情况下，顾客在购买时还要考虑所花费的时间、精力、体力等，因此，这些支出也是构成顾客总成本的重要因素。这里我们主要考察时间成本和精力成本。

1. 时间成本

在顾客总价值和其他成本一定的情况下，时间成本越低，顾客购买的总成本越小，顾客让渡价值就越大。

以服务企业为例，顾客购买餐馆、旅馆、银行等服务行业所提供的服务时，常常需要等候一段时间才能进入正式购买或消费的阶段，在营业高峰期更是如此。在服务质量相同的情况下，顾客等候购买该项服务的时间越长，所花费的时间成本越大，购买的总成本就会越高。同时，等候时间越长，越容易引起顾客对企业的不满意感，从而中途放弃购买的可能性就会增大；反之亦然。因此，努力提高工作效率，在保证产品质量与服务质量的前提下，尽可能减少顾客的时间支出，降低顾客的购买成本，是为顾客创造更大的顾客让渡价值，增强企业产品市场竞争力的重要途径。

2. 精力成本（精神与体力成本）

指顾客购买产品时，在精神、体力方面的耗费与支出。

在顾客总价值与其他成本一定的情况下，精神与体力成本越小，顾客为购买产品所支出的总成本就越低，从而"让渡价值"越大。因为消费者购买产品的过程是一个从认知需求、寻找信息、判断选择、决定购买到实施购买，以及购后评价的全过程。在购买过程的各个阶段，均需付出一定的精力与体力。如当消费者对某种产品产生了购买需求后，就需要搜集该种产品的有关信息。消费者为搜集信息而付出的精神与体力的多少会因购买情况的复杂程度不同而有所不同。就复杂购买行为而言，消费者一般需要全面地搜集产品信息，因此需要付出较多的精神与体力。对于这类产品，如果企业能够通过多种渠道向潜在顾客提供全面详尽的信息，就可以减少顾客为获取产品信息所花费的精神与体力，从而降低顾客购买的总成本。又如，对于结构性能比较复杂、装卸搬运不太方便的机械类、电器类产品，如果企业能为顾客提供良好的售后服务，如送货上门、安装调试、定期维修、供应零配件等，就会减少顾客为此所耗费的精神和体力，从而降低精力成本。因此，企业采取有效措施，对增加顾客购买的实际利益，降低购买的总成本，获得更大的顾客让渡价值具有重要意义。

（三）运用顾客让渡价值概念应注意的几个问题

在现代市场经济条件下，企业树立顾客让渡价值观念，对于加强市场营销管理，提高企业经济效益具有十分重要的意义。正确运用顾客让渡价值应注意以下三点：

1. 影响因素

顾客让渡价值的多少受顾客总价值与顾客总成本两方面因素的影响。顾客总价值（TCV）是产品价值（Pd）、服务价值（S）、人员价值（Ps）和形象价值（I）等因素的函数，可表示为：TCV＝f(Pd,S,Ps,I)，其中任何一项价值因素的变化都会影响顾客总价值。

顾客总成本（TCC）是包括货币成本（M）、时间成本（T）、精力成本（E）等因素的函数，即：TCC＝f(M,T,E)，其中任何一项成本因素的变化均会影响顾客总成本，由此影响顾客让渡价值的大小。

同时，顾客总价值与总成本的各个构成因素的变化及其影响作用不是各自独立的，而是相互作用、相互影响的。某一项价值因素的变化影响其他相关价值因素，从而影响顾客总价值与总成本的大小，进而影响顾客让渡价值的大小。因此，企业在制定各项市场营销决策时，应综合考虑构成顾客总价值与总成本的各项因素之间的这种相互关系，从而用较低的生产与市场营销费用为顾客提供具有更多的顾客让渡价值的产品。

2. 不同的顾客群期望不同

不同顾客群对产品价值的期望与对各项成本的重视程度是不同的。企业应根据不同顾客群的需求特点，有针对性地设计和增加顾客总价值，降低顾客总成本，以提高产品的实用价值。

例如，对于工作繁忙的消费者来讲，时间成本是最为重要的因素，企业应尽量缩短消费者从产生需求到具体实施购买，以及产品投入使用和产品维修的时间，最大限度地满足其求速求便的心理要求。总之，企业应根据不同细分市场顾客的不同需要，努力提供实用价值强的产品，这样才能增加顾客购买的实际利益，减少其购买成本，使顾客的需求获得最大限度地满足。

3. 顾客让渡价值的合理界限

企业为了争取顾客，战胜竞争对手，巩固或提高企业产品的市场占有率，往往采取顾客让渡价值最大化策略。追求顾客让渡价值最大化的结果却往往会导致成本增加，利润减少。因此，在市场营销实践中，企业应掌握一个合理的界限，而不应片面地追求顾客让渡价值最大化，以确保实行顾客让渡价值所带来的利益超过因此而增加的成本费用。换言之，企业顾客让渡价值的大小应以能够达到实现企业营销目标的经济效益为原则。

四、现代营销理论新发展

20 世纪 50 年代以来，市场营销学的新概念层出不穷，每 10 年都出现一些新概念，刺激了研究，指导了实践，引起了争论。近几年，我国营销学界密切关注面向 21 世纪的市场营销新发展，中国高等院校市场学研究会从 1994 年起，就锲而不舍地组织营销学者研究跨世纪的市场营销的新领域与新概念，提出了有关市场营销的一些新动向、新问题。这里的篇幅难以对营销新领域、新概念作较充分的说明，只能有选择地介绍几个方面的内容。

(一) 形象营销

1. 形象营销产生的背景

在现代高科技背景下，社会进入"无差别化"时代，商品生命周期缩短，市场瞬息万变，商品力的相对地位下降了，传统的营销手段已难以适应新的市场环境，市场呼唤新的营销手段。在"无差别化"时代，企业竞争已不是孤立的产品竞争，而是升级为企业整体形象的竞争。形象力对企业的生存和发展日益重要起来。这时，形象力与商品力、营销力一起成为决定企业生存和发展的三大要素。由此，借助企业形象、品牌形象、产品形象等形成的形象力来展开的营销活动——"形象营销"便应运而生。

2. 形象营销观念的应用

(1) 形象营销与传统的营销手段的主要区别在于，它不是将产品作为孤立的"光杆产品"来销售，而是通过为产品"打造光环"——提升产品形象、品牌形象及企业形象，使其成为"光环产品"，从而提高产品的竞争力。

例如，近年来被称为所谓"家乡鸡"的肯德基在中国大行其道，而我们真正的家乡鸡却节节败退，其根本原因在于"光杆产品"不敌"光环产品"。我们的家乡鸡仅仅被作为"鸡"来销售，因此称其为"光杆产品"。而肯德基的"鸡"却罩着一层"光环"，这便是肯德基的形象，它是企业理念、文化背景、企业行为、店铺氛围、视觉形象所构成的企业形象与产品形象、品牌形象的综合体。消费者在肯德基餐厅里所消费的不仅仅是鸡，而是一个以"鸡"为核心的系统。试想一下，如果把肯德基的炸鸡搬到别的快餐店去卖，会有人买吗？

小案例1-3

移动电话跨国公司的“形象先行”营销战略

跨国公司进入中国市场的具体策略虽不尽相同，但其战略却十分相似，即普遍采用“形象先行”的营销战略。仅以移动电话为例，即可窥见一斑。

中国移动电话市场曾被爱立信、摩托罗拉、诺基亚三分天下，但飞利浦、阿尔卡特、松下、索尼、西门子等公司的加入，很快将这种垄断格局打破，移动电话市场迅速演变为买方市场。面对这种竞争格局，摩托罗拉在1998年5月“飞跃无限”，首次将其主要产品寻呼机、手机、对讲机作为一个整体进行宣传，试图将寻呼机的良好形象延伸至其他产品上，进而使企业的整体形象得以提升。

诺基亚推陈出新，通过克林顿、叶利钦、布什、撒切尔夫人“四大人物”返朴归真的表演，阐释“以人为本”的企业理念，倡导每个人都应该拥有可贵的人性特点，在同行当中独树一帜。

爱立信曾以企业形象系列电视广告片“代沟篇”、“父子篇”、“矿工篇”，标榜“沟通就是理解”、“沟通就是关怀”、“沟通就是爱”，并将“电信沟通”与“心意互通”巧妙地联系起来，加上后来张曼玉所演绎的浪漫与温情，在社会大众面前树立起“柔情沟通”的形象。但随着市场格局的变化，爱立信试图再次提升品牌形象，于是在1998年8月推出全新广告，通过“城市救星”刘德华的“硬汉”形象，表现进取、领先，标志着爱立信从柔情沟通走向科技领先，以此进一步巩固其市场领导地位。

面对竞争对手的强大压力，摩托罗拉再度出击，以当红男女模特演绎“慧眼识英雄”，力推其小巧玲珑的“掌中宝”。

跨国公司的形象攻势之猛烈，由此可见一斑。

形象营销何以在众多的营销手段中脱颖而出，成为跨国公司的营销利器，奥妙大概就在于此。

(2) 有效的形象营销是建立在准确的形象定位的基础之上的。而准确的形象定位又是以准确的战略定位为前提的。如果把形象定位比作“毛”，那么战略定位就是“皮”，“皮之不存毛将焉附”？有一家资产3.2亿的企业，它在经营过程中始终没有明确的发展主业和主导产品，采用的是一种在市场开发过程中被称作“跟进大势、人云亦云”的思路，使得企业整体经营思路一直处于混乱状态，最终导致企业在全国各地的投资项目全面亏损。其中一个主要原因是，公司经营所涉及的行业过多，包括金融投资、房产开发、酒店、计算机、汽车、娱乐、餐饮、化工、新产品开发等等。很显然，企业在如此缺乏战略定位的情况下，是不可能谈得上形象定位的，有效的形象营销也就无从谈起。

只有企业的自我认知清楚，战略定位明晰，才能确立准确的形象定位。

(3) “三位一体”战略：是指将企业、品牌、商标三者名称合而为一，以获得单一名称的张力，便于形成集中、统一的形象，并增强名称的传递力。

对于中小企业或创业阶段的企业而言，运用“三位一体”战略，从形象营销的角度看，具有明显的优点。

第一，容易被大众接受和识别。要使大众接受、识别一个概念，比同时接受、识别两个、三个甚至更多的概念要容易得多。因此，对企业、品牌、商标冠以统一名称，与三者名称各异相比，优势自不待言。

第二，容易传播。“三位一体”使企业信息高度集中，传递力增强。如SONY公司，几乎所有产品都以SONY这一名称销售。实际上SONY既是公司名称，又是产品和商标名称。松下公司和东芝公司的电器也是如此。这样在销售产品的同时，自然而然地传播了企业形象。相反，多名称、多品牌不利于传播的一致性，也使企业形象分散。

第三，费用降低。由于企业、品牌、商标的名称一致，不仅企业形象、品牌形象的策划设计成本降低，而且对外宣传亦可收“一箭三雕”之效，可以最小的投入获得最佳的传播效果。如果三者名称各异，而且公司开发的新产品均冠以新名称，传播费用将会大大增加。如宝洁公司采用多品牌策略，每年的广告费都在数十亿美元，成为全美最大的广告客户。像宝洁这样财大气粗的公司可以投入大量广告培养多个品牌，但对一般中小企业而言，多品牌策略所需的巨额传播费用就难以承担了。

当然，“三位一体”战略并不是对于所有企业都适用，如对各事业部门之间相关性不强、多元化经营的集团公司来说，采用“三位一体”战略就不一定合适。况且，“三位一体”战略还有“一损俱损”的风险。因此要视具体情况来决定是否采用“三位一体”战略。

（二）绿色营销

1. 绿色营销的兴起

伴随着现代工业的大规模发展，人类以空前的规模和速度毁坏自己赖以生存的环境，对自己的生存和发展造成严重威胁。大自然的报复促使人类猛省，绿色需求便逐步由潜在转化为现实，消费需求的满足，转向物质、精神、生态等多种需求和价值并重。有支付能力的绿色需求，是绿色营销赖以形成的推动力，并决定了绿色市场的规模与发展。

1968年，在意大利成立的罗马俱乐部指出：人类社会的进步并不等于GDP的上升。1972年6月，联合国首次召开了斯德哥尔摩人类环境会议，通过了全球性环保行动计划和《人类环境宣言》，向全世界发出呼吁：人类只有一个地球。

进入20世纪90年代以来，一些国家纷纷推出以环保为主题的“绿色计划”。如日本在1991年推出“绿色星球计划”和“新地球21”计划；英国于1991年执行“大地环境研究计划”，着重研究温室效应；加拿大于1991年推出五年环保“绿色计划”等等。

70年代，美国人对环保的狂热引来了地球日的诞生，如今美国人对环境的热爱范围愈来愈广，并已深深根植于生活的细微之处，许多城市已大力推行强制回收体系。美国的绿色市场发展潜力巨大，人们认为“环境友好产品”构成的“地球可持续市场”，将是解决环境问题的一个好办法。1978年德国首先执行“蓝色天使”计划，1997年即产生400多种绿色产品，现已达4 500多种。

中国的绿色工程始于绿色食品开发，1984年在广州出现了全国第一家无公害蔬菜生产基地；1989年农业部组织专家研究，提出绿色食品概念；《中国21世纪议程》是1992年7月编写的关于下一世纪发展的行动纲要；1992年11月，国务院批准成立了中国绿色食品发展中心，制定了《绿色食品标志管理办法》；1993年5月，绿色食品发展中心加入了“有机农业运动国际联盟”。1995年初，全国已有28个绿色食品的生产和开发，除食品外，其他绿色产品也不断研制成功。随着绿色食品的开发，绿色商店已在一些大城市相继建立。

2. 绿色营销的内涵

绿色营销是在绿色消费的驱动下产生的。所谓绿色消费，是指消费者意识到环境恶化已经影响其生活质量及生活方式，要求企业生产、销售对环境影响最小的绿色产品，以减少危害环境的消费。所谓绿色营销，是指企业以环境保护观念作为其经营观念思想，以绿色文化为其价值观念，以消费者的绿色消费为中心和出发点，力求满足消费者绿色消费需求的营销策略。狭义的绿色营销，也称生态营销或环境营销。

3. 绿色营销的特征

与传统营销相比，绿色营销具有以下特征：

(1) 绿色消费是开展绿色营销的前提。消费需求由低层次向高层次发展，是不可逆转的客观规律，绿色消费是较高层次的消费观念。人们的温饱等生理需要基本满足后，便会产生提高生活综合质量的要求，产生对清洁环境与绿色产品的需要。

(2) 绿色观念是绿色营销的指导思想。绿色营销以满足需求为中心，为消费者提供能有效防止资源浪费、环境污染及损害健康的产品。绿色营销所追求的是人类的长远利益与可持续发展重视协调企业经营与自然环境的关系，力求实现人类行为与自然环境的融合发展。

(3) 绿色体制是绿色营销的法制保障。绿色营销是着眼于社会层面的新观念，所要实现的是人类社会的协调持续发展。在竞争性的市场上，必须有完善的政治与经济管理体制，制定并实施环境保护与绿色营销的方针、政策，制约各方面的短期行为，维护全社会的长远利益。

(4) 绿色科技是绿色营销的物质保证。技术进步是产业变革和进化的决定因素，新兴产业的形成必然要求技术进步；但技术进步如背离绿色观念，其结果有可能加快环境污染的进程。只有以绿色科技促进绿色产品的发展，促进节约能源和资源可再生、无公害的绿色产品的开发，才是绿色营销的物质保证。

4. 绿色营销的实施

在绿色理论和绿色意识的指引下，实施绿色营销的企业，必须制定绿色营销战略和绿色营销组合。

(1) 制定绿色营销战略。在全球绿色浪潮兴起的时代，企业基于环境和社会利益考虑，制定体现绿色营销内涵的战略计划，有利于长期发展。绿色营销战略应明确企业研制绿色产品的计划及必要的资源投入，具体说明环保的努力方向及措施。绿色营销战略应以满足绿色需求为出发点和归宿，既要满足现有与潜在绿色需求，还要促进绿色消费意识和绿色需求的发展。绿色营销带来更高的边际收益，实现合理的“绿色盈利”，从长远看是绿色营销战略实施的必然结果。

(2) 制定绿色营销组合。绿色产品不仅对社会或环境改善有所贡献，而且能有效地树立良好的企业形象，冲破绿色堡垒，适应“环保回归”热潮，为企业带来长期效益。绿色产品生命周期分析，主要考虑在产品生命周期各阶段产品与包装对环境所造成的干预和影响，力求减少资源消耗和对环境的污染。正确有效的绿色渠道是绿色营销的关键环节。不仅要慎选绿色信誉好的中间商，而且要选择和改善能避免污染、减少损耗和降低费用的贮运条件。绿色价格应反映生态环境成本，包括产品所吸收的环保及环境改善支出的费用，确立环境与生态有价的基本观点，贯彻“污染者付款”原则，促进生态化、低污低耗的绿色技术的开发和应用。绿色促销是绿色媒体传播绿色企业及产品的信息的行为。要利用传媒和社会活动，为企业的绿色表现做宣传。通过赞助、捐赠等对有关环保的组织及活动，给予经济上的支持。广告要突出绿色产品的特点，突出环保靠全社会的力量，靠每个人的贡献。广告投入和广告频率要适度，防止因广告而造成资源浪费和声、光等感官污染。

(三) 关系营销

1. 关系营销的概念

关系营销是以系统论为基本思想，将企业置身于社会经济大环境中来考察企业的市场营销活动，认为企业营销乃是一个与消费者、竞争者、供应者、分销商、政府机构和社会组织发生互动作用的过程。关系营销将建立与发展同所有利益相关者之间的关系作为企业营销的关键变量，把正确处理这些关系作为企业营销的核心。

关系营销更为注意的是维系现有顾客，丧失老主顾无异于失去市场、失去利润的来源。有的企业推行“零顾客背离”计划，目标是让顾客没有离去的机会。这就要求及时掌握顾客的信息，随时与顾客保持联系，并追踪顾客动态。因此，仅仅维持较高的顾客满意度和忠诚度还不够，必须分析顾客产生满意感和忠诚度的根本原因。由于对企业行为绩效的感知和理解不同，顾客表示满意的原因可能不同，只有找出顾客满意的真实原因，才能有针对性地采取措施来维系顾客。满意的顾客会对产品、品牌乃至公司保持忠诚，忠诚的顾客会重复购买某一产品或服务，不为其他品牌所动摇，不仅会重复购买已买过的产品，而且会购买企业的其他产品；同时，顾客的口头宣传有助于树立企业的良好形象。此外，满意的顾客还会高度参与和介入企业的营销活动过程，为企业提供广泛的信息、意见和建议。

关系营销把一切内部和外部利益相关者纳入研究范围，用系统的方法考察企业所有活动及其相互关系，表现积极的一方被称为市场营销者，表现不积极的一方被称作目标公众。

企业与利益相关者结成休戚与共的关系。企业的发展要借助利益相关者的力量，而后者也要通过企业来谋求自身的利益。

(1) 企业内部关系：内部营销起源于把员工当作企业的市场。明智的企业高层领导，心中装有“两个上帝”，一个“上帝”是顾客，另一个“上帝”是员工。企业要进行有效的营销，首先要有具备营销观念的员工，能够正确理解和实施企业的战略目标和营销组合策略，并能自觉地以顾客导向的方式进行工作。企业要尽力满足员工的合理要求，提高员工的满意度和忠诚度，为关系营销奠定良好基础。

(2) 企业与竞争者关系：企业所拥有的资源条件不尽相同，往往是各有所长，各有所短，为有效地通过资源共享实现发展目标，企业要善于与竞争对手和睦共处，并和有实力、有良好营销经验的竞争者进行联合。

(3) 企业与顾客关系：顾客是“上帝”，是“财神”，企业要实现盈利目标，必须依赖顾客。企业需要通过搜集和积累大量市场信息，预测目标市场的购买潜力，采取适当方式与消费者沟通，变潜在顾客为现实顾客。同时，要致力于建立数据库或以其他方式，密切与消费者的关系。对老顾客，要更多地提供产品信息，定期举行联谊活动，加深情感信任，争取成为长期顾客，其花费的成本，肯定比寻求新顾客更为经济。

(4) 企业与供销商关系：因分工而产生的渠道成员之间的关系，是由协作而形成的共同利益关系。合作伙伴虽难免存在矛盾，但相互依赖性更为明显。企业必须广泛建立与供应商、经销商之间的密切合作的伙伴关系，以便获得来自供销两个方面的有力支持。

（5）企业与影响者关系：各种金融机构、新闻媒体、公共事业团体以及政府机构等，对企业营销活动都会产生重要的影响，企业必须以公共关系为主要手段争取他们的理解与支持。例如，社区是以地缘为纽带而连接和聚集的若干社会群体或组织之间的关系，构成企业关系营销中不可忽视的一环。企业需要社区提供完善的基础设施和有效率的工作，社区也希望企业为社区建设提供人、财、物的支持。

2. 关系营销的基本特征

（1）信息沟通的双向性：社会学认为关系是信息和情感交流的有机渠道，良好的关系即是渠道畅通，恶化的关系即渠道阻滞，中断的关系则是渠道堵塞。交流应该是双向的，既可以由企业开始，也可以由营销对象开始。广泛的信息交流和信息共享，可以使企业赢得支持与合作。

（2）战略过程的协同性：在竞争性的市场上，明智的营销管理者应强调与利益相关者建立长期的、彼此信任的、互利的关系。这可以是关系一方自愿或主动地调整自己的行为，即按照对方要求的行为；也可以是关系双方都调整自己的行为，以实现相互适应。各具优势的关系双方，互相取长补短，联合行动，协同动作去实现对各方都有益的共同目标，可以说是协调关系的最高形态。

（3）营销活动的互利性：关系营销的基础，在于交易双方相互之间有利益上的互补。如果没有各自利益的实现和满足，双方就不会建立良好的关系。关系建立在互利的基础上，要求互相了解对方的利益要求，寻求双方利益的共同点，并努力使双方的共同利益得到实现。真正的关系营销是达到关系双方互利互惠的境界。

（4）信息反馈的及时性：关系营销要求建立专门的部门，用以追踪各利益相关者的态度。关系营销应具备一个反馈的循环，连接关系双方，企业由此了解到环境的动态变化，根据合作方提供的信息，以改进产品和技术。信息的及时反馈，使关系营销具有动态的应变性，有利于挖掘新的市场机会。

（四）整合营销

1. 整合营销的含义

菲利普·科特勒认为：企业所有部门为服务于顾客利益而共同工作时，其结果就是整合营销。整合营销发生在两个层次，一是不同营销功能，销售力量、广告、产品管理、市场研究等，必须共同工作；二是营销部门必须和企业其他部门相协调。

营销组合概念强调将市场营销中各种要素组合起来的重要性，营销整合则与之一脉相承，但更为强调各种要素之间的关联性，要求它们成为统一的有机体。在此基础上，整合营销更要求各种营销要素的作用力统一方向，形成合力，共同为企业的营销目标服务。

传统的大众营销，是为了向同质性高、无显著差异的消费者，销售大量制造的规范化的消费品。营销管理者认为，只要不断强调企业产品质量，并不断努力降低成本和价格，消费者就会购买。然而大众取向的传媒和充斥市场的广告，并未能持续圆满地解决销售困难。以满足消费者需求为中心的服务营销，在竞争日益激烈的条件下，逐步取代了以企业生存和发展为中心的产品营销。需求导向的企业以目标市场的需求为出发点，力求比竞争者更加有效地满足消费者的需求和欲望。企业要通过真正了解消费者喜欢什么，又想要得到什么来战胜竞争对手。如果不知道顾客的需要是什么，就无法满足这些需要，但是，了解消费者真正的需求并非易事。企业面临的主要难题是，消费者在作出购买决定时，愈来愈依赖他们自以为重要、真实、正确无误的认识,而不是具体的、理性的思考。企业唯一的差异化特色,在于消费者相信什么是厂商、产品或劳务以及品牌所能提供的利益。存在于消费者心智网络中的价值,才是真正的营销价值。因此,要想有效地为满足顾客需求而开展营销,首先要进行有效的沟通。

整合营销观念改变了把营销活动作为企业经营管理的一项职能的观点,而是要求所有活动都整合和协调起来,努力为顾客的利益服务。同时,强调企业与市场之间互动的关系和影响,努力发现潜在市场和创造新市场。以注重企业、顾客、社会三方共同利益为中心的整合营销,具有整体性与动态性特征,企业把与消费者之间的交流、对话、沟通放在特别重要的地位,是营销观念的变革和发展。

2. 整合营销中的"4C"观念

90年代以来,新的现实改变了世界局势,改变了企业经营获利的方式,而作为社会的细胞,家庭及每个家庭成员也都在改变。人们从传统家庭价值观的压力下解放出来,有更多的生活形态可以选择,家庭组成的变化,不仅意味着基本家庭用具、生活用品需求的增加,并且由于教育程度不断提高,人们更多地通过分析选择真正适合自己的物品,市场想要掀起某种消费热潮越来越难,消费者越来越具有个性。一方面,是产品的同质化日益增强,另一方面是消费者的个性化、多样化日益发展,于是日渐兴起的"4C"观念,强化了以消费者需求为中心的营销组合。

(1) Consumer(消费者):指消费者的需要和欲望。企业要把重视顾客放在第一位,强调创造顾客比开发产品更重要,满足消费者的需求和欲望比产品功能更重要。不能仅仅卖企业想制造的产品,而是要提供顾客确实想买的产品。

(2) Cost(成本):指消费者获得满足的成本,或是消费者满足自己的需要和欲望所愿意付出的成本价格。这里的营销价格因素延伸为生产经营过程的全部成本,包括:企业的生产成本,即生产适合消费者需要的产品成本;消费者购物成本,不仅指购物的货币支出,还有时间耗费、体力和精力耗费以及风险承担。新的定价模式是:消费者支持的价格－适当的利润＝成本上限。企业要想在消费者支持的价格限度内增加利润,就必须努力降低成本。

(3) Convenience(便利):指购买的方便性。跟传统的营销渠道相比,新的观念更重视服务环节。在销售过程中,强调为顾客提供便利,让顾客既购买到商品,也购买到便利。在各种邮购、电话订购、代购代送方式出现后,消费者不一定去商场,在自己家中或小区就能买到自己所需的物品。企业要深入了解不同的消费者有哪些不同的购买方式和偏好,把便利原则贯穿于营销活动的全过程。

(4) Communication(沟通):指与用户沟通。企业可以尝试多种营销策划与营销组合,如果未能收到理想的效果,说明企业与产品尚未完全被消费者接受。这时,不能依靠加强单向劝导顾客,要着眼于加强双向沟通,增进互相的理解,实现真正的适销对路,培养忠诚的顾客。

3. 整合营销的组织和实施

在整合营销实施中,涉及资源、人员、组织与管理等方面。

(1) 资源的最佳配置和再生:实现资源最佳配置,既要利用内部资源运用主体的竞争,力求实现资源使用的最佳效益;又要利用最高管理层和各职能部门,组织资源共享,避免资源浪费。

（2）人员的选择、激励：人是实现整合营销目标的最能动、最活跃的因素，要组成有较高的合作能力和综合素质的非长期团队小组，保证圆满完成目标；通过激励措施不断增强人员信心，调动积极性，促使创造性变革的产生。

（3）学习型组织：整合营销团队具有动态性特点，而组织又要求具有稳定性。要建立组织中人们所共同持有的意象或景象，即共同愿景，保持个人与团队目标和企业目标的高度一致，并强化团队学习，创造出比个人能力总和更高的团队，形成开放思维，实现自我超越。

（4）监督管理机制：高层管理务求使各种监管目标内在化，如通过共同愿景，培养各成员、各团队自觉服务精神，通过激励培养塑造企业文化，通过团队中人员、职能设置强化团队自我管理能力。团队自身也承担了原有监管应承担的大量工作，在最高层的终端控制下，自觉为实现企业营销目标努力协调工作。

项目小结

市场营销学于20世纪初起源于美国，其发展经历了萌芽阶段、功能研究阶段、形成和巩固阶段、差异化发展阶段、国际化阶段以及科技化阶段，并传播到了世界各国。

市场营销是个人和群体通过创造并同他人交换产品和价值以满足需求和欲望的一种社会和管理过程。市场营销作为一种复杂、连续、综合的社会和管理过程，它是基于核心概念之上的，只有准确把握市场营销的核心概念及其相互之间的关系，才能深刻认识市场营销的本质。

市场营销管理哲学（观念）是企业营销活动的指导思想和行为准则，是企业所奉行的一种经营哲学或理念。在西方国家营销管理哲学的演变过程中，曾出现了生产观念、产品观念、推销观念、市场营销观念和社会市场营销观念五种典型的营销观念。有关学者将五种观念归并为两大类：一类是传统的营销观念，包括生产观念、产品观念和推销观念；另一类为现代营销观念，包括市场营销观念和社会市场营销观念。新旧两类营销观念在指导思想、出发点、手段运用、目标及实现途径以及适用条件等方面存在着质的区别。

在这里我们强调，市场营销是一个演进过程，用先进的理论武装自己，有助于我们在今后的实践中能更好地应用市场营销这门学科。

项目检测

1. 名称识记

市场　　市场营销　　市场营销学　　需要、欲望、需求　　交换、交易

效用、费用、满足　　顾客让渡价值

2. 单项选择题

1）从关系营销的角度，市场应定义为（　　）。

A. 市场是利益攸关者的集合　　B. 市场是卖方、买方、竞争者的集合

C. 市场是某种商品的购买者集合　　D. 市场是商品交换的场所

2）市场营销的核心概念是（　　）。

A. 交换　　B. 需求　　C. 需要　　D. 产品

3）市场营销人员，连同社会上的其他因素，只是影响了人们的（　　）。

A. 需要　　B. 需求　　C. 欲望　　D. 收入

4）构成容量很大的现实市场，必须是（　　）。

A. 人口众多而且购买力高　　B. 购买力高而且购买欲望大

C. 人口众多而且购买欲望大　　D. 人口众多购买力高而且购买欲望大

5）市场包含三个主要要素：有某种需要的人、为满足这种需要的购买能力和（　　）。

A. 购买渠道　　B. 供应产品的厂商

C. 购买欲望　　D. 购买场所

6）“如果你能比你的邻居制造出更好的捕鼠器，人们就会踏破你的门槛”，这句话反映的营销观念是（　　）。

A. 生产观念　　B. 产品观念

C. 推销观念　　D. 市场营销观念

7）下列有关交换的说法正确的是（　　）。

A. 人们要想获得所需要的产品，必须通过交换

B. 交换是一个结果而不是一个过程

C. 交换也就是交易的另一种说法

D. 交换是人们获得自己所需要的某种产品的一种方式

8）1984年，科特勒提出了市场营销的新概念，即（　　）。

A. 大市场营销　　B. 直接市场营销

C. 关系市场营销　　D. 全球市场营销

9）市场营销运行的基本要求是：一切经济活动都要围绕（　　）而进行。

A. 企业　　B. 市场营销

C. 等价交换　　D. 市场

10）下面观念下容易出现“市场营销近视”的是（　　）。

A. 生产观念　　B. 推销观念

C. 产品观念　　D. 社会市场营销观念

11）市场营销组合的4Ps是指（　　）。

A. 价格、权力、地点、促销　　B. 价格、广告、地点、产品

C. 价格、公关、地点、产品　　D. 价格、产品、地点、促销

12）在买方市场条件下，一般容易产生（　　）。

A. 推销观念　　B. 生产观念　　C. 市场营销观念

D. 社会市场营销观念　　E. 产品观念

13）现代市场营销的构架形成于（　　）。

A. 20世纪初　　B. 20世纪20年代

C. 二次大战后　　D. 20世纪60年代

14）下列关于关系市场营销的论述不正确的是（　　）。

A. 关系市场营销就是通过不正当途径搞市场营销

B. 关系市场营销是交易市场营销的一种方式

C. 关系市场营销没有交易市场营销公平

D. 关系市场营销认为保持老顾客比吸引新顾客更重要

15）为了适应社会对于环境保护的要求，许多企业主动采取绿色包装以降低白色污染。这种做法反映了企业的（　　）。

A. 社会营销观念　　B 销售观念

C. 市场观念　　D. 生产观念

16）关系营销的核心概念是建立（　　）的长期关系。

A. 企业与顾客　　B. 企业与供应商

C. 企业与分销商　　D. 企业与经销商

17）下列说法正确的是（　　）。

A. 市场营销者可以通过市场营销活动创造需求

B. 需要就是对某种产品的需求

C. 市场营销者可以通过营销活动影响人们的欲望，进而影响人们的需求。

D. 有了欲望，需求自然产生

18）许多冰箱生产厂家近年来高举"环保"、"健康"旗帜，纷纷推出无氟冰箱。它们所奉行的市场营销管理哲学是（　　）。

A. 推销观念　　B. 生产观念

C. 市场营销观念　　D. 社会市场营销观念

3. 多项选择题

1）奉行生产观念在下列哪些情况下也有可能成功（　　）。

A. 买方市场　　B. 卖方市场

C. 生产成本太高　　D. 产品为非渴求品

2）必然导致营销近视症的营销观念是（　　）。

A. 生产观念　　B. 产品观念

C. 推销观念　　D. 市场营销观念

3）大市场营销观念较市场营销观念更强调的营销组合要素是（　　）。

A. 产品　　B. 权力　　C. 定价　　D. 公共关系　　E. 促销

4）顾客总价值包括（　　）。

A. 产品价值　　B. 服务价值　　C. 品牌价值

D. 形象价值　　E. 人员价值

5）围绕顾客满意，下列说法正确的是（　　）。

A. 如果对产品使用后的感知效果与期望一致时，顾客就会满意

B. 提高顾客满意可以通过增加顾客让渡价值达成

C. 顾客满意了就会成为忠诚顾客

D. 夸大产品宣传会导致顾客不满意

4. 判断题

1）市场营销就是广告宣传。（　　）

2）市场是商品交换的场所。（　　）

3）市场营销就是研究产品的销售。（　　）

4）市场营销是销售部门的工作。（　　）

5）市场营销者可以通过营销活动创造需要。 （　）

5. 填空题

1）市场营销学是一门建立在经济科学和现代管理理论基础上的________科学。

2）市场营销学最早诞生于________国，它从经济学科中分离出来，成为一门独立学科的标志是________。

3）市场营销学中所讲的市场是对某种产品或劳务具有现实和潜在的________和________的消费主体的集合。

4）市场营销学中市场的三大构成要素是________、________和________。

5）从市场的构成要素角度看，市场＝________＋________＋________。

6）市场观念的发展演变大体经历了________观念、________观念、________观念、________观念和________观念等多个阶段。

7）市场营销学研究消费者市场，核心是研究消费者的________。

8）现代营销观念的标志是以________为核心。

6. 实训操作

将全班同学分为五个小组，分别代表五种营销观念，课前收集资料，以自己所代表的营销观念为立足点进行营销小组辩论。

知识巩固

1. 如何认识市场营销对我国经济发展及企业成长的重要意义？
2. 简述市场营销学的主要研究方法。
3. 生产观念有什么特点？
4. 试说明市场营销近视症的主要表现和防治方法。
5. 推销观念有什么特点？推销观念在哪些条件下适用？
6. 试分析顾客让渡价值的意义。

实例训练

宝洁公司和一次性尿布

1956年，宝洁公司开发部主任维克·米尔斯在照看其出生不久的孙子时，深切感受到一篮篮脏尿布给家庭主妇带来的烦恼。洗尿布的责任给了他灵感。于是，米尔斯就让手下几个最有才华的人研究开发一次性尿布。

开发一次性尿布的想法并不新鲜。事实上，当时美国市场上已经有好几种品牌的一次性尿布了。但市场调研显示：多年来这种尿布只占美国市场的1%。原因首先是价格太高，其次是父母们认为这种尿布不好用，只适合在旅行或不便于正常换尿布时使用。调研结果：一次性尿布的市场潜力巨大。美国和世界许多国家正处于战后婴儿出生高峰期，将婴儿数量乘以每日平均需换尿布次数，可以得出一个大得惊人的潜在销量。

宝洁公司产品开发人员用了一年的时间，开发出的最初样品是在塑料裤衩里装上一块打了褶的吸水垫子，但在1958年夏天现场试验的结果表明，除了父母们的否定意见和婴儿身上的痱子以外，一无所获。

1959年3月，宝洁公司重新设计了它的一次性尿布，并在实验室生产了37 000个样品，拿到纽约州去做现场试验。这一次，有三分之二的试用者认为该产品胜过布尿布。降低成本和提高新产品质量，比产品本身的开发难度更大。到1961年12月，这个项目进入了能通过验收的生产工序和产品试销阶段。

公司选择地处美国最中部的城市皮奥里亚试销这个后来被定名为"娇娃"(Pampers)的产品。发现皮奥里亚的妈妈们喜欢用"娇娃"，但不喜欢10美分一片尿布的价格。在6个地方进行的试销进一步表明：定价为6美分一片，就能使这类新产品畅销。宝洁公司把生产能力提高到使公司能以该价格在全国销售娇娃尿布的水平。

娇娃尿布终于成功推出，直至今天仍然是宝洁公司的拳头产品之一。

问题

1. 宝洁公司开发一次性尿布的决策是在什么基础上进行的?
2. 宝洁公司是否把握了现代市场营销的基本精神?

福特的经营观念

美国汽车大王福特在生产他那闻名世界的T型汽车时，步入了自我意识的陈旧观念泥潭，从而使福特汽车公司在20世纪20年代初期处于无所适从的十字路口。

1908年，福特突然宣布，他的公司日后将只生产一种汽车，即T型汽车。T型汽车在当时的确集中了先前所有型号汽车的最优良的特点，而且直到第一次世界大战临结束，T型车的销售量逐年增加，而价格则逐年下降。对于这种汽车的赞扬声来自四面八方，甚至美国税务上税委员会也在1928年回顾说，T型车"是一种很好的经济实惠的汽车。它的声誉极好，各阶层的人都使用它。它是市场上最便宜的汽车，而以它的价格来说，它的实用价值又超过任何别的汽车。T型车市场的需求量比任何公司的汽车市场需求量都大"。

然而，对于在发生变化的汽车工业的竞争条件，以及逐渐增长的城市居民的多样化消费需求心理，福特的适应能力则要差一点了。第一次大战后，经济繁荣了一阵子，到1920～1921年出现了大衰退。福特通过大幅度降低成本勉强渡过了这个难关。但是，20年代初期的汽车市场竞争激烈，主要来自占市场销售额大约20%的通用汽车公司。通用公司希望继续扩大它的市场占有额，它增加了产品系列，利用独立部门销售，以适应不同的市场。雪佛莱是低价车，中档车是别克、奥尔兹和庞蒂别克，最后则是最为昂贵和豪华的卡迪拉克。

补锅匠出身的老福特认为，对付竞争的唯一办法，是遵循洛克菲勒和卡内基的先例，降低T型汽车的成本。这一方针的焦点是在底特律附近鲁日河边建立一个巨大的中心生产工厂，一年365天，天天都能以较低的成本生产出更多的汽车。然而，到1923年，情况已经很清楚，福特的低价政策并没有吸引买主，福特的个人统治为他带来的好处也不及通用公司权力分散的管理制度为扩大销售量带来的好处。

通用公司扩展市场的策略集中于美国人买车的赊购方法以及更重要的生活习惯——每一两年改变一下汽车的式样。而在福特的生产和经营观念中，这是十足的邪门歪道。福特汽车公司的高级职员敦促福特改变他的基本方针，以便更好地对付竞争。甚至福特的夫人也劝告福特不要再固执己见。但是福特拒绝了，他争辩道："我们希望造出某种永远能用下去的机器，我们希望买了我们一件产品的人永远不需要再买另一件。我们绝不会做出使先前样式废弃不用的任何改进。”

他这样做的直接后果是他的大多数助手纷纷离去以及销售量的大幅度下降。到 1927 年，他把所有 34 家工厂关闭 6 个月，以便重新安排生产。但是关闭后的一年时间里，生产没有全面展开，到了 1936 年，在轿车销售量方面，它屈居第三，排在通用公司（占 34%）和克莱斯勒（占 25%）之后。

1927 年以后，通用汽车公司的实力表现在每年大张旗鼓地介绍新式汽车，研究及试制行驶性能更好的封闭汽车，以及精明老练地处理二手车的业务。而福特则喜欢取笑这些科学的管理制度。他把组织系统表比作一棵树，认为“结满累累的果实，每个果子上写了一个人或一个机构的名字，每个人都有头衔和一些职责，他们都严格受到果实大小的限制”。一个下级职员要把信息传递给董事会主席或总裁大约需要六个星期，而到那个时候，他要报告的事很可能已成为历史。

亨利·福特不仅仅是补锅匠，他是处于农村和城市之间的美国人的代表性人物。他的价值标准根植于农村，他所理解的城市，大规模生产的价值，是越来越多人买得起这些产品（T 型车在 1925 年达到 290 美元的历史最低价），买卖中不做手脚，以及卖主和买主的长久关系，他提供服务也大体上符合农村的良好传统。然而，对于 T 型车而言，福特收到了最糟的宣传效果——不满意的顾客。因为有些城市的价值标准同农村的价值标准是融合不起来的。

降低汽车价格是有限度的，这种限度却很少适用于西尔斯、彭尼、洛克菲勒和卡内基出售的低价商品。因为人们的价值观念、消费观念是变化的，而且在迅速变化，到 20 年代，汽车已成为美国人个性的延伸。随着城市居民第一次超过农村居民，美国人发出了要求体现个性的呼声，而这在渴望自由呼吸的城市大街上拥挤的人群中曾受到长期的压抑。

统一样式的 T 型汽车，用福特本人的说法就是：“任何顾客都可以把它的车子漆上他喜欢的颜色，只要它是黑色的就行。”而通用汽车公司的口号则是：“为不同经济能力的人和不同用途提供汽车。”在这样的口号下，通用汽车公司提供给顾客的是大家都买得起的形形色色的汽车。而福特公司在老福特的错误观念引导下，一直只生产一种型号的汽车，甚至只生产一种颜色——黑色的汽车，终于导致它在当时激烈的市场竞争中败下阵来。直到 1947 年福特逝世以后，他的公司改变策略，才重新获得了早期在经济上的领先地位。

问题

1. 如果你是福特汽车公司的一名主管人员，请设想有什么办法可以使固执的老福特改变主意？

2. 谈谈福特公司的经营观念。

综合实训

中国手机市场分析

实训时间：90 分钟

实训场地：网络机房＋校内调查

实训目标：通过对中国手机市场的现状和发展趋势进行调研，能较准确地分析中国手机市场及其构成，对市场营销有一个初步的认识，对中国手机市场发展趋势进行预测。

实训内容：通过设计调查问卷，进行校园走访调查（课后），并根据学生手机市场情况的调研结果结合网络调查对中国手机市场发展趋势进行预测。

实训步骤：

1. 以 3 到 4 人为一个小组，讨论调查的重点，确定小组成员分工；
2. 设计调查问卷；
3. 网络调查；
4. 走访调查；
5. 撰写中国手机市场分析报告；
6. 教师点评。

评分标准

考核项目	比重	考核标准
表格	10%	分工合理，每个人的工作都进行了准确地说明，确保每一名成员在规定的时间内完成了实训内容
调查问卷设计	30%	设计合理，问卷题量适中且调查内容比较完整，选项涵盖了大部分的情况，便于统计和分析
问卷调查的实施	20%	调查过程科学严谨，调查对象选择合理，调查数据真实有效
中国手机市场分析报告	40%	分析报告内容完整，分析合理准确，逻辑清晰，条理清楚，有理有据，有一定的应用价值

实训成果：

一、完成下列表格

小组成员分工表

序号	成员	角色	任务
1			
2			
……			

二、信息学院手机客户市场调查问卷

三、中国手机市场分析报告

项目二　市场营销环境及消费者购买行为分析

工作描述

企业所在行业的营销环境及消费者行为对于企业的生存与发展非常重要，评判企业是否成功的重要标志之一就是看其能否在社会、经济及技术环境和消费者行为发生变化时，仍然立于不败之地。因此，企业开展营销活动的一项基本工作就是进行市场环境和消费者购买行为分析。

通过本项目的学习与实践，我们将会了解影响企业营销活动的微观和宏观环境因素及消费者市场与组织市场购买行为特点，掌握分析营销环境的方法，并能对购买者的心理与行为进行调查分析。

任务一　分析市场营销环境

【任务目标】

1. 了解市场营销环境的特点及环境分析的必要性；
2. 熟悉微观环境和宏观环境的主要内容及变化趋势；
3. 掌握企业对市场营销环境变化的对策。

【任务方法】

1. 通过引入案例及资料查阅了解联想乐 Phone 手机的市场营销环境；
2. 以小组为单位对营销环境案例开展讨论及竞争性发言；
3. 在案例分析过程中有效分析市场营销环境，寻找企业机会，躲避环境威胁，并结合企业自身的资源和能力，制定营销组合去适应营销环境。

【任务分析】

分析企业的营销环境因素主要从两个方面展开：一是微观环境，可分为企业自身资源、营销中介等；二是宏观环境，可分为人口环境、经济环境、政治法律环境、社会文化环境、自然环境及科学技术环境。通过本章的学习，就是要懂得分析营销环境的意义，把握各种环境的分析内容，以及分析环境的方法。

【案例导入】

联想乐 Phone 手机市场环境分析

早在 2009 年初，中国通讯技术已步入 3G 时代，而中国移动，中国联通和中国电信纷纷进驻 3G 市场，诺基亚也不例外，生产出了针对 3G 业务的 3G 手机。而后一年，中国手机网民的人数较年初的 1550 万增加了 32.1%，手机的信号也覆盖较广，所以，手机上网今后可能成为网民上网的主要方式。诺基亚公司也跟随步伐，生产了 3G 手机，如 5230，C5，C6，C7，N8 之类的手机。此处，联想手机生产公司对当时的市场人口环境分析，知道今后市场会走向 3G 时代，所以，生产出了一大批 3G 手机，联想乐 Phone 就是联想公司在这种环境下生产出来并推向市场的。

通过调查发现，青年人一般会买手机功能较好的手机，大部分喜欢智能手机。智能手机除了具备手机的通话功能外，还具备了 PDA 的大部分功能，特别是个人信息管理以及基于无线数据通信的浏览器和电子邮件功能。智能手机为用户提供了足够的屏幕尺寸和带宽，既方便随身携带，又为软件运行和内容服务提供了广阔的舞台，很多增值业务可以就此展开，如：股票、新闻、天气、交通、商品、应用程序下载、音乐图片下载等等。结合 3G 通信网络的支持，智能手机势必将成为一个功能强大，集通话、短信、网络接入、影视娱乐为一体的综合性个人手持终端设备。

案例提示：

案例分析了人口因素对联想乐 Phone 智能手机生产的影响，以及作为微观环境重要组成部分的顾客对手机的需求，抓住市场机会，联想公司生产的目前互联网应用强大的包括乐 Phone 在内的时尚智能机，同时拥有三星网圈的全新智能，真正实现了一机多用的效果，集网络于可移动生活之中，大大提高了竞争力。

企业的营销环境包括宏观环境和微观环境，宏观环境间接影响企业营销活动，而微观环境对企业营销活动的影响是最直接的。

【理论基础】

一、市场营销环境的含义及特点

（一）营销环境的含义

市场营销环境是企业营销职能外部的不可控制的因素和力量，是影响企业生存和发展的外部条件。

环境是企业不可控制的因素，营销活动要以环境为依据，企业要主动地适应环境，并且要通过营销努力去影响外部环境，使环境有利于企业的生存和发展，有利于提高企业营销活动的有效性。市场营销环境图如图 2－1 所示。

市场营销环境包括微观环境和宏观环境。

微观环境指与企业紧密相连，直接影响企业营销能力的各种参与者，包括企业本身、市场营销渠道企业、顾客、竞争者以及社会公众。

宏观环境指影响微观环境的一系列巨大的社会力量，也称作间接营销环境，主要是人

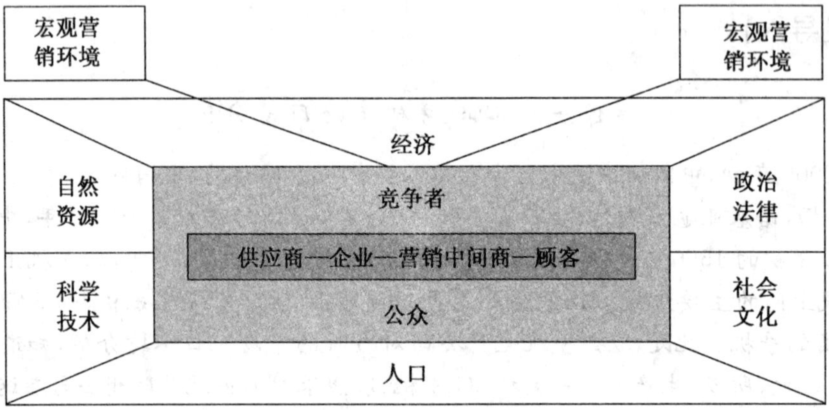

图 2-1　市场营销环境图

口、经济、政治法律、科学技术、社会文化及自然生态等因素。微观环境直接影响与制约企业的营销活动,也称直接营销环境。宏观环境一般以微观环境为媒介去影响和制约企业的营销活动,在特定场合,也可直接影响企业的营销活动。

(二) 市场营销环境的特点

市场营销环境是企业生存和发展的条件。市场营销环境的变化,既可以给企业带来市场机会,也可以给企业造成严重威胁。由于生产力水平的不断提高和科学技术的进步,当代企业的外部环境变化的速度远远超过了企业内部因素变化的速度,企业的生存和发展愈来愈决定于其适应外界环境变化的能力。企业要在复杂多变的环境下驾驭市场,就必须认真研究市场环境的特征。

市场营销环境是一个多因素、多层次而且不断变化的综合体,对市场环境的研究是一项复杂的工作,要搞好市场研究,首先必须了解它的特点。一般地,企业市场环境有以下特点:

1. 客观性

客观性指的是环境作为营销部门外在的不以营销者意志为转移的因素,对企业营销活动的影响具有强制性和不可控制性的特点。一般来说,营销部门无法摆脱和控制营销环境,特别是宏观环境,企业难以按自身的要求和意愿随意改变。对于所有影响企业营销活动的环境因素,企业不但要主动地去适应,还要不断地创造和开拓对自己有利的环境。

2. 差异性

不同的国家与地区之间,宏观环境存在着广泛的差异。不同的企业,其微观环境也千差万别。

市场营销环境的差异性不仅表现在不同企业受不同环境的影响,还表现为同一环境因素的变化对不同企业的影响也是不同的。

正是由于外界环境因素对企业作用的差异性,各个企业为应付环境变化而采取的营销策略也各不相同。

3. 多变性

构成企业市场营销环境的因素是多方面的,而每一个因素都会受到诸多因素的影响,都会随着社会经济的发展而不断变化。因此,市场营销环境是一个动态的系统。

营销环境的变化,既给企业提供机会,也为企业带来威胁,这要求企业必须追踪变化的环境因素和条件，不断调整其营销策略。

4. 相关性

营销环境诸因素间相互影响、相互制约这种相关性表现在两个方面：

(1) 某一环境因素的变化，会引起其他因素的互动变化。如在第十届人民代表大会上，国家提出了解决"农业、农村、农民"的三农问题，相继制定了加强农业建设的一系列方针政策，这些政策的实施，势必影响农业产业结构的调整，拉动对农业的投资，并为农业产业的发展提供了新的机遇，也为以农产品为原料的制造企业提供了开发产品、调整产业结构的契机。

(2) 企业营销活动受多种环境因素的共同制约。企业的营销活动不仅仅受单一环境因素的影响，而是多个环境共同制约。如企业的产品开发，就要受制于国家的环保政策、技术标准、消费者需求特点、竞争者产品、替代品等多种因素制约，如果不考虑这些外在的力量，生产出来的产品进入市场也是不可能的。

另外，市场营销环境各因素相互影响的程度是不一样的，有些因素可以通过调查、分析进行评估，而有些就难以估计和预测。

小案例 2－1

海尔沙尘暴里寻商机

自1999年春天以来，我国北方绝大部分地区都受到了沙尘天气的影响，沙尘所到之处天空昏暗、空气混浊，居民即使紧闭门窗，在粉尘飞扬的室内也很难舒畅呼吸。沙尘暴不折不扣已成为北方越来越频繁的"城市灾难"。但中国著名的家电品牌海尔集团却在此次沙尘暴中独具慧眼，在灾难中发现了巨大商机。

海尔"防沙尘暴Ⅰ代"商用空调，正值沙尘暴肆虐北方大地、人们生活饱受沙尘之扰，苦不堪言之时推出，可谓"雪中送炭"，使产品的使用者在有限的空间之内，有效地将沙尘暴的危害降低到最低程度，筑起一道健康的防护墙。

据悉，在海尔"防沙尘暴Ⅰ代"商用空调推向市场的两周时间内，仅在北京、西安、银川、太原、天津、济南等十几个城市就卖出去了3 700多套，部分城市甚至出现了产品供不应求、人们争购的局面。

当多数人都看到沙尘暴的危害时，海尔却看出了商机，根据市场的变化、人们的个性化需求，迅速推出了最受北方地区欢迎的产品——防沙尘暴Ⅰ代商用空调。目前国内生产空调的企业已达多家，家电企业更是数不胜数，为什么仅海尔能做到这一点呢？不难看出海尔在反应速度、市场应变能力、个性化产品开发、技术力量的转化方面所具有的强大优势实力。这大概也是海尔今天能发展成为知名的国际化大企业，而其他企业所难以企及的原因所在了。

二、市场营销的微观营销环境分析

(一) 企业内部

企业内部环境包括市场营销管理部门和其他职能部门，如制造、采购、研发及财务部门和最高管理层等。市场营销部门在决策时必须考虑企业相关业务部门的情况，并与之密切合作，共同研究制订年度和长期计划。另外还要考虑最高管理层的意图，以最高管理层制订的企业任务、目标战略和政策等为依据制订市场营销计划。

营销管理系统内部各部门尽管所肩负职能各不相同，也要协调一致，服务于营销目标。现代企业管理没有协调就难以避免内部摩擦与消耗。因此，如何通过内部有效沟通，协调好企业各职能部门和营销管理系统内部关系，成为营造良好微观环境，更好地实现营销计划的关键。

（二）营销中介

任何一家企业都不可能自己承担所有有关产品和服务的全部市场及营销活动，而必须与营销中介合作，才能完成生产和营销任务。营销中介是协助企业推广、销售和分配产品给最终消费者的那些企业，包括供应商、中间商、实体分配单位、营销机构和金融机构等。

1. 供应商(Suppliers)

供应商是指向企业及其竞争者提供生产经营所需原料、能源、资金等生产资源企业及个人。供应商对企业营销活动又有实质性的影响，其提供的原材料数量及质量将直接影响产品的数量和质量，而所提供的资源价格则直接影响企业的产品成本、价格和利润。

2. 中间商

中间商是指协助销售、分配产品至最终顾客的企业。他们直接向企业取货，再利用自身建立的销售机制推销给下一级消费者，中间商对产品从生产领域到消费领域的流通产生极其重大的影响。企业首先要选择合格的中间商，在建立合作关系后，还要随时了解和掌握其经营活动，并采取一些激励性措施来推动中间商业务活动的开展。而一旦中间商不能履行其职责，或市场环境发生变化时，企业应及时调整或终止与中间商的关系。

中间商可分为代理中间商和商人中间商两类。代理中间商是指专门协助企业达成交易，推销产品，但不拥有商品所有权的中间商，如经纪人、代理人和制造商代表等。商人中间商是指从事商品购销活动，并对所经营商品拥有所有权的中间商，如批发商和零售商等。他们是联系企业与消费者的桥梁，直接与消费者打交道，协调企业与消费者之间存在的地点、时间、数量、品种及交货方式上的差异，他们的工作效率和服务质量直接影响着企业产品的销售。

3. 实体分配单位

实体分配单位是指担任仓储、运输活动的物流机构。其作用是保证企业营销渠道中物流畅通无阻，创造时间效益和空间效益。实体分配企业协助制造企业将产品实体运往销售目的地，完成产品空间位置的移动，产品到达目的地之后还有一段待售时间，它们还要协助保管和储存，物流的安全性和方便性会直接影响企业营销活动的质量。

4. 营销服务机构

营销服务机构指广告公司、广告媒体经营公司、市场调研机构、市场营销咨询企业、财务代理、税务代理等专门提供各种营销服务的企业。它们协助企业确立市场定位，进行市场推广，他们提供的专业服务是企业营销活动中不可缺少的。一些大的集团公司往往建有自己的广告部和市场调研部等营销服务部门，而大多数公司一般则以合同方式委托营销服务专业公司办理有关事务。

5. 金融机构

金融机构包括银行、信用合作社、信托公司、保险公司等为企业营销活动提供融资或保险服务的机构。在现代社会里，金融机构对企业的影响越来越大，企业应与金融机构保持良好的关系，以保证融资及信贷业务的稳定和渠道的畅通。

(三) 顾客

顾客是企业的服务对象，企业所有经营活动的最终目的，就是有效地向目标顾客提供产品和服务。企业的营销活动以满足顾客需要为中心，顾客是企业产品及服务的对象，是企业产品的直接购买者或使用者，也是影响企业营销活动的重要力量，产品和服务得到了顾客的认可就取得了市场。所以，顾客的需求特点和变化正是企业营销活动努力的起点和核心，分析目标顾客需求的变化、趋势是企业极其重要的基础工作。

一般来说，企业的顾客包括五种类型，即来自五种目标市场：

1. 消费者市场：指为了消费而购买，由个人和家庭所构成的市场。

2. 生产者市场：指为了生产其他产品及劳务，以赚取利润而购买产品与服务的个人和企业所构成的市场。

3. 中间商市场：指为了转卖而取得利润而购买，由批发商和零售商所构成的市场。

4. 政府市场：指购买产品及服务以提供公共服务，或把这些产品和服务转让给其他需要它们的人，为了履行政府职责而购买的政府机构所构成的市场。

5. 国际市场：指由国外的消费者、生产者、中间商、政府机构等所构成的市场。

(四) 公众

公众是指对企业实现市场营销目标的能力有着实际或潜在利益关系和影响力的群体或个人，包括金融机构、新闻媒体、政府以及社区公众和企业内部公众。公众对企业的态度会对企业的营销活动产生巨大的影响，他们可能有助于增强一个企业实现目标的能力，也有可能会妨碍这种能力。因此，成功地处理好与公众的关系，争取公众的支持和偏爱，为企业营造一个和谐宽松的营销环境非常重要。

企业营销活动所面临的公众主要有以下六类：

1. 金融公众

金融公众主要包括银行、投资公司、证券公司、股东等，金融公众对企业融资能力有重要影响。

2. 媒介公众

媒介公众指报纸、杂志、电台、电视台等传播媒介，它们掌握传媒工具，有着广泛的社会联系，能直接影响社会舆论对企业的认识和评价。

3. 政府公众

政府公众指与企业营销活动有关的各级政府机构和部门。企业在开展营销活动时必须认真研究各级政府的方针政策与措施的发展变化情况，从中寻找对企业营销的限制或存在的机遇。

4. 社团公众

社团公众是与企业营销活动有关的非政府机构，如消费者组织、环境保护组织，以及其他群众团体。企业营销活动会涉及社会各方面的利益，因此来自社团公众的意见、建议对企业营销活动有着十分重要的影响。

5. **社区公众**

社区公众指企业所在地附近的居民和社区团体。社区是企业的邻里，保持与社区的良好关系，为社区的发展做出贡献，会受到社区居民的好评，能为企业树立良好的口碑。

6. **内部公众**

内部公众指企业内部的管理人员及一般员工，企业的营销活动离不开内部管理人员和一般员工的支持、配合和努力。

（五）企业的竞争者

在市场营销活动中，任何企业都不大可能完全垄断某一市场，总会受到来自其他企业的包围和影响，与企业争夺同一目标顾客的力量就是企业的竞争者。

企业的竞争对手不仅来自同行业竞争者，还包括非同行业的竞争者。从消费需求的角度划分，可把竞争者分为四类：

1. **愿望竞争者**

愿望竞争者指提供不同产品、满足不同需求的竞争者。例如消费者要选择一种高档消费品，他所面临的选择有电脑、电视机、摄像机、出国旅游等，这时电脑生产商、电视机制造商、摄像机制造商以及旅行社之间就存在着竞争关系，成为愿望竞争者。在购买力有限的情况下，消费者不可能同时购买诸多高档产品，所以愿望竞争的关键在于采取积极有效的促销手段，以吸引消费者。

2. **平行竞争者**

平行竞争者指提供不同的产品以满足相同需求的竞争者。例如，为满足顾客对交通工具的需求，家用轿车、摩托车、自行车的生产厂家之间就形成了平行竞争的关系。

3. **产品形式竞争者**

产品形式竞争者指生产同类但规格、型号、款式不同的产品的竞争者。例如，近视镜，它的基本功能是使近视患者“恢复”正常视力，但满足这一需求的产品有各种各样的形式，如普通眼镜、高档眼镜、隐形眼镜、特殊材质眼镜等。除了矫正视力的功能外，有些眼镜还有遮阳、装饰等特殊功能。这些不同产品的生产商，就构成了产品形式竞争。

4. **品牌竞争者**

品牌竞争者指生产相同规格、型号、款式的产品，但品牌不同的竞争者。例如电视机的各种品牌制造商，如索尼、长虹、创维、康佳、厦华、海信、TCL 等就构成了品牌竞争者。

上述四类不同的竞争者与企业构成了不同的竞争关系，企业在制定营销策略前必须先弄清竞争对手，特别是同行竞争对手的生产经营状况，做到知己知彼，从而有效地开展营销活动。

三、市场营销的宏观营销环境分析

（一）人口环境

人口是构成市场的基本因素。在收入一定的情况下，一个国家总人口的多少，决定了市场容量的大小。

众所周知，任何一个企业的产品都不可能面向所有的人口，所以，除了分析考察一国或地区的总人口之外还要深入分析研究人口的地理分布、年龄结构、性别、家庭单位及人数等。

1. 人口总量

一个国家或地区总人数的多少是衡量市场容量的重要指标。通过统计分析一个国家的总人口及国民收入，调查一个地区总人口及居民的货币收入，都可以概括地了解该市场容量的大小及购买力水平的高低。2005 年 1 月 6 日是中国的十三亿人口日，巨大的人口总量加上社会主义市场经济的发展，人民收入水平的不断提高，使中国成为 21 世纪最具潜力的市场。

2. 人口地理分布

人口在地理上的分布与市场消费需求有着密切关系。居住在不同地区的人群，受地理环境、气候条件、自然资源、风俗习惯的影响，消费需求的种类及数量、购买习惯及行为都会有较大区别。最明显的是，不同地区的居民，在服装、饮食上的爱好不尽相同。

3. 年龄结构

消费者的年龄差别，使其对商品及服务产生不同的需要，形成各具特色的市场。随着社会经济的发展，生活条件与医疗条件的改善，人口死亡率普遍降低，人口寿命延长，人口老龄化趋势明显。根据联合国提供的数字，目前，中国 60 岁以上的老人占中国人口总数的 14%。2050 年，中国老人总数将达到 3 亿。联合国的相关材料指出，中国成功的实施计划生育政策的同时也带来了一个人口老龄化问题。这意味着银色市场在日渐形成并逐渐扩大，企业应对充分认识到这一点，关注银色市场的开发。

4. 人口性别

人口性别也是带来市场消费需求显著差异的一大因素。性别差异，不仅需要不同，购买习惯及行为也会有极大差别。

5. 家庭单位及人数

家庭是社会的细胞，也是商品采购的基本单位。一个市场拥有多少家庭单位及家庭的平均成员有多少，对市场营销活动有很大影响。

当家庭单位数增加，厨房用具、家具和家用电器需求量将会增加；家庭人数减少，相应地要求商品的功能及设计能够适应小家庭的需要。

(二) 经济环境

经济环境包括的因素很多，一般指的是影响企业市场营销方式及规模的经济因素。主要有经济发展状况、经济收入水平、支出方式、储蓄与信贷状况等。

1. 经济发展状况

企业的市场营销活动受到一个国家或地区的整体经济发展状况的制约。经济发展阶段的高低将会直接或间接影响企业的市场营销。

对于消费品市场而言，经济发展阶段较高的国家，在商品推销方面，重视产品基本功能的同时，更强调产品款式、性能及特色，会进行大量的广告宣传和销售推广活动，非价格竞争比价格竞争更占优势；而在经济发展阶段低的国家，则比较侧重产品的基本功能及实用性，价格竞争占一定优势。

在生产资料市场方面，经济发展阶段较高的国家重视投资大而能节约劳动力的生产设备，对劳动力的教育及技术水平要求也较高；而在经济发展阶段低的国家，生产设备多偏重于使用劳动力而节约资金，以符合国家劳动力与资金的合理比例。

美国学者罗斯顿(W. W. Rostow)的经济成长阶段理论把世界各国的经济发展阶段归

纳为五种类型:(1) 传统经济社会;(2) 经济起飞前的准备阶段;(3) 经济起飞阶段;(4) 迈向经济成熟阶段;(5)大量消费阶段。处于前三个阶段的国家是发展中国家;而处于后两个阶段的国家是发达国家。

不同发展阶段上的国家在市场营销上采取的策略也不一样。

以分销渠道为例,国外学者曾对不同经济发展阶段与分销渠道间的关系进行过研究,得出以下结论:随着经济发展阶段的提高,分销途径越复杂和广泛;制造商、批发商与零售商的职能逐渐独立;连锁网点数目及平均规模增加等。并指出,随经济发展阶段的上升,分销路线的控制权逐渐从传统权势人物转移至中间商手中,再至制造商,最后将大型零售商崛起,控制分销路线。

用罗斯顿的理论来衡量,我国现在尚处于经济起飞前的准备阶段。在这个阶段上,国家经济肩负着推进传统产业的变革和迎头赶上世界新技术革命的双重任务,营销者应当从我国国情出发,制定与之相适应的市场营销目标及策略。

2. 经济收入

经济收入在市场上表现为实际购买力。同人口一样,经济收入也是构成市场的基本因素,因为市场容量的大小不仅取决于人口的多少,而且取决于购买力的大小。而消费者的需求能否得到满足及怎样满足,也取决于其经济收入的多少。

经济收入的含义,从不同角度有不同理解。

首先,经济收入可分为国民收入与消费者个人收入。国民收入是指一个国家物质生产部门的劳动者在一定时期内所创造的价值的总和。由此还可以进一步得到人均国民收入,这大体上反映了一个国家的经济发展水平。消费者个人收入是指城乡居民来源于各种形式的收入,包括工资、退休金、红利、租金、赠与等各种收入。由于消费者购买力来自消费者收入,因此,消费者收入是影响社会购买力、市场规模大小、消费者支出能力和支出方式的重要因素。

其次,从市场营销学角度考察消费者收入,还必须区分名义收入和实际收入。名义收入指消费者各种形式的收入总和。实际收入指名义收入扣除失业、通胀、税收、社会福利等影响实际购买力因素后的收入水平。

名义收入的增减并不一定意味着实际收入的增减,但通常企业能够获得的收入统计资料,都是按名义收入表示的。因此,对统计资料进行名义收入和实际收入的区分,意义极为重要。

在现代经济生活中,名义收入会因社会政治法律及道德舆论力量的制约而保持不变或上升,但实际收入却有可能受国家或地区经济状况及其他因素的影响而减少。经济学上,往往会按名义收入的增减幅度是否高于通胀率或物价指数的上升率来判断实际收入是否增加。

再次,还需要注意的是,消费者的实际收入也无法全部用于消费,还可以进一步分为个人可支配收入和个人可任意支配收入。个人可支配收入指从个人收入中支付税款及非税性负担后剩下的收入(即个人可以用于消费及储蓄的部分)。个人可任意支配收入指个人可支配收入中再减去维持生活所必需的支出(如:食物、房租、水电费等固定费用)后的余额。个人可任意支配收入才是影响消费者需求变化的最活跃的因素,也是消费者市场所要重点研究的收入。

3. 储蓄与信贷状况

消费者的储蓄与信贷规模大小，直接影响着消费者不同时期的货币持有量，也就直接影响了消费者某个时期内的现实购买力的大小。

（1）储蓄

储蓄指人们将一部分可任意支配收入存储待用。消费者的储蓄形式一般有银行存款、债券、股票、保险、不动产等等。

较高的储蓄率会推迟现实的消费支出。在其他条件不变的情况下，储蓄增加，当期支出减少，未来支出则有可能增加。对于日常用品及服务，购买力会因此下降；但对耐用品及高档昂贵商品来说，却能够形成有现实意义的购买能力。尤其在我国消费信贷不发达的情况下，高档耐用品的购买力仍然主要源于储蓄，企业应当对此给予充分的关注。

影响储蓄的原因多种多样，主要有消费者收入水平、储蓄利率、消费者对物价的预期（物价信心指数）及消费心理和观念等。

（2）信贷

这里主要指消费信贷，通常理解为金融或其他商业机构向有一定支付能力的消费者通融资金的行为。消费信贷使消费者可以先凭信用取得商品使用权，然后再按约定期限分期归还贷款。

消费信贷可以增加当期购买力，在西方国家被广泛应用。最常用的是三种形式：短期赊销（日常用品）、分期付款（住宅、汽车及其他昂贵耐用品）、消费贷款（信用卡）等。

消费信贷受借贷利率、预期收入、信贷方便性、对物价上涨的估计以及生活消费观念、社会文化风俗习惯等的影响。

4. 支出方式

消费者支出方式又称为消费者支出模式与消费结构，指的是消费者收入变化与需求结构间的对应关系。

随着消费者收入的变化，其支出模式及消费结构也会随之发生相应变化。

研究消费者支出方式的一个重要理论是由著名的德国统计学家恩斯特. 恩格尔（Ernst Engel 1821～1896）提出的“恩格尔定律”。恩格尔定律指出，随着家庭收入的增加，用于购买食品的支出占家庭收入的比重越来越小；用于住房及家庭日常支出的比重保持不变；而用于服装、娱乐、保健、教育、储蓄等方面的支出将会上升。其中，食物费用占总支出的比例称为恩格尔系数。一般地，恩格尔系数越大，生活水平越低；反之，生活水平越高。

还有研究表明，影响消费者支出方式的因素，除了消费者收入水平外，主要还有：

（1）家庭所处的生命周期阶段，比如，家庭中有无孩子或孩子处在不同的年龄段上，就会带来家庭支出结构上的差异。

（2）家庭所在地及消费品生产供应状况，居住在农村与城市或居住在城市的不同地段内，在住宅、交通及食品上的支出情况也会有较大差异。

另外，城市化水平、商品化水平、劳务社会化水平、食物价格指数与消费品价格指数变动是否一致等，也都是影响消费者支出模式和消费结构的重要因素。

（三）政治、法律环境

政治环境是指影响企业营销活动的外部政治形势，包括国家政局的状况，以及政府所制定的方针政策，如人口政策、能源政策、物价政策、财政政策、金融与货币政策等。法律环境的指国家或地方政府所颁的各种法规、法令和条例等，是企业营销活动的准则。企业的市场营销决策在很大程度上受政治、法律环境的影响。法律是充分体现政治统治的强有力的形式，政府部门利用立法及各种法规表达自己的意志，对企业的行为予以控制。

小案例 2-2

政治风云导致“米沙”的失败

1977年，洛杉矶的斯坦福·布卢姆以25万美元的价格买下西半球某公司的一项专利，生产一种名叫“米沙”的玩具小熊，用作1980年莫斯科奥运会的吉祥物。此后的两年里，布卢姆先生和他的伊美治体育用品公司致力于“米沙”的推销工作，并把“米沙”商标的使用权出让给58家公司。成千上万的“米沙”被制造出来，分销到全国的玩具商店和百货商店，十几家杂志上出现了这种带4种色彩的小熊形象。开始，“米沙”的销路很好，布卢姆预计这项业务的营业收入可达5 000万到1亿美元。不料在奥运会开幕前，由于前苏联拒绝从阿富汗撤军，美国总统宣布不参加在莫斯科举行的奥运会。骤然间，“米沙”变成了被人深恶痛绝的象征，布卢姆的赢利计划成了泡影。

(四) 社会文化环境

社会文化环境是指一个国家、地区的民族特征、价值观念、生活方式、风俗习惯、宗教信仰、伦理道德、教育水平、语言文学等的总和。文化对所有营销参与者和消费者的影响是多层次、全方位、渗透性的，主要反映在教育水平、宗教信仰、价值观念和消费习俗上。

社会文化环境具体包括：

1. 教育水平

受教育程度不仅影响消费者收入水平，还直接影响消费者对商品的鉴赏能力、购买的理性程度等。

2. 宗教信仰

纵观历史上各民族的消费习惯的产生和发展，可以发现宗教信仰是影响人们消费行为的重要因素。宗教信仰最早源于人们对幸福和安全的追求与向往而又受低下的生产力限制所形成的盲目崇拜的宗教行为，被后人沿袭下来，就逐渐形成了一种影响人们消费行为的模式。

据有关资料介绍，我国佤族人每年用于宗教信仰方面的费用约占其年收入的1/3以上，其中，用于这方面的劳动力消耗也十分惊人，平均每人每年超过60天。由此可见，宗教活动对人们消费行为的重要影响。

宗教对人们的信仰及行为有极其复杂的影响，但营销人员也可以利用宗教为其服务。

3. 价值观念

在不同社会文化环境下生活的人们，有不同的价值观念，极大地影响着消费需求及购买行为。比如，崇尚节俭是我国传统民风及民族意识的一个方面，人们一向以节俭为荣，以挥霍奢华为耻。这种朴素的民风和节俭心理，表现在消费行为上就是精打细算，在购买商品时就是谨慎花钱，注重质量，讲究经久耐用。即使是收入水平较高的家庭，也会将其收入的相当部分用于储蓄，以备不时之需。这也是近年来我国银行储蓄存款余额一直不断攀升，除去人们的预期心理及制度性因素外的一个重要原因。

4. 消费习俗

消费习俗是人们世代相袭固化而成的消费风尚，是风俗习惯的重要内容。往往在饮食、服饰、居住、婚丧、节日及人情往来等方面表现出独特的心理特征和行为方式。

此外，道德规范、审美观念、流行等因素也都是影响支配消费者购买行为的重要社会文化因素。

小案例2-3

文化差异对人的行为的影响

同样的一件事，不同国家的人的行为方式则大相径庭。三个分别来自美国、日本和中国的女孩，头戴鲜艳的帽子，身穿漂亮的裙子，一同去郊外旅游，她们来到山顶悬崖边，欣赏大自然所带来的乐趣，感受自然界的魅力。正在玩得高兴之时，一阵大风吹来，美国女孩赶紧用双手捂住帽子，而日本女孩则双手按住裙子，中国女孩则一只手按住裙子，一只手捂住帽子，既不让别人看见“隐私”，也不让帽子丢失，真是两全其美。这就是文化的差异，导致人的行为的差异，而且这种差异的影响是根深蒂固的。

社会文化作为一种适合本民族、本地区、本阶层的是非观念，会强烈影响消费者的购买行为，使生活在同一社会文化范围的成员的个性具有相同的方面，它是购买行为的习惯性、相对稳定性的重要成因。所以，营销人员应当注意分析、研究和了解社会文化环境。

（五）自然环境

自然环境主要指营销者所需要或受营销活动所影响的自然资源因素。

从营销学的角度看，自然环境的发展变化给企业带来了一定的威胁，同时也给企业创造了机会。

从目前来看，自然环境有以下四个方面的发展趋势：

1. 原料的短缺或即将短缺

各种资源，特别是不可再生类资源已经出现供不应求的状况（如石油、矿藏等）对许多企业形成了较大威胁，但对致力于开发和勘探新资源、研究新材料及如何节约资源的企业又带来了巨大的市场机会。

2. 能源短缺导致的成本增加

能源的短缺给汽车及其他许多行业的发展造成了巨大困难，但无疑为开发研究如何利用风能、太阳能、原子能等新能源及研究如何节能的企业提供了有利的营销机会。

3. 污染日益严重

空气、水、土壤及植物中有害物质的增加，随处可见的塑料等包装废物以及污染层面日益升级的趋势，使那些制造了污染的行业、企业成为众矢之的，而那些致力于控制污染，研究开发不会造成污染的产品及其包装物的企业，能够最大限度降低环境污染的行业及企业，则有着大好的市场机会。

4. 政府对自然资源加大管理及干预力度

各国政府从长远利益及整体利益出发，对自然资源的管理逐步加强。许多限制性的法律法规的出台，对企业造成了巨大的威胁及压力，同时也给许多企业创造了发展良机。

作为营销者的营销活动，既受自然环境的制约与影响，也要对自然环境的变化负起责任。既要保证企业可获利发展，又要保护环境与资源，企业只有实施可持续发展战略，达成与社会、自然的协调才能做到。当前社会上流行的绿色产业，绿色消费乃至绿色营销以及生态营销的蓬勃发展，应当说就是顺应了时代要求而产生的。

(六) 科学技术环境

科学技术是企业将自然资源转化为符合人们需要的产品的基本手段，是第一生产力，因而是相当重要并具有长远影响的环境因素。

人类社会的文明与进步是科学技术发展的历史，是科技革命的直接结果。科学技术对企业市场营销的影响是多方面的。从人类历史来看，每一种新技术的出现，都会直接或间接地带来国民经济各部门的变化与发展，带来产业部门间的演变与交替，随之而来的是新产业的出现，传统产业的改造，落后产业的淘汰，并使消费对象的品种不断增加，范围不断扩大，最终必然使消费结构发生变化。比如：在电子工业出现之前，消费结构中就没有收音机、电视机、录音机之类的产品。正是由于合成化学技术的出现，合成纤维、合成橡胶、合成染料、合成药物工业形成，才使新产品源源不断地涌现，推动了消费结构的变化。而新技术革命(第四次产业革命)，则出现了以电子、生物工程等新兴科学为代表的工业技术的迅速发展，同样带来了社会生产方式、人们思维方式及消费习惯、生活方式的历史性变化，最终必将给市场带来极其深刻的影响。

从目前来看，IT 技术的介入，已经使零售商业业态结构及消费者购物习惯发生了改变。比如，网络营销及网上购物的出现，将从根本上改变市场营销的方式方法，同时也对经营管理者提出了新的要求。

因此，企业在研究科学技术环境时，要特别注意新技术革命对市场营销的影响，密切关注新技术革命的发展变化，及时地跟上新技术革命的大趋势，才能求得生存与发展。

四、市场营销环境的分析方法

(一) 环境威胁与市场机会

营销环境的变化不仅会给企业带来威胁，同时也会给企业带来市场机会。企业分析市场营销环境，意义在于使企业能了解所处的环境状况及预见环境的发展趋势，辨清所处环境给企业带来的各种威胁或机会，从而采取有针对性的营销策略。

1. 环境威胁

环境威胁指营销环境中出现的不利于企业营销的发展趋势及因素。如：能源危机对汽车行业形成的威胁；限制性法律对烟酒业造成的威胁等。企业若不能及时对此采取相应的策略，不利趋势将影响企业的市场地位。

2. 市场机会

市场机会指营销环境变化中出现的有利于企业发展的趋势或为企业经营赋予吸引力的领域。如：全民健身运动创造的体育用品销售机会；我国法定长假的实施为商业、旅游业、汽车行业等创造的商机。有些机会犹如“昙花一现”，可谓机不可失，时不再来。企业营销人员对商机的把握极为重要。美国商业奇才亚默尔就是一个善于发现和把握机会的人。

小案例 2-4

商业奇才亚默尔

美国具传奇色彩的商业人物——罐头大王亚默尔，在 1875 年的某一天偶然从报纸上看到一则新闻：墨西哥畜群中发现了病畜，有专家怀疑是某种传染性较强的瘟疫。

亚默尔立刻想到，毗邻墨西哥的美国加州、德州是全国肉类供应基地，如有瘟疫，政府将必然禁止该地区的牲畜进入市场，将造成全国肉类供应紧张，价格必然上涨。于是，在派专业人员进行调查核实消息后，果断决策，倾其所有，迅速从加、德两州大量采购活畜及猪、牛肉，运往美国东部地区，结果净赚 900 万美元。

3. 环境威胁与市场机会的分析与评价

在分析环境威胁与市场机会时，通常运用“环境威胁矩阵图”、“市场机会矩阵图”和“环境综合分析矩阵图”。

(1) 环境威胁矩阵图

营销者对环境威胁的分析主要结合两方面来考虑：一是环境威胁对企业的影响程度；二是环境威胁出现的概率大小，如图 2-2 所示。

影响程度 \ 出现概率	高	低
大	1	2
小	3	4

图 2-2　环境威胁矩阵图

图 2-2 的 4 个象限中，象限 1 是企业必须高度重视的，因为其危害程度高，出现的概率大，是企业必须严密监视和预测其变化发展趋势，并及时制定措施应对的环境因素。象限 2 和象限 3 也是企业应当密切关注其发展趋势的环境因素，因为象限 2 上的因素虽然出现概率低，一旦出现却会给企业营销带来极大的危害。象限 3 上的因素虽然对企业影响不大，但出现的概率却很大，因此也应当给予关注，随时准备应有的应对措施。象限 4 上的因素影响程度及出现概率均低，对其只需进行必要的追踪观察以监测其是否有向其他象限因素变化发展的可能。

(2) 市场机会矩阵图

有效地捕捉和利用市场机会，是企业营销成功和发展的前提。只要企业能够密切关注营销环境变化带来的市场机会，适时地做出恰当的评价，并结合企业自身的资源和能力，及时将市场机会转化为企业机会，就能够开拓市场、扩大销售，提高企业的市场占有率。

分析评价市场机会主要考虑两个方面：一是市场机会的潜在吸引力大小；二是市场机会带来的成功可能性大小，如图 2-3 所示。

潜在的吸引力 \ 成功的可能性	大	小
大	1	2
小	3	4

图 2－3　市场机会矩阵图

图 2－3 中的 4 个象限中，第 1 象限是企业特别应当重视的市场条件，因为其潜在吸引力与成功可能性都较大，是企业应当把握并全力发展的机会。第 2、3 象限同样也是企业不可忽视的市场条件，第 2 象限上的机会虽然成功可能性较低，一旦把握住却可以为企业带来巨大的潜在利益，第 3 象限上的机会虽然潜在利益不大，但出现的概率却很大，因此需要企业的充分关注，并制定相应的营销措施与对策。第 4 象限上的市场条件，潜在吸引力与成功可能性都较低，对企业来说，主要是密切观察其发展变化，积极改善自身条件，审慎地开展营销活动。

（3）综合环境分析

在企业实际面临的客观环境中，单纯的威胁环境与机会环境是极少见的。一般情况下，营销环境都是机会与威胁并存，利益与风险并存的在综合环境。

综合上述两个分析矩阵，不同水平的环境威胁、市场机会与企业共同作用，又可产生四种情况，形成综合环境分析图，如图 2－4 所示。

① 理想环境，即高机会低威胁环境。这个环境是企业难得的好环境。企业应当及时抓住机遇，开拓市场。

机会水平 \ 威胁水平	低	高
高	理想环境	冒险环境
低	成熟环境	困难环境

图 2－4　综合环境分析

② 冒险环境，即高机会高威胁环境。这种环境既存在较大利益的同时还面临着较大的风险，企业必须加强调查研究，进行全面的环境分析，审慎决策，降低风险，争取利益。

③ 成熟环境，即低机会低威胁环境。这是一种较为平稳的环境。企业一方面要按常规经营、规范管理，正常运营以取得平均利润；另一方面要积蓄力量，为进入理想环境或冒险环境做准备。

④ 困难环境，即低机会高威胁环境。困难环境里风险大于机会，企业处境困难，必须设法扭转局面，果断决策，改变环境或转移目标市场，重新定位以求发展。

面临不同的威胁及机会环境，企业营销部门要制定恰当的营销对策，慎重行事。因为，有需要未必有市场，有市场未必有顾客，或者虽然有顾客时，但又未必是一个好市场，种种机会也许是个陷阱，而看上去是陷阱的也许是个好机会。

缺乏科学预测及经验的营销者，对某些领域表面上的机会可能会做出错误的判断，造成不可挽回的损失。所以，必须进行深入分析市场机会的性质，以便寻找对自身发展最有利的市场机会。市场机会从性质上看，可分为四种：

① 环境市场机会与企业市场机会。市场机会实质上是“未满足的需求”，伴随着需求的变化与产品生命周期的演变，会有新的市场机会不断涌现，但市场机会对不同企业而言并非都是最佳机会。一般地，理想环境和成熟环境才是企业的最好机会。

② 行业市场机会与边缘市场机会。企业通常都有其特定的经营领域，出现在企业经营领域内的市场机会，称之为行业市场机会；出现于不同行业之间的交叉及结合部的市场机会则称之为边缘市场机会。一般讲，边缘市场机会环境的进入难度大于行业市场机会环境，但行业与行业间的边缘地带通常会存在市场空隙，企业可以在这些市场空隙里发挥自己的优势，以求得发展。

③ 目前市场机会与未来市场机会。从环境变化的动态性分析，企业既要注意目前环境变化中的市场机会，也要关注未来、预测未来可能出现的需求及消费倾向，以及时把握未来的市场机会。

④ 全面市场机会与局部市场机会。市场从其范围来看，有全面的、大范围的市场和局部的、小范围的市场之分。全面的市场机会是在大范围市场上出现的机会（如：国际市场、全国性市场等）；局部的市场机会则是指在局部市场上出现的尚未满足的需求。

全面市场机会对各个企业都有普遍意义，因其反映了环境变化的一种普遍趋势；局部市场机会则对有意进入某个特定市场的企业有意义，因为这意味着该市场的变化有区别于其他市场的趋势。

（二）微观环境分析方法——波特五力模型

波特五力分析模型是迈克尔·波特于20世纪80年代初提出的，该理论认为行业中存在着决定竞争规模和程度的五种作用力，这五种作用力综合起来影响着产业的吸引力。它是用来分析企业所在行业竞争特征的一种有效的工具。在该模型中涉及的五种作用力包括卖方议价能力、买方议价能力、新的竞争对手入侵、替代品的威胁，以及现存竞争者之间的竞争。决定企业盈利能力首要的和根本的因素是产业的吸引力。这五种作用力决定了产业的盈利能力，因为它们影响产品价格、成本和投资收益等因素。例如，卖方议价的能力会影响原材料成本和其他投入成本；新的竞争者入侵的威胁会限制价格，并要求为防御入侵而进行投资；竞争的强度影响价格及竞争的成本。企业通过其战略对这五种作用力施加影响。如果企业通过这五种作用力量影响所在产业的竞争优势，那它就能从根本上改善或削弱产业吸引力，从而改变本产业的竞争规则。波特五力分析属于外部环境分析中的微观环境分析，主要用来分析本行业的企业竞争格局，以及本行业与其他行业之间的关系。如图2-5所示。

1. 供应商的议价能力

供应商主要通过提高其投入要素价格与降低单位价值质量的能力，来影响行业中企业的盈利能力与产品竞争力。供应商力量的强弱主要取决于他们所提供给购买者的是哪些投入要素，当供应商所提供的投入要素的价值构成了购买者产品总成本的较大比例、对购买者

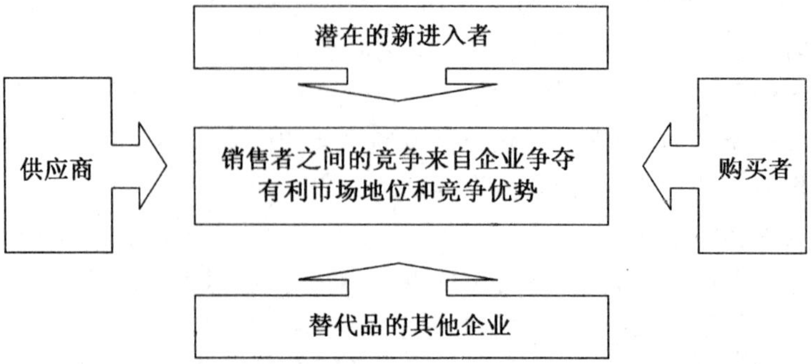

图 2-5　波特五力模型

生产过程非常重要或者严重影响购买者产品的质量时，供应商对于购买者的潜在讨价还价力量就大大增强。

2. 购买者的议价能力

购买者主要通过压价与要求提供质量较高的产品或服务的能力，来影响行业中现有企业的盈利能力。一般来说，满足如下条件的购买者可能具有较强的讨价还价能力：

(1) 购买者的总数较少，而每个购买者的购买量较大，占了卖方销售量的很大比例。

(2) 卖方行业由大量相对来说规模较小的企业所组成。

(3) 购买者所购买的基本上是一种标准化产品，同时向多个卖方购买产品在经济上也完全可行。

(4) 购买者有能力实现后向一体化，而卖方不可能前向一体化。

3. 新进入者的威胁

新进入者在给行业带来新生产能力、新资源的同时，也希望在已被现有企业瓜分完毕的市场中赢得一席之地，这就有可能会与现有企业发生原材料与市场份额的竞争，最终导致行业中现有企业的盈利水平降低，严重的还有可能危及这些企业的生存。竞争者进入的威胁的严重程度取决于两方面的因素，即进入新领域的障碍大小与预期现有企业对于新进入者的反应情况。进入障碍主要包括规模经济、产品差异、资本需要、转换成本、销售渠道开拓、政府行为与政策(如国家综合平衡统一建设的石化企业)、不受规模支配的成本劣势(如商业秘密、产供销关系、学习与经验曲线效应等)、自然资源(如冶金业对矿产的拥有)、地理环境(如造船厂只能建在海滨城市)等方面，这其中有些障碍是很难借助复制或仿造的方式来突破的。总之，新企业进入一个行业的可能性大小，取决于进入者主观估计进入所能带来的潜在利益、所需花费的代价与所要承担的风险这三者相对难易的程度。

4. 替代品的威胁

两个处于同行业或不同行业中的企业，可能会由于所生产的产品是互为替代品，从而在它们之间产生相互竞争的行为，这种源自于替代品的竞争会以各种形式影响行业中现有企业的竞争战略：第一，现有企业产品售价及获利潜力的提高，将由于存在着能被用户方便接受的替代品而受到限制；第二，由于替代品生产者的侵入，使得现有企业必须提高产品质量或者通过降低成本来降低售价，或者使其产品具有特色，否则其销量与利润的增长就有可能受挫；第三，源自替代品生产者的竞争强度受产品购买者转换成本高低的影响。总之，替代品价格越低、质量越好，以及用户转换成本越低，其所能产生的竞争压力就越强。

5. 同业竞争者的竞争程度

大部分行业中的企业,相互之间的利益都是紧密联系在一起的,作为企业整体战略一部分的各企业竞争战略,其目标都在于使自己的企业获得相对于竞争对手的优势,所以,在实施中就必然会产生冲突与对抗现象,这些冲突与对抗就构成了现有企业之间的竞争。现有企业之间的竞争常常表现在价格、广告、产品介绍和售后服务等方面,其竞争强度与许多因素有关。

行业中的每一个企业或多或少都必须应付以上各种力量构成的威胁,而且企业必须面对行业中的每一个竞争者的举动。除非认为正面交锋有必要而且有益处,例如要求得到很大的市场份额,否则企业可以通过设置进入壁垒,包括差异化和转换成本来保护自己。当一个企业确定了其优势和劣势时,必须进行客户定位,以便因势利导,而不是被预料到的环境因素变化所损害,如产品生命周期、行业增长速度等,保护自己并做好准备,以有效地对其他企业的举动作出反应。

根据上述对五种竞争力量的论述,企业可以采取尽可能地避免自身的经营与竞争力量交锋、努力从自身的利益需要出发影响行业的竞争规则、先占领有利的市场地位再发起进攻性竞争行动等手段来对付这五种竞争力量,以增强自己的市场地位与竞争实力。

(三) SWOT 分析法

SWOT 分析法又称为态势分析法,就是将与研究对象密切相关的各种主要内部优势,劣势和外部的机会和威胁等,通过调查列举出来,并依照矩阵形式排列,然后用系统分析的方法,把各种因素相互匹配起来加以分析,从中得出一系列相应的结论,而结论通常带有一定的决策性。

利用这种方法可以发挥企业优势,克服企业劣势,利用市场机会,化解环境威胁。SWOT 分析方法是一种企业内部分析方法,其中,S 代表 strength(优势),W 代表 weakness(弱势),O 代表 opportunity(机会),T 代表 threat(威胁)。从整体上看,SWOT 可以分为两部分:第一部分为 SW,主要用来分析内部因素;第二部分为 OT,主要用来分析外部条件。利用这种方法可以从中找出对自己有利的、值得发扬的因素,以及对自己不利的、要回避的因素,发现存在的问题,找出解决办法,并明确以后的发展方向。其具体步骤如下:

1. 分析环境因素

运用各种调查研究方法,分析出公司所处的各种环境因素,即外部环境因素和内部能力因素。外部环境因素包括机会因素和威胁因素,它们是外部环境对公司的发展直接有影响的有利和不利因素,属于客观因素,内部环境因素包括优势因素和弱点因素,它们是公司在其发展中自身存在的积极和消极因素,属主动因素,在调查分析这些因素时,不仅要考虑到历史与现状,更要考虑未来发展问题。

优势是组织机构的内部因素。具体包括:有利的竞争态势;充足的财政来源;良好的企业形象;专利技术;规模经济;产品质量;市场份额;成本优势;广告攻势;优质的客户服务;战略联盟等。

劣势也是组织机构的内部因素。具体包括:战略模糊;市场规划能力弱;设备老化;管理混乱;缺少关键技术;研究开发落后;资金短缺;产品成本高;产品积压;产品组合狭窄;竞争力差等。

机会是组织机构的外部因素。具体包括:独特的客户群体;新产品;新市场;新需求;外国市场壁垒解除;竞争对手失误等。

威胁也是组织机构的外部因素。具体包括:新的竞争对手;替代品增多;市场紧缩;行业政策变化;经济衰退;客户偏好改变;突发事件等。

2. 构造 SWOT 矩阵

将调查得出的各种因素根据轻重缓急或影响程度排序,构造 SWOT 矩阵,如表 2-1 所示,确认企业的关键能力和关键限制。在此过程中,将对公司发展有直接、重要、大量、迫切和久远影响的因素优先排列出来,而将间接、次要、可暂缓和短暂的影响因素排列在后面。

表 2-1　SWOT 矩阵结构表

外部条件 内部因素	外部机会(O)	外部威胁(T)
内部优势(S)	SO 利用优势,抓住机会	ST 利用优势,避开威胁
内部劣势(W)	WO 克服劣势,抓住机会	WT 克服劣势,避开威胁

3. 制订行动计划

在完成环境因素分析和 SWOT 矩阵的构造后,便可以制定出相应的行动计划。制订计划的基本思路是:发挥优势因素,克服弱势因素,利用机会因素,化解威胁因素;考虑过去,立足当前,着眼未来。运用系统分析的方法,将排列与考虑的各种环境因素相互匹配起来加以组合,得出一系列对公司未来发展有利的营销组合策略。

任务二　消费者购买行为分析

【任务目标】

1. 了解消费者市场的特点及购买行为模式;
2. 明确有哪些因素影响消费者的购买行为和购买行为的类型;
3. 掌握消费者购买决策的过程,明确各个阶段应采取哪些营销对策;
4. 了解生产者市场、中间商市场、非盈利组织及政府市场的特点及影响消费者购买行为的影响因素。

【任务方法】

1. 通过列举大量工作、学习和生活中的小案例来组织教学;
2. 分组进行情景模拟,对消费者需求进行认知、分析和把握;
3. 以小组为单位进行讨论、竞争性发言,提高逻辑思维能力和语言表达能力,掌握行为礼仪方式。

【任务分析】

通过对营销环境的调查,企业对营销环境的构成及影响因素有了一个大概的认识,但这样是不够的，还需要对购买者的心理与行为进行调查分析。市场的购买者主要有两类，一类是消费者市场的购买者；一类是组织市场的购买者，这两类市场购买者的主体构成、购买行为特点、购买过程都是存在差异的。

【案例导入】

联想乐 Phone 手机市场消费者购买决策过程

随着生活水平的提高，消费者的消费品位和消费观念也发生了很大的变化，了解消费者的消费行为及影响消费者购买决策过程的关键因素，能更好地满足消费者日益复杂化和个性化的需求，以及与消费者建立长期的客户关系。联想乐 Phone 手机消费者在手机购买过程中一般会经历五个阶段：

问题认识→信息收集→可供选择方案评估→购买决策→购买后行为

1. 问题认识：消费者认识到自己对手机的需要。

2. 信息收集：消费者的信息来源有很多。如图 2-6 所示。

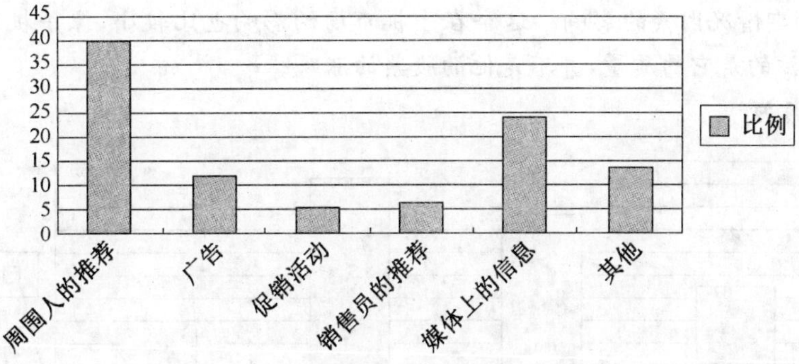

图 2-6　信息来源

从图中看出，消费者的信息来源有周围人的推荐、广告、促销活动、销售人员的推荐、媒体上的信息（媒体上介绍新手机的文章、网民的留言等）及其他。其中，影响消费者手机购买行为的最大因素是周围人的推荐，占 40.1%，其次分别是媒体上的信息、其他因素及广告，各占 20.0%、13.4%、11.7%，促销活动和销售人员推荐的影响相对低一些。由此可知，手机制造商应积极实施“口碑营销(Word of Mouth)”，利用人与人之间的相互传播，尤其是通过朋友、同事、亲戚、同学等传播和交流，增加所传播信息的可信度，进而提高企业的市场占有率。

1. 可供选择方案的评估

消费者在购买时，一般不会像组织购买者那样，提出各种可供选择的方案，然后进行定量的计算比较，消费者一般只是定性地比较一下。消费者购买手机时，一般都要考虑手机的属性，如图 2-7 所示。

从图 2-7 中可以看出，消费者购买手机时考虑的主要因素由品牌、品质、外形设计、功能多样性、价格、其他等 6 个因素构成。其中，消费者购买手机时考虑的首要因素是功能多样性，占 25.1%，其次分别是品牌、外形设计、品质，各占 24.5%、21.8%、21.5%。另外，价格及其他因素所占的比率较低。这一数据说明，手机制造商开发新手机时应更加注重手机

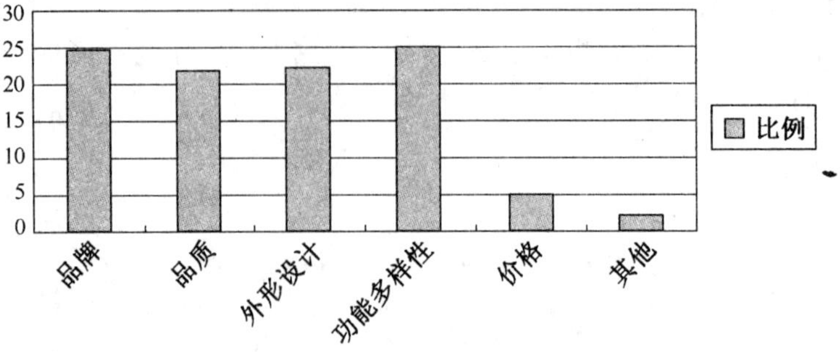

图 2-7　消费者考虑因素

功能，而且要把更多的精力放在提高品牌形象上。

2. 购买决策

在购买意图和购买决策之间，有两种因素会相互作用。

(1) 其他人的态度。但是对于手机来说，这个因素并不重要，因为手机是自己用的，不像衣服是穿给别人看的。

(2) 未预期情况因素的影响。这个在手机市场的影响也比较小，像手机这种高科技产品，消费者关注的是它的质量，并不是他的股票的涨跌。

3. 购后行为

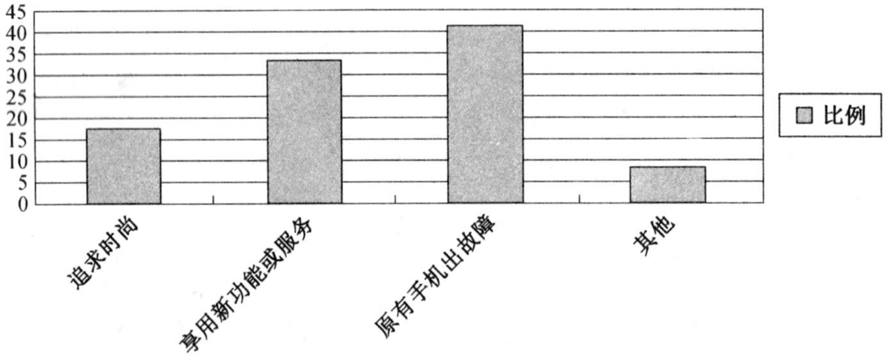

图 2-8　消费者更换手机理由

消费者更换手机的理由主要有原有手机出故障、享用新功能或服务、追求时尚及其他等，各占 41.4%、33.2%、17.2%、8.2%。这一结果再次说明手机已成为中国消费者的时尚品。

案例提示：

随着我国经济的不断发展，消费水平不断提高，我国消费者需要拥有不同的手机产品来满足更高层次的需求（指马斯洛的需求层次），任何产品或服务其命运都要由消费者的购买决策来决定，购买决策在消费者购买活动中占有极为重要的关键性地位，是购买行为中的核心环节，因此，对消费者决策进行研究是十分必要的。

【理论基础】

一、消费者市场

(一) 消费者市场的含义及特征

消费者市场,是指所有为满足生活需要而购买商品和服务的个人和家庭的总和。消费者市场是现代市场营销理论研究的主要对象之一,对其特征和消费者行为模式的揭示和概括既是理论研究的基础,也是企业开展有效市场营销活动的重要依据。

消费者市场与其他各类市场相比较,具有下列特征:

1. 购买目的的非营利性

消费者购买是非营利性的,目的是为了满足个人或家庭的某种生理或心理需要,取得使用价值是消费者购买的最终目标。而消费者市场的购买是以营利为目的的,是为了取得价值的增值,获得最大的利润。这是消费者市场和组织市场的本质区别。

2. 需求差异大、购买具有多样性

消费者的需求,由于受年龄、性别、职业、收入、教育程度、居住区域、民族、宗教等方面差别的影响,不仅不同的消费者需求各异,就是同一消费者因需求时间、场合等客观因素的不同也存在着差别。由于消费者需求的差异性大,导致了消费者对不同商品和同种商品的不同品种、规格、质量、外观、服务、价格等产生了多种多样的要求,且这种需求的多样性随着经济的发展和消费水平的提高有不断扩大的趋势。

3. 购买频繁、规模较小

消费者的购买目的是满足自身需要,因而其购买是随用随买,特别是日常生活必需品,由于不易保管和储存,购买规模不可能很大,交易数量较小,因而使购买更加频繁。

4."价格—需求弹性"较大

消费者市场较之组织市场而言,对价格变化较为敏感。当商品或服务价格上涨时,需求量会明显下降;当商品或服务的价格下跌时,需求就会受到刺激而增加。这种因价格变动而导致需求量的伸缩,在高档奢侈品中体现得最为显著。

5. 购买的非专家性和可诱导性

消费品花色、品种繁多,质量、性能各异,消费者不可能掌握各种商品的专业知识,大多数购买活动属于非专家购买。由于对商品知识缺乏了解,消费者在购买商品时,很大程度上受卖方促销活动的影响。因此,商家对消费者的购买行为有很强的诱导性。

(二) 消费品分类

消费品是供最终消费者用于家庭或个人使用的产品或服务。现在对种类繁多的消费品分类,通常采用两种分类方法。

1. 按消费品的消耗特点和产品形态,可以把消费品划分为易耗品、耐用消费品和服务三种类型。

(1) 易耗消费品

易耗消费品也叫非耐用消费品,是指只能使用一次或几次的容易消耗的有形物品。如食物、水果、洗涤用品等。

(2) 耐用消费品

耐用消费品是指可以多次使用，单价较高的有形物品。如服装、家用电器等。

(3) 服务

服务是用于出售或者是同产品连在一起进行出售的活动、利益或满足感。服务是一种无形产品。如美容、技术咨询等。

2. 按消费者购买习惯分类，可以把消费品分为便利品、选购品、特殊品和非渴求物品四种类型。

(1) 便利品。

便利品是指消费者购买频繁，不愿花时间和精力去比较品牌、价格，想随时随地购买到的产品或服务。它分为日用品、冲动购买品和应急物品三种。

日用品是价值低，经常使用和购买的产品和服务。如食盐、方便面、洗涤用品、干洗等。消费者购买日用品的特点是就近购买自己熟悉的品牌产品，因此经营日用品企业要在居民区广设网点，如便利店、超市等，利用各种促销措施使消费者熟悉产品品牌，并保证质量，注重产品款式和包装设计，吸引消费者购买。

冲动购买品是指消费者在视觉、嗅觉、听觉等感觉器官受到刺激的情况下而临时决定购买的产品或服务。如玩具、水果、CD 唱片等。经营冲动购买品的商家要在人口稠密、流动量大的地方广设网点，利用表演示范，广告条幅等刺激感觉器官的促销手段展示产品或服务，以吸引消费者购买。

应急物品是指消费者在紧急需要的情况下所购买的产品或服务。如急诊、下雨天买雨伞等。应急物品也应多设网点，让消费者熟知以便于消费者购买。

(2) 选购品

选购品是指消费者对产品或服务的价格、质量、款式、耐用性等进行比较之后才购买的产品。即需要对比、筛选才购买的产品或服务，如家用电器、服装、美容美发等。选购品又可分为同质品和异质品。同质品是指质量相似，价格差异大的选购品。这类产品促销的重点是在保证产品质量前提下采取低价策略。异质品是指产品特色比价格重要的选购品，如服装、电脑等。经营异质品的商家必须备有大量的花色品种，有素质较高的推销员，以满足消费者的不同爱好，为顾客提供咨询服务。

为了便于消费者购买选购品，政府应为其提供便利条件，使经营不同品牌的同类选购品的商家云集在一起，因此在一些城市里有服装城、家电城、装饰材料大市场等。

(3) 特殊品

特殊品是指有独特效益或特殊品牌标记的产品，大多是著名企业经营的名牌产品，产品知名度高。对这类产品，消费者在购买中只认品牌购买，如名牌服装、汽车等价格比较昂贵的产品。由于消费者认定品牌购买，所以排除了竞争，在一个城市设置一两家专卖店经营即可。

经营选购品的企业要使自己的产品成为特殊品，就要在保证优质产品的前提下，打造自己的企业品牌，提高品牌知名度。如我国在 2005 年出口 29 亿双鞋，占世界鞋贸易的 60%，但每双鞋单价只有 2.5 美元，是意大利鞋价的 1/10；中国 DVD 的出口价格也只是日本 DVD 价格的 1/3，造成这种现象的原因之一就是没有自主品牌，产品品牌知名度差，一些在中国生产的产品，只要冠上外商的著名品牌，立即身价倍增。为了扭转这种不利局面，在 2006 年我国提出加大自主创新能力，打造品牌知名度的举措，因此，我国企业要认真研究品牌营销策略，提高企业品牌知名度，使我们的产品成为特殊品。

(4) 非渴求物品

非渴求物品，也称为未觅求品，是指消费者不了解或即使了解也没有兴趣购买的产品或服务。如新产品、保险、书籍等。针对非渴求物品的特性，企业要加大广告宣传力度，派人员推销，尤其是价格昂贵的消费品、保险更需要推销人员与消费者进行面对面的沟通，使消费者了解产品特性以及给自己带来的利益，使消费者产生购买兴趣，从而扩大产品销售量。

(三) 消费者购买行为模式

1. "七 O"分析法

市场营销学家通常从以下 7 个方面入手分析消费者市场：

(1) 市场由谁构成？(Who)	购买者(Occupants)
(2) 消费者购买什么？(What)	购买对象(Objects)
(3) 消费者为何购买？(Why)	购买目的(Objectives)
(4) 消费者购买活动的参与人(Who)	购买组织(Organizations)
(5) 消费者怎样购买？(How)	购买方式(Operations)
(6) 消费者何时购买？(When)	购买时间(Occasions)
(7) 消费者何地购买？(Where)	购买地点(Outlets)

由于 7 个英文字母的开头都是 O，所以称为"7O"研究法。营销人员在制定针对消费者市场的营销组合之前，必须先研究消费者购买行为。例如，某皮革厂生产和销售箱包，必须分析研究以下问题：① 箱包的市场由哪些人构成？② 目前消费者市场需要什么样的箱包？③ 消费者为什么购买这种箱包？④ 哪些人会参与箱包购买行为？⑤ 消费者怎样购买这种箱包？⑥ 消费者何时购买这种箱包？⑦ 消费者在何处购买这种箱包？

2. 刺激反映模式

随着对购买行为研究的深入，企业营销人员开始认识到考察购买者对本企业所策划的市场营销策略、手段的反应，对营销活动的成败至关重要。营销人员如果能比较清楚就地了解各类购买者对不同形式的产品、服务、价格、促销方式的真实反应，就能够适当地诱发购买者的购买行为，使企业处于竞争中的优势。因此，作为营销人员仍需要在掌握有关购买者行为的基本理论的前提下，通过大量的调查研究，清楚了解企业各种营销活动与购买者反应之间的关系。

"黑箱"的提出来，使我们有可能了解购买者行为心理过程的隐蔽性，这隐蔽的部分恰恰是市场研究人员最想知道、最应明了也最难观察的。尽管如此，营销专家及具体工作人员并没有束手无策，他们试图利用行为心理学家沃森的"刺激—反应"理论，从各种各样的"市场营销刺激"对购买者行为所产生的反应中，推断出"黑箱"中的部分内容，也就是购买行为产生的影响。

行为心理学家创始人沃森建立的"刺激—反应"原理，指出人类的复杂行为可以被分解为两部分，刺激、反应。人的行为是受到刺激的反应。刺激来自两方面：身体内部的刺激和外界环境的刺激，而反应总是随着刺激而呈现的。按照这一原理分析，从营销者角度出发，各个企业的许多市场营活动都可以被视作对购买者行为的刺激，如产品、价格、销售地点和场所、各种促销方式等。所有这些，我们称之为"市场营销刺激"，是企业刻意安排的，是对购买者的外部环境刺激。除此之外，购买者还时时受到其他方面的外部刺激，如经济的、技术的、政治的和文化的刺激等等。所有这些刺激，进入了购买者的“暗箱”后，经过一系列的心理活动，产生人们看得到的购买者反应；购买还是拒绝接受，或是表现出需要更多的信息。如购买者一旦决定购买，其反应便是通过其购买决策过程表现在购买者购买选择上，包括产品的选择、厂牌选择、购物商店选择、购买时间选择和购买数量选择。这一关系如图 2－9 所示。

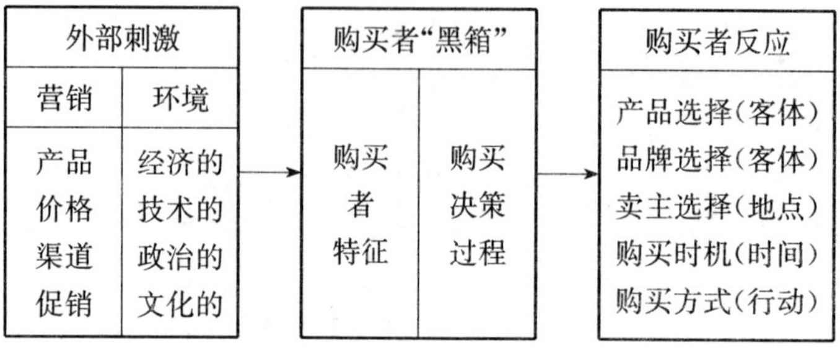

图 2－9　营销刺激与消费者反应模式

图 2－9 说明，尽管购买者的心理是复杂的，难以捉摸的，但这种神秘的、不易被人窥见的心理活动可以被反映出来而使人们认识，营销人员可以从影响购买者行为的诸多因素中找出普遍性的方面，由此进一步探究购买者行为的形成过程，并在能够预料购买者的反应的情形下，自如地运用“市场营销刺激。”

(四) 影响消费者购买行为的主要因素

1. 文化因素

(1) 文化

文化是指人类从生活实践中建立起来的价值观念、道德、信仰、理想和其他有意义的象征的综合体。

(2) 亚文化

亚文化是指某一局部的文化现象，每一个国家的文化中都包含着若干不同的亚文化群，主要包括民族亚文化群、宗教亚文化群、种族亚文化群、地理亚文化群等。此外还可以分为年龄亚文化群、性别亚文化群、职业亚文化群、社区亚文化群等。

(3) 社会阶层

社会阶层是社会学家根据职业、收入来源、教育水平、价值观和居住区域等对人们进行的一种社会分类，是按层次排列的、具有同质性和持久性的社会群体。它有以下特点：

① 同一阶层成员具有类似的价值观、兴趣和行为，在消费行为上相互影响并趋于一致。

② 人们以自己所处的社会阶层来判断各自在社会中的地位高低。

③ 一个人的社会阶层归属受到职业、收入、教育、价值观和居住区域等多种因素的制约。

④ 人们能够在一声中改变自己的社会阶层归属，既可以迈向高层，也可以跌至低阶层。

文化是决定人类欲望和行为的基本因素，几乎存在于人类思想和行为的每一个方面。文化虽不能支配人们的生理需要，但可以支配人们满足生理需要的方式。

小案例 2－5

不吉利的"4"

据《美国商业》杂志报道，美国一家高尔夫球厂，为了使自己的产品打入日本市场，在商品的包装上进行了精心研究，每盒装上四只球，但销售结果却出乎意料，买者甚少，经过调查才知道，是在装盒的数字上出了问题，因为"4"在日本是表示死亡的数字，难怪日本人不买美国的高尔夫球。

2. 社会因素

（1）相关群体

相关群体也称为参考群体或参照群体，指一个人在任职、情感的形成过程和行为的实施过程中用来作为参照标准的某个人或某些人的集合。相关群体可分为两类：一类是直接参照群体；另一类是间接参照群体。如下表所示：

表 2－2　参照群体分类

直接参照群体	间接参照群体
首要群体 次要群体	向往群体 厌恶群体

直接参照群体也称成员群体，是某人所属的群体或与其有直接关系的群体。成员群体又分为首要群体和次要群体两种。首要群体也称基本群体，初级群体，是人们经常面对面直接交往的群体，如家庭、邻里、同学、同事等。基本群体的概念最早是由美国社会学家库利在《社会组织》一书中提出的，一般都是非正式群体。次要群体是人们不经常面对面直接交往的社会组织，如机关、企业、学校、消费者协会等。间接参照群体是指某人的非成员群体，即此人虽不属于这个群体，但又受其影响的一群人。它可分为向往群体和厌恶群体。向往群体也称渴望群体，是指消费者渴望成为其群体中的一员，模仿其群体成员的消费模式与购买行为。如影视明星、体育明星。厌恶群体也称隔离群体，是指消费者厌恶、回避远离的群体。消费者希望在各方面与其保持距离，甚至反其道而行之。

参照群体对消费者购买行为的影响，主要体现在：

① 参照群体为消费者展示出新的行为模式和生活方式。

② 参照群体影响消费者对某些事物的看法和对某些产品的态度。如请著名的影视明星、专家接触艾滋病人，宣传讲解有关艾滋病知识，以消除人们对艾滋病人的歧视态度。

③ 参照群体促使人们行为趋于某种一致化，从而影响消费者对某些产品和品牌的选择。

（2）家庭

消费者以个人或家庭为单位购买产品，家庭成员和其他有关人员在购买活动中往往起着不同作用并且相互影响，构成了消费者的"购买组织"。分析这个问题，有助于企业抓住关键人物开展营销活动，提高营销效率。家庭不同成员对购买决策的影响往往由家庭特点决定，家庭特点可以从家庭权威中心点、家庭成员的文化与社会阶层等方面分析。

① 家庭权威中心点。社会学家根据家庭权威中心点不同，把所有家庭分为四种类型：一是各自作主型。亦称自治型，指每个家庭成员对自己所需的商品可独立做出购买决策，其他人不加干涉。二是丈夫支配型。指家庭购买决策权掌握在丈夫手中。三是妻子支配型。指家庭购买决策权掌握在妻子手中。四是共同支配型。指大部分购买决策由家庭成员共同协商做出。“家庭权威中心点”会随着社会政治经济状况的变化而变化。由于社会教育水平增高和妇女就业增多，妻子在购买决策中的作用越来越大，许多家庭由“丈夫支配型”转变为“妻子支配型”或“共同支配型”。

② 家庭成员的文化与社会阶层。家庭主要成员的职业、文化及家庭分工不同，在购买决策中的作用也不同。据国外学者调查，在教育程度较低的“蓝领”家庭，日用品的购买决策一般由妻子做出，耐用消费品的购买决策由丈夫做出。在科学家和教授的家庭里，贵重商品的购买决策由妻子做出，日用品的购买普通家庭成员就能决定。

(3) 社会角色和地位

一个人在一生中会参加许多群体，如家庭、团体和各种组织。在不同的群体中处境各异，即角色不同。比如，一个成年男子可有以下诸多角色：是父母亲的儿子，是妻子的丈夫，是孩子的父亲，是企业的经理，是桥牌协会的会员等等，不胜枚举。当消费者的角色改变时，购买行为也会发生变化。每一种身份都附有一种地位，反映社会对他的总体评价。这就是消费者的地位。人们常常通过购买商品、使用商品的方式来表明其社会地位。不同阶层选择的商品或购买行为有所不同。因此，企业应研究、了解和识别每个人在社会上充当的角色，发现角色与购买行为的内在联系，有针对性地开展营销活动。

小案例 2-6

沙拉油的失败

一家企业计划生产一种用来作为凉拌菜的佐料的沙拉油，以满足不同消费者对凉菜味道的要求。尽管试销效果好，但重复购买低，并未实现预期收益，原因主要是心理上的，家庭主妇们并不想放弃显示自己高超配制调料的机会，只有在没有时间的时候、才使用那种现成调料。

3. 个人因素

消费者的需求和购买行为还受其个人因素的影响。个人因素包括年龄与家庭生命周期、职业、经济状况、生活方式、个性和自我观念。

(1) 年龄与家庭生命周期

人们在一生中购买的商品和服务随着年龄的增长会不断变化。例如，儿童是玩具的主要消费者，青少年是文体用品、快餐、新潮时装的重要消费者，成年人购买的商品和服务大都是家居用品，在着装上以稳重大方、做工精细、质地优良为主，老年人是保健用品的主要购买者。

家庭生命周期是指消费者从离开父母家庭独立生活开始，到家庭自然解体为止所经历的全过程。家庭生命周期可分为以下八个阶段，每个阶段的需求重点和购买行为都有各自的特点。

第一，单身阶段。单身青年。购买重点是基本厨房用品和家具、交通工具、娱乐用品和旅游。这一时期几乎没有经济负担，大多属于革新者和早期大众。

第二，新婚阶段。年轻且无子女。购买的商品和服务主要是安家用品，如：服装、家具、耐用消费品、交通工具、旅游度假等。消费者在这一时期经济状况一般较好，负担很轻，基本可按意愿去实施购买，很多是革新者或早期大众。

第三，满巢阶段Ⅰ期。最小的子女在6岁以下。重点购买的商品是家用电器，婴儿及儿童食品和药品、儿童玩具等。在这一时期，没有住房的家庭开始着手购房，因此经济状况较紧张、购物需三思而行，由革新者向早期大众，晚期大众转化。

第四，满巢阶段Ⅱ期。子女已经超过6岁。重点购买各种食品、清洁用品、书报杂志等，教育费用是该阶段的重要支出。经济状况比前一阶段有所好转，大部分属于早期大众和晚期大众。

第五，满巢阶段Ⅲ期。年长的夫妻与尚未独立的子女同住。购买的商品为新款式家具、大量食品、交通工具、报刊杂志、电脑、更新耐用消费品、旅游用品等。教育费用仍是该阶段的重要支出。经济状况进一步好转，大部分属于早期大众和晚期大众，有一部分成为革新者。

第六，空巢阶段Ⅰ期。年长的夫妻，无子女同住，仍在工作。购买的商品诸如奢侈品、家庭装修用品、娱乐用品等。在这一时期尽管经济状况很好，但对新产品兴趣不大，因此，基本上属于晚期大众。

第七，空巢阶段Ⅱ期。年长的夫妻，无子女同住，且已退休。热衷于购买医疗保健用品。消费者在此时收入大幅度降低，购买类型是迟钝采用者。

第八，鳏寡阶段Ⅰ期。尚在工作。收入仍可观，但也许会出售房子。

第九，鳏寡阶段Ⅱ期。独居老人，体弱多病，需要得到关怀和社会的帮助。主要购买生活必需品和医疗保健品。

营销者只有正确判断目标市场的消费者处于家庭生命周期的阶段，采用正确的营销组合策略，方能取得好的营销业绩。应该指出的是自然年龄与消费者的心理年龄并非完全同步，企业应在掌握细分市场自然年龄的基础上，尽量按心理年龄组成目标市场，避免营销错误。

(2) 经济因素

经济因素指消费者可支配收入、储蓄、资产和借贷的能力。经济因素是决定购买行为的首要因素，决定着能否发生购买行为以及发生何种规模的购买行为，决定着购买商品的种类和档次。

世界各国消费者的储蓄、债务和信贷倾向不同。比如，日本人的储蓄倾向强，储蓄率为18%，而美国仅为6%，结果日本银行有更多的钱和更低的利息贷给日本企业，日本企业有较便宜的资本以加快发展。美国人的消费倾向强，债务—收入比率高，贷款利率高。营销人员应密切注意居民收入、支出、利息、储蓄和借款的变化，对价格敏感型产品更为重要。

(3) 生理因素

生理因素指年龄、性别、体征(高矮胖瘦)、健康状况和嗜好(比如饮食口味)等生理特征的差别。生理因素决定着对产品款式、构造和细微功能的不同需求。比如，儿童和老人的服装要宽松，穿脱方便；江浙人嗜甜食，四川人嗜麻辣；病人需要药品和易于吸收的食物。

(4) 个性

个性指一个人的心理特征。个性导致对自身所处环境相对一致和连续不断的反应。个性特征有若干类型,如外向与内向、细腻与粗犷、谨慎与急躁、乐观与悲观、领导与追随、独立性与依赖性等。一个人的个性影响着消费需求和对市场营销因素的反应。比如,外向的人爱穿浅色衣服和时髦的衣服,内向的人爱穿深色衣服和庄重的衣服;追随性或依赖性强的人对市场营销因素敏感度高,易于相信广告宣传,易于建立品牌信赖和渠道忠诚,独立性强的人对市场营销因素敏感度低,不轻信广告宣传。

(5) 生活方式

生活方式指一个人在生活中表现出来的活动、兴趣和看法的模式。不同的生活方式群体对产品和品牌有不同的需求。营销人员应设法从多种角度区分不同生活方式的群体,如:节俭者、奢华者、守旧者、革新者、高成就者、自我主义者、有社会意识者等等。比如,保龄球馆不会向节俭者群体推广保龄球运动,名贵手表制造商应研究高成就者群体的特点以及如何开展有效的营销活动,环保产品的目标市场是社会意识强的消费者。

4. 心理因素

消费者的需求和购买行为还会受到自身心理因素的影响,这主要包括:动机、感觉、学习、信念和态度。

(1) 动机

动机是一种升华到足够强度的需要。动机引起行动,维持行为,并引导行为去实现需求目标。人们的行为受动机支配,而动机来源于需要。每个人在任何时刻都有许多需要。有些是生理上的,如饥饿、口渴。有些则是心理上的,如被他人认可、尊重和归属等。人的某种需要会产生导致行动的驱动力,需求越强烈,产生的驱动力越大。这种心理上的内在张力的释放需要通过某种刺激物(如商品、服务等)的获得来解决,即产生了购买动机。在一定时期内,人们的需要是多种多样的,动机也不会只有一个,但动机的强弱程度各不相同,往往只有那些最强的"优势动机"才能支配人们去真正购买。

心理学家曾提出了许多关于人类行为动机的理论,最著名的三种是西格蒙德·弗洛伊德的动机理论、亚伯拉罕·马斯洛的动机理论和弗富德里克·赫茨伯格的动机理论。

① 弗洛伊德的动机理论。弗洛伊德的动机理论来自于精神分析论,他把人的心理比作冰山,露在水面上的小部分为意识领域,水下的大部分为无意识领域,造成人类行为的真正心理力量大部分是无意识的。人在成长和接受社会规范过程中有很多欲望受到抑制,因此,人们往往不能真正了解自己的真实动机。如,现代人旅游度假表面上是为了缓解工作紧张带来的压力,其深层次可能是为了更有效地工作,但人们往往意识不到这个深层动机,他们在旅游时会把其注意力全部放在旅游点所营造的环境、气候条件、名胜古迹、娱乐与购物活动等,所以旅游地的营销活动在于从视觉上激发消费者的情绪,以促进其购买活动的实现。

目前,弗洛伊德动机理论的代表人物是欧内斯特·迪希特,30多年来他一直利用潜意识动机来解释购买情境和产品选择。迪希特将他的方法称之为动机研究,即与消费者作"深入面谈"来收集资料,以揭示由产品所引发的更深层的动机。

② 马斯洛的动机理论。马斯洛的动机形成理论被称为"需要层次论"。马斯洛(A. H. Maslow)是美国著名心理学家,他在1954年发表的代表著《动机与个性》中提出了这个理论。马斯洛把人类的需要层次依次分为:生理需要、安全需要、社会需要、尊重需要和自我实

现需要，如图 2－10 所示。需要层次论可概括为以下几个要点：第一，人类的需要和欲望有待满足，已满足的需要不会形成动机，只有未满足的需要才会引起购买行为的动机；第二，人类的需要从低级到高级具有层次性，只有低一级的需要得到相对满足后，高一级的需要才会成为支配人的行为的主导动机；第三，一般说来，需要强度的大小和需要层次的高低成反比，即需要的层次越低，其强度越大。

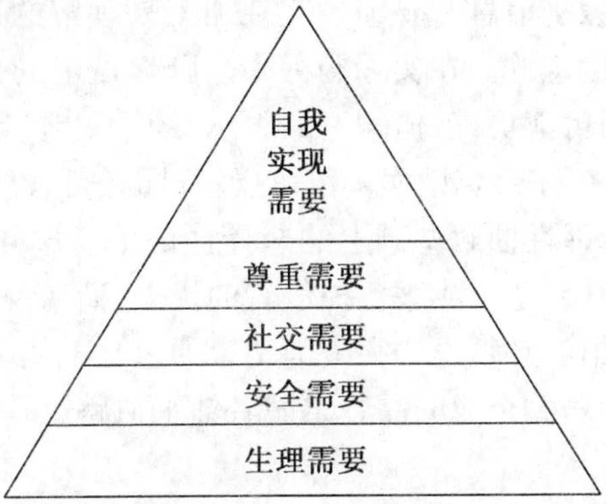

图 2－10　马斯洛需要层次

③ 赫茨伯格的动机理论。弗雷德里克·赫茨伯格(F. Herzberg)于 1959 年创立了双因素理论。其要点是把动机与工作联系起来，提出工作满足与不满足两类因素，前者称为动机需要，后者称为保健需要。动机需要包括成绩、承认、工作岗位、提升等因素，这些可推动职工努力工作。保健因素包括与工作性质无关的一些因素，如工作条件、福利待遇、管理条例等。二者的区别是：保健需要满足与否，只能影响对工作的不满情绪的程度，只有动机需要获得满足，方能产生工作动力。赫茨伯格双因素理论可用于分析消费者行为。企业用于引发消费者购买行为的市场营销因素可分为保健因素和动机因素，保健因素是消费者购买的必要条件，动机因素是促进条件，在有选择余地的情况下，对保健因素不满，就肯定不买，但仅对保健因素满意，购买冲动的强度还不足以使之购买，只有在动机因素满意时才会形成强烈的购买行为。

(2) 感觉

人们的需要受到刺激产生了动机，随时可付诸行动，但采取怎样的行动却要视消费者个人对客观环境的感觉而定。两个具有同样动机处在同样环境的消费者，由于他们对环境的感觉不同，可能导致不同的行为。所谓感觉是指个人选择、组织并解释信息，以便创造一个有意义行为的过程。这一心理过程是有选择性的，分别经历选择性注意，选择性曲解和选择性记忆三个阶段。

① 选择性注意。人的一生中时刻面临着许多刺激物，以商业广告来说，美国人平均每天见到的广告超过 1 500 多条，但他不可能注意所有这些刺激物，大多数刺激物会被"过滤"掉，真正引起个人关注的只有极少数。所以，对于营销者而言，最困难的是要了解目标顾客群对何种刺激物感兴趣。经过多年的研究，我们可以总结出以下三种情况能够引起人们的注意：一是与目前需要有关的刺激物；二是人们所期盼的刺激物；三是变化幅度极大、较为特殊的刺激物，如降价 50%，比降低 5%的刺激强度要大得多。选择性注意意味着市场营销者必须尽量吸引消费者的注意力。因为，他们要传递的营销信息不会引起与目标市场无关的

消费者的关注，即使是目标顾客群也不会轻而易举地注意到这些信息，所以，必须采用与众不同的刺激物方能引起人们的注意。

② 选择性曲解。即便是消费者注意到企业营销信息刺激物，也并非一定会达到企业预期的效果，原因在于每个人总是按自己既有的思维模式来接受信息，这就是选择性曲解。选择性曲解是指人们趋向于将所获得的信息与自己的意愿模式结合起来的思维倾向。选择性曲解说明人们接收外界刺激物信息后要经过主观加工来理解的过程，即人们一般是要按先入为主的思维定式来解释信息的。在实际购买中品牌忠诚者的出现就属于这种情况，即使新品牌在性能、质量等方面可能更好，但某一品牌忠诚者不会轻易改变其品牌偏好。

③ 选择性记忆。人们往往会忘记大多数所接触过的信息，只会记住那些符合自己态度与信念的信息，这就是在选择性曲解基础上的选择性记忆。这种选择性记忆使人们大都只记忆自己所偏好的品牌、商店、超市或服务提供者的优点，而忽视了其他同类供应者的优点。

上述感觉过程提出营销者必须设法突破消费者的感觉壁垒，使其信息尽快、失真度最低的植根于目标顾客心中，为培养企业的品牌忠诚者铺平道路。

(3) 学习

人类除本能驱使力支配的行为外，其他行为皆属学习活动。心理学家发现，学习行为是某一刺激物与某一反应建立联系时所发生的行为，如司机见了红灯就停车，观众对精彩表演鼓掌等。消费者的学习是通过驱使力、刺激物、诱因、反应和强化的相互影响而产生的。营销学对消费者学习过程研究的全部意义在于，使企业把消费者的学习过程与得到驱使力联系起来，运用各种营销手段来强化消费者对其营销商品和服务的需求。

(4) 信念和态度

通过以前的行为和不断地学习，人们获得了自己的信念和态度，而信念和态度又反过来影响人们的购买行为。所谓信念是指一个人对某些事物所特有的描述性思想。营销企业应对其产品和服务以及企业自身在消费者思想中所特有的信念极为关注，建立良好的企业声誉和品牌。

消费者在学习过程中形成了态度。所谓态度是指人们长期保持的对于某种事物或观念的是非和好恶。消费者一旦对某种产品、品牌或企业形成一种态度，往往很难改变，要想改变某一消费者对某产品或某品牌及某企业已经形成的态度，需要企业付出相当大的营销努力，进行全方位的营销调整，甚至革新。

消费者的购买行为是文化、社会、个人和心理因素相互影响和作用的结果。营销者对其中的许多因素是无法改变的，但它对识别消费者的购买行为是很有帮助的。营销者对文化、社会、个人和心理因素中的许多部分具有影响力，可以运用营销手段作用于这些因素，从而诱发消费者的强烈欲望和购买行为。

小案例 2-7

难以拒绝的推销

街角的小商店进来两位女顾客，衣着整齐的四十岁出头的老板娘迎了上去。“小姐，天暖了，看看换季的衣服?”“我们随便看看。”两位小姐不紧不慢地应道。“你们这种年纪，正是装点街面时候，一出太阳，小姐们齐刷刷地穿上春装，使人精神振奋，还是年轻的好。”老板娘对小姐感叹道。“你也不老呀！”两位小姐有了兴致。“不行，我就想穿这种款式”，她指着小姐眼光看到的那款春装，“今年最流行的样式，但腰身过不了。前天，我邻居十多岁的姑娘硬从我这里要去了一件，穿起来，我差点没认出。这种衣服，上身效果特别好，小姐试试吧，不买没关系”她急步走过去，取下衣服递到小姐手上，指着靠里的一个花布帘子，说：“请过去试试，里面有镜子，很方便，眼见为实嘛。”

老板娘见两位顾客手中拿着天热脱下的毛衣，又赶紧递上一个袋子：“你们走得这样热，把毛衣装起来吧，不小心弄脏了，多可惜。”小姐试衣出来，问：“如何？”老板娘又赞叹道：“这位小姐的腰身好，大概只有1尺6吧。这件衣服好多人都试过，只你穿着最合身，看这颜色，把你的皮肤映衬得好白哟。……来来来，把这个饰物戴上更有味，这才叫白领丽人。”

“我可是很挑剔的”小姐笑着说。“你尽管挑剔，满意了才买。年轻人穿衣服，就讲究一个样式，式样新、合身就是好衣服。我这种年纪，就要考虑舒适，式样不是我们能追求的。只要你满意，价格上给你优惠，支持你们打扮漂亮。”“你可是人也不老，心也不老啊。”小姐愉快地称赞道。……试衣的小姐找不出拒绝的理由，愉快地买走了老板娘推荐的衣服。

（五）购买者的购买决策过程

消费者的购买决策过程是由一系列相关联的活动构成的。在复杂购买行为中，消费者的购买决策过程要经过确定需要、收集信息、评价方案、购买决策、购买行为五个阶段，如图2-11所示。但寻求平衡的购买行为、寻求多样化的购买行为和习惯性的购买行为并非都必须经过上述五个阶段，随着消费者在购买时介入程度的降低，某些阶段可能会被忽略或颠倒。在此，我们仅讨论消费者介入程度最高的也是最困难的复杂购买行为的决策过程。

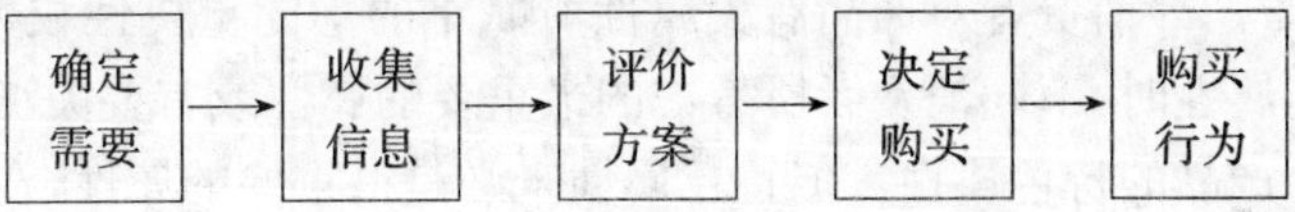

图2-11　复杂购买行为的决策过程

1. 确定需要

购买过程开始于购买者对某个问题或需要的确认。这个需要是由内部刺激或外部刺激引起的。比如饥饿、干渴等都属于内部刺激，当其需要强度达到一定程度就升腾为一种购买动力。外部刺激也能引起人们强烈的购买欲望，如人们路过食品店时，看到陈列精美的蛋糕会引起食欲。看到模特的时装表演会引发其购买时装的愿望等。市场营销者在此阶段的主要任务，是营造能够激发消费者产生强烈需求的环境，具体路径有两方面：一是掌握本企业产品实际的或潜在的激发消费者需求驱动力的最佳强度；二是由于消费者对某种产品的需求强度会随着时间的推移而变化，企业必须善于适时设计诱因，促使消费者产生强烈的需求，并立即采取购买的行动。

2. 收集信息

在复杂购买行为中，消费者确定需求后并不立即购买，而是需要收集与满足其特定需求相关的各种产品的信息。当消费者的需求从有限度地解决问题转向确定全面解决方案时，收集资料的状态就从适度收集转化为积极收集。

消费者的信息来源分为四类：

（1）个人来源。包括家庭、朋友、邻居、熟人等。

（2）商业来源。包括商业广告、推销员、经销商、商品包装、展览等。

（3）公共来源。包括大众媒体、消费者评比机构等。

（4）经验来源。包括产品的处理、检查与使用等。

这些信息来源的丰富程度和对消费者的作用各异。一般情况下，商业来源是消费者搜集信息的主渠道，而最有效的信息当属个人来源。商业来源提供的信息一般只起告知作用，而个人来源则具有认定或评价作用。

消费者收集信息的积极性，因需要强度的不同而有所变化。需要强度高，消费者会非常主动地收集有关信息，需要强度低，不一定会主动地去寻找有关信息。消费者需要寻找的信息量，取决于购买行为类型。当消费者对其将要购买的产品完全不了解时，消费者需要收集的信息量就大，反之则少。因此，企业要在对市场进行充分调查、分析的基础上，设计和使用恰当的信息传播途径和沟通方式，采用对目标市场影响最大、力度最强的促销组合，方能有效地引导消费者的购物行为。

3. 评价方案

当消费者收集到足以帮助其选择和判断的信息资料后，就进入对资料分析评价、确定购买方案的阶段。消费者的评价过程依次表现为以下几个方面：

第一，产品属性。即产品能够满足消费者需要的特性。例如，计算机的储存能力、运算速度、图像显示能力等，照相机的体积大小，摄影速度、成像清晰度等，轮胎的安全性、胎面弹性、行驶质量等，都是消费者感兴趣的产品属性。消费者对某一类产品属性的关切程度因人而异，他们特别重视那些最能够实现购买欲望的产品属性。

第二，属性权重。即消费者对产品有关属性所赋予的不同重要性权数。当消费者被问及如何考虑产品的属性时，不同消费者所考虑的最重要的属性或首要关注的属性各异，我们把这种属性称之为产品的特色属性。但特色属性未必是最重要的属性，在非特色属性中，有的是被消费者所忽视的，而一经提及，购买者会马上认识到它的重要性，特色属性可以作为细分消费者市场的依据。

第三，品牌信念。消费者可能就每种属性上的各种品牌确定出品牌信念集，而这些品牌信念构成了品牌形象。消费者的品牌信念随个人经验不同以及选择性注意，选择性曲解与选择性记忆的效果不同而各异。

第四，效用函数。即描述消费者所期望的产品满足感随产品属性不同而变化的函数关系。它与品牌信念的联系是，品牌信念指消费者对某品牌的某一属性已达到何种水平进行的评价，而效用函数则表明消费者要求该属性达到何种标准他才会接受，也就是说，品牌信念是效用函数建立的基础。

第五，评价模型。即消费者对不同品牌进行评价和选择的程序和方法。大多数购买者会同时考虑多个属性，并赋予不同属性不同的权重。他们将这些权数乘以每个品牌的信念，就得到了每种方案的综合评价值并从中择优选取，我们把这个模型称为期望值模型。

据此，营销者在此阶段可采取如下措施以提高自己产品被选中的可能性：

第一，修正产品属性。市场营销人员应分析本企业产品应具备哪些属性，以及不同类型的消费者分别对哪些属性感兴趣，以便进行市场细分，对不同需求的消费者提供具有不同属性的产品，这既能够满足消费者需求，又最大限度地减少了因提供不必要的属性而造成的资源浪费。

第二，改变消费者心目中的品牌信念。通过广告和宣传努力消除消费者的心理偏见，树立良好的品牌形象。

第三，改变消费者对竞争品牌的信念。当消费者对竞争者品牌信念过高时，应设法改变其不切实际的品牌信念。

第四，改变重要性权重。设法改变消费者对产品各种性能的重视程度，千方百计提高消费者对本企业产品优势属性的重视程度，引起消费者对被忽视的产品性能的注意。

第五，改变消费者心目中的理想产品属性的标准。

4. 购买决策

购买决策是购买决策过程的中心环节。经过评价选择后，消费者便形成了对某个品牌的偏好和购买意向。接下来消费者就要做出购买决策，购买决策通常有三种：一是消费者认为商品质量、款式、价格等符合自己的要求和购买力，决定立即购买；二是认为商品的某些方面还不能完全满意或价格偏高等决定延期购买；三是对商品质量、价格等不满意而决定放弃购买。由此可见，购买意图和购买决策之间仍有距离，并非所有购买意图都能转化为购买决策，这是因为在二者之间还有两种因素在起作用，如图 2－12 所示。

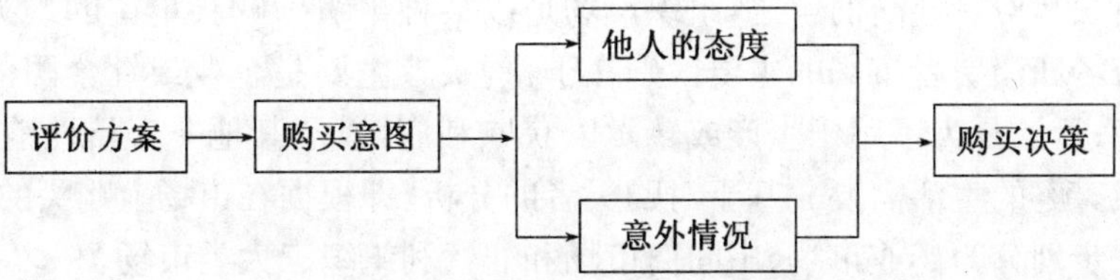

图 2－12　购买意图与购买决策过程

第一因素是他人的态度。他人的态度对购买者否定购买意图的影响程度取决于：其一，他人对购买者所偏爱品牌的否定态度的强烈程度；其二，购买者遵从他人愿望的动机。他人的否定态度越强烈，与购买者的关系越亲密，购买者就越有可能修正自己的购买意图；反之亦然，购买者对某个品牌的偏好程度会因亲近的人喜好同样的品牌而增加。

第二因素是意外情况的影响。消费者购买意图的形成是基于诸如预期的家庭收入、预期的价格及期望产品的利益等。但在消费者即将实施购买时，会出现始料不及的意外情况，如失业、其他购买动机强度陡增等，从而改变了其购买意图。

消费者改变、推迟或取消购买决定，在很大程度上是受所感到的风险影响的，所感风险的程度是随支出费用的多少，属性不确定的程度及自信程度而变化的。消费者为回避风险而常采取的办法有：回避决策；向朋友收集信息；选择著名品牌与有保证的产品。市场营销人员必须了解引起消费者的风险感觉因素，为他们提供信息支持以减轻购买者的风险感。

购买决策阶段的营销任务：

（1）消除或减少引起可觉察风险的因素。

（2）向消费者提供真实可靠的产品信息，增强其购买自信心。

5. 购后行为

购后行为是指消费者在购买产品以后产生的某种程度的满意或不满意所带来的一系列行为表现。消费者对产品的期望值越高，不满意的可能性越大，因此企业在采取促销措施时，如果盲目地扩大消费者的期望值，虽然在短期内会扩大产品的销售量，但会引起消费者的心理失衡，退货、投诉增加，从长期来看有损企业形象，影响消费者以后的购买行为。

购后行为阶段的营销任务：

(1) 广告宣传等促销手段要实事求是，最好是有所保留，以提高消费者的满意度。

(2) 采取有效措施减少或消除消费者的购后失调感，及时处理消费者的意见，给消费者提供多种解除不满情绪的渠道。

(3) 建立与消费者长期沟通机制，在有条件的情况下进行回访。

研究和了解消费者市场的特征及其购买决策过程是企业市场营销成功的基石，是制定正确的目标市场策略的有效保证。

二、组织市场购买行为分析

企业的市场营销对象不仅包括众多的消费者，也包括各类组织机构，这些组织机构构成了组织市场，即原材料、零部件、机器设备、供给品和企业服务等市场。在此，企业应主要了解组织市场中的产业市场及其购买行为。

所谓组织市场，是指为进一步生产、维持机构运作或再销售给其他消费者而购买产品和服务的各种组织消费者。简而言之，组织市场是以某种组织为购买单位的购买者所构成的市场。组织市场和消费者市场的主要区别在于：购买者主要是企业或社会团体而不是个人或家庭消费者；目的是为了用于生产或转卖以获取利润，以及其他非生活性消费，而不是为了满足个人或家庭的生活需要。基于对购买者的分析，即根据在市场上购买的标准，通常将组织市场进一步划分为产业市场、中间商市场和非营利组织三大类市场。

（一）生产者市场购买行为

1. 生产者市场的含义及特征

生产者市场又叫产业市场或企业市场，是指一切购买产品和服务并将之用于生产其他产品或劳务，以销售、出租或供应给他人而获取利润的单位和个人组成的市场。在某些方面，产业市场与消费者市场具有相似性，二者都有为满足某种需要而担当购买者角色、制定购买决策等共同点。然而，产业市场在市场结构与需求、决策类型与决策过程及其他各方面，又与消费者市场有着明显差异。

(1) 购买人数较少、购买规模较大

与消费者相比，产业市场的购买人数较少，而购买的规模显得较为庞大。产业市场所面对的顾客通常为企事业单位。由于产业市场的最终客户仍为消费者市场。因此，产业市场的产品供给商并不能只关注产业市场的需求，而忽视消费者市场的变化趋势。产业市场相对于消费者市场更容易形成买家垄断的局面。

(2) 生产者的地理位置都相对集中

为了更好地提高产业的集群效应，以降低企业的生产成本，生产者通常都会将厂址设定在一个生产者聚集的地段。例如，我国空调的生产者，主要集中在珠江三角洲和长江三角洲；汽车的生产者主要集中在北京、上海、长春、天津等大城市。

(3) 需求的派生性

产业市场上产业购买者对产业用品和服务的需求是从消费者的需求中派生出来的。例如，要生产和销售一双皮鞋，皮货商要将皮货卖给制革商，制革商把皮革卖给制鞋商，制鞋商把皮鞋卖给批发商,批发商把皮鞋转卖给零售商,零售商将皮鞋销售给消费者。制革商之所以要购买兽皮,皮鞋制造商之所以要购买皮革,归根到底是因为消费着要去零售商那儿购买皮鞋。如果消费者不需要皮鞋,就必然会引起连锁反应:零售商不会向批发商购买皮鞋,批发商不会向制鞋商购买皮鞋,而制鞋商也就不会向制革商购买皮革,制革商也就不向皮货商购买皮货。

(4) 需求缺乏弹性

在产业市场上,产业购买者对产业用品和劳务的需求受价格变动的影响不大。例如,汽车生产者不会因为汽车轮胎的涨价而少购进轮胎。造成这种现象的主要原因是因为产业市场的需求取决于其生产工艺过程与生产特点,企业在短期内不可能很快变更其生产方式和产品种类。

(5) 需求具有波动性

由于产业市场的需求具有间接性,它的最终目的仍是为了满足消费者市场的需求,在产业市场上,由于人们通常对需求变化反应敏感,因此,产业购买者比消费者市场需求的波动性更大。为了规避经营风险,产业市场的商品供给者通常会实行多元化经营战略。

(6) 购买的专业性

由于产业用品尤其是主要设备的技术性强,对产品质量、规格、性能等各方面都有系统的计划和严格的要求。因而,企业通常都雇有训练有素的、专业知识丰富的专职采购人员,负责采购工作。企业采购主要设备的工作较复杂,参与决策的人员比消费者市场多,决策过程较为规范,通常中若干技术专家和最高管理层组成采购委员会领导采购工作。

(7) 购买的直接性

由于产业市场上购买者和供应者往往互为需要,因此常常相互提供产品,这种习惯的做法称之为互惠。互惠有时表现为三角形或多角形。互惠现象在很大程度上加大了产业市场的顾客关系的复杂性。

2. 生产者购买类型

(1) 直接重购。这是一种在供应者、购买对象、购买方式都不变的情况下而购买以前曾经购买过的产品的购买类型。这种购买类型所购买的多是低值易耗品,花费人力较少,无须联合采购。面对这种采购类型,原有的供应者不必重复推销,而应努力使产品的质量和服务保持一定的水平,减少购买者的时间耗费,争取稳定的买卖关系。

(2) 修正重购。修正重购是指购买者想改变产品的规格、价格、交货条件等,这需要调整或修订采购方案,包括增加或调整决策人员、人数。对于这样的购买类型,原有的供应者要清醒认识面临的挑战,积极改进产品规格和服务质量,大力提高生产率,降低成本,以保持现有的客户。新的供应者也要抓住机遇,积极开拓,争取新业务的建立。

(3) 新购。新购是指生产者首次购买某种产品或服务。由于是第一次购买,买方对新购产品心中无数,因而在购买决策前,要收集大量的信息,制定决策所花时间也比较长。首次购买的成本越高,风险就越大,参加购买决策的人员就越多。新购是营销人员的机会,因此要采取适当措施影响决策的中心人物,还要通过实事求是的广告宣传,使购买者了解企业产品。为了达到目标,企业应将最优秀的推销人员组成一支庞大的营销队伍,以赢得采购者的信任并力促企业实施购买行动。

3. 购买决策的参与者

购买类型的复杂程度不同，购买决策的参与者也不同。比如在直接重购过程中，起决定作用的是采购部门的负责人，而在新购过程中，企业的高层领导和技术专家起决定作用，因此在新购情况下，供应商应把产品的信息传递给企业的高层领导和技术人员。生产资料的供应者不仅要了解影响生产者市场采购的因素及购买类型，而且还应知道谁会参与购买决策，他们在其中担当什么角色，起什么作用。对生产资料的购买，一般是由专职的采购员和非专职的采购员组成“采购中心”来进行，而企业的“采购中心”一般由下列五种人组成。

(1) 使用者，指直接使用所采购的产品的人员。使用者一般会提出购买建议，协助确定产品规格、性能等。他们往往是某一生产资料购买的提议者，并在产品的规格确定上有较大的影响力。

(2) 影响者，指生产企业的内部或外部对采购决策产生直接或间接影响的人员。影响者是从企业的内部和外部直接或间接影响购买决策的人，他们会影响对供应商的选择及对产品规格、性能、购买条件等的确定。在众多的影响者中，企业外部的咨询机构和企业内部的技术人员影响最大。

(3) 采购者，指企业中具体执行采购决定的人，是企业里有组织采购工作正式职权的人员，主要任务是交易谈判和选择供应者。在较复杂的采购工作中，采购者还包括企业的高层管理人员。采购者在采购行动中具有较大的灵活性，供应商应该把握好机会，处理好与采购员的关系。

(4) 决定者，指有权对买与不买，买的数量、规格、质量及供应商的选择做出决策的人员。这些人可以是企业内处在不同层次的人，供应商应该弄清这些对决策起关键作用人的相关信息。在常规的采购中，采购者就是决定者，而在复杂的采购中，决定者通常是公司的主管。

(5) 信息控制者，指生产者用户的内部或外部能够控制信息流向采购中心成员的人。例如，技术人员或采购代理人、接待员、电话接线员、秘书、门卫等，他们可以拒绝或终止某些供应商、推销人员与决策者及使用者接触。

应该指出的是，并不是所有企业采购任何产品都必须由上述五种人员参加决策。一个企业采购中心的规模和参加的人员，会因欲购产品种类的不同和企业自身规模的大小及组织结构不同而有所区别。对生产资料营销人员来说，关键是了解一个企业采购中心的组成人员各自所具有的相对决定权，以及采购中心的决策方式，以便采取富有针对性的营销措施。

4. 影响生产者购买行为的主要因素。

影响生产者购买行为的因素主要有以下几种：

(1) 环境因素。在影响生产者购买行为的诸多环境因素中，经济环境是最主要的。生产资料购买者受当前经济状况和预期经济状况的影响非常大，当经济不景气，或前景不佳时，生产者就会缩减投资，减少采购，压缩原材料的库存。此外，生产资料购买者也受科技、政治和竞争发展的影响。营销者要密切注视这些环境因素的作用，力争将劣势变为优势。

(2) 组织因素。每个企业的采购部门都会有自己的目标、政策、工作程序和组织结构。生产者市场上的营销人员应了解并掌握购买企业采购部门在企业里处于什么地位，是一般的参谋部门还是专业职能部门，生产资料的购买决策权是集中决定还是分散决定，在决定购买的过程中，哪些人会参与最后的决策等。只有对这些问题做到心中有数，才能使营销工作有的放矢。

(3) 人际因素。这是指企业内部的人事关系。生产资料购买的决定，是由公司各个部门和各个不同层次的人员组成的"采购中心"作出的。这些成员的地位不同，权力不同，他们之间的关系亦有所不同，而且对生产资料的采购决定所起的作用也不同，因而在购买过程中呈现较纷繁复杂的人际关系。生产资料营销人员必须了解用户购买决策的主要人员、他们的决策方式和评价标准、决策中心成员之间相互影响的程度等，以便采取有效的营销措施获得用户的青睐。

(4) 个人因素。生产者市场的购买行为虽为理性活动，但参加采购决策的仍然是一个个具体的人，而每个人在做出决定和采取行动时，都不可避免地受其年龄、收入、所受教育程度、职位、个人特性以及对待风险的态度等因素的影响。因此，市场营销人员还应了解生产者市场采购人员的个人情况，以便采取"因人而异"的营销策略。

5. 生产者的购买决策过程。生产者进行购买决策时通常要经历以下步骤。

(1) 问题识别，指生产者用户认识自己的需要，明确所要解决的问题。问题识别是生产者用户购买决策的起点。

(2) 需要说明，指通过价值分析确定所需项目的特征和数量。

(3) 明确产品规格，指说明所购产品的品种、性能、特征、数量和服务，写出详细的技术说明书，作为采购人员的采购依据。

(4) 物色供应商，指生产者用户的采购人员根据产品技术说明书的要求寻找最佳供应商。

(5) 征求供应建议书，指邀请合格的供应商提交供应建议书。

(6) 选择供应商，指生产者用户对供应建议书加以分析评价，确定供应商。

(7) 签订合同，指生产者用户根据所购产品的技术说明书、需要量、交货时间、退货条件、担保书等内容与供应商签订最后的订单。

(8) 绩效评价，指生产者用户对各个供应商的绩效加以评价。

小案例 2-8

戴尔的采购工作

戴尔采购工作最主要的任务是寻找合适的供应商，并保证产品的产量、品质及价格等方面在满足订单的前提下有利于戴尔公司。戴尔的采购部门有很多岗位的职责便是制订采购计划、预测采购需求、联络潜在的符合戴尔需要的供应商。戴尔采购部门的主要工作是管理和整合零配件供应商，而不是把自己变成零配件的专家。戴尔有一些采购人员在做预测，以确保需求与供应的平衡。这样所有的问题从前端完成之后，戴尔在工厂这一阶段便很少会出现供应问题，只需按照订单计划生产高质量的产品就可以了。所以，戴尔通过完整的结构设置来实现高效率的采购，完成用低库存来满足供应的连续性。戴尔认为，低库存并不等于供应会有问题，但它确实意味着运作的效率必须提高。

"戴尔公司可以给你提供精确的、正确的订货信息及稳定的订单"一位戴尔客户经理说，

“条件是,你必须改变观念,要按戴尔的需求送货;要按订货量决定你的库存量;要用批量小,但频率高的方式送货;要能够做到随要随送,这样你和戴尔才有合作的基础。”无论是与戴尔合作生产,还是作为戴尔零部件的供应商,都要接受戴尔的严格考核。

(二) 中间商市场购买行为

中间商市场也称转卖者市场或再售者市场,是由所有以营利为目的从事转卖或出租业务的个人和组织所组织的市场。中间商不提供形式效用,只提供时间效用、地点效用和占有效用。中间商市场的主体,包括各种批发商和零售商。

1. 中间商市场的特点。

中间商市场的特点体现为以下几点。

(1) 购买者数目较多,供应范围比较广泛。批发商和零售商组成中间商市场,其数目多于生产者,少于消费者,地理分布也较消费者集中、较生产者分散。

(2) 中间商对商品的需求属于引发需求。中间商对商品的需求是由消费者对商品的需求引发而来的,所购商品的品种、花色、规格、数量、价格等要受到消费者需求的影响和制约。

(3) 购买商品讲究组合配置。中间商进货时,要求品种齐全、花色丰富,以满足消费者的多样化需求,提高他们的购买效益。

(4) 对交货期、信贷条件等要求较高。中间商购买商品的目的是再销售并从中获利,为了抓住有利的销售时机,减少商品滞销积压的风险,加快资金周转,对交货期限和信贷条件等要求较严。

2. 中间商的购买决策。

中间商购买行为是指中间商在寻找、购买、转卖或租赁商品过程中所表现出来的行为。由于中间商处于流通环节,是制造商与消费者之间的桥梁。因此,企业应将其视为消费者采购代理人,全心全意帮助他们为消费者提供优质服务。中间商的购买决策主要有以下几项。

(1) 选择购买的商品的编配组合。中间商的商品编配组合,既是其营销特色的集中体现,又是吸引消费者的最主要内容,因此,对企业经销的商品进行合理的编配,是中间商最基本、最重要的购买决策。一般而言,中间商可采取的商品编配组合有四种:一是独家编配,即中间商只经销某一家厂商的产品;二是深度编配,即中间商同时经销多家厂商生产的多种不同规格型号、花色款式的同类产品;三是广度编配,即中间商同时经销多家厂商生产的多种类产品,经营范围广泛,但并未超越中间商的营销范围;四是综合编配,即中间商同时经销多家厂商生产的互不相关的多种类、多规格的产品,如百货商店、超级市场、仓储式商店等都属于综合编配。

(2) 选择供应商。相对于消费者的购买活动,中间商的购买活动具有较强的计划性和理智性,对供应商的选择比较谨慎。品牌、声誉、商品质量、品种规格、供货能力、供货时间、供货条件及合作的诚意等是中间商甄选供应商时需要考虑的主要因素。

(3) 选择购买的时间和数量。由于中间商对商品的需求属于引发需求,由消费者市场需求决定。因此,中间商对购买商品的时间和数量往往有相当苛刻的要求,总希望既能及时、适时、按量满足市场需求,又能最大限度地减少库存,加速资金周转,提高资金的利用率。

(4) 选择购买条件。购买条件的优劣直接关系到中间商的经销效益,市场瞬息万变造成的风险压力也迫使中间商尽可能从供应商那里获得尽量多的优惠购买条件,如价格折扣、促销津贴、广告折让、运费折让等。由于中间商的购买价格是其商品的进货成本和商品销售价格的基础，销售价格又是影响消费者购买行为的一个最重要的因素，因此，供应商价格的高低和价格折扣的多少是中间商购买条件中极其重要的条件，是中间商购买决策的中心内容。

3. 中间商购买类型。中间商的购买行为主要有以下四种类型。

(1) 新产品采购，即中间商对是否购进以及向谁购进以前未经营过的某一新产品作出决策。中间商可以根据市场前景的好坏、买方需求的强度、服务获得的可能性等多个因素来决定购买方案。

(2) 最佳供应商选择，即中间商已经确定需要购进的产品，现阶段只需寻找最合适的供应商。这种情况的发生有如下几种：一是中间商限于条件，不能经营所有供应商的产品，而只能从中选择一部分；二是中间商准备用自己的品牌推销商品，正在寻找有一定水平又愿意合作的供应者。

(3) 改善交易条件的采购，即中间商希望现有供应商在原交易条件上再做些让步，使自己得到更多的利益。

(4) 直接重购。直接重购也称直接再购或连续重购，是指企业采购部门按过去的订货目录直接向原来的供应商购货，内容不做变动，完全根据以往经验，按常规、惯例进行重复购买。

4. 影响中间商购买行为的主要因素。

中间商作为组织购买者之一，其购买行为也要受到环境因素、组织因素和个人因素的影响。但是，中间商的营销目标、营销活动内容、购买决策及购买行为又有自己的特点，在制定购买决策、实施购买行为时，还要受到以下因素的制约。

(1) 购买者需求。为他人购买是中间商的一个显著特点，因此，中间商购买什么、购买多少、以什么价格购买，都必须考虑其购买者(即消费者个人及家庭、生产企业)的需求和愿望，然后按照他们的需求和愿望制定购买决策。

(2) 存货管理。储存是中间商的基本职能之一，储存什么、储存多少、怎样储存是影响中间商购买行为的一个重要因素。

(3) 供应商的策略。中间商购买商品是为转售他人，供应商的策略、供货条件、价格折让、运费折让、促销津贴等对其商品转售有直接关系，因而影响中间商的购买决策。

(三) 非营利组织市场购买行为

非营利组织是指不是以营利为目的的组织，它的目标通常是支持或处理个人关心或者公众关注的议题或事件。非营利组织在不同国家和地区有不同的定义。非营利组织是美国广泛采用的概念，美国财务会计准则委员会(FASB)将其定义为："符合以下特征的实体：① 该实体从捐赠者处获得大量的资源，但捐赠者并不因此而要求得到同等或成比例的资金回报；② 该实体经营的目的不是为了获取利润；③ 该实体不存在营利组织中的所有者权益问题。"非营利组织所涉及的领域非常广，从艺术、慈善、教育，到政治、宗教、学术、环保等。非营利组织的运作并不是为了产生利益，这一点通常被视为这类组织的主要特性。由非营利组织参与市场交易活动而构成的市场是非营利组织市场．具有下列特点。

1. 限定总额。非营利组织的购买经费多来自政府拨款或社会捐赠等，所以每次的购买经费、购买数量都是既定的，不能随意突破。

2. 质量保证。非营利组织购买商品的目的不是为了再生产或转售，购买商品的目标也不是成本越低越好。其购买的商品是整体服务的一个组成部分，是为了维持组织运行和履行组织职能。因此，所购买商品的质量是必须得到保证的。

3. 程序复杂。为提高购买准确率，保证购买质量，非营利组织的购买程序严格、复杂，参与者较多，购买决策时间也较长。

4. 受控制性。为了使有限的资金发挥更大的作用，防止购买过程出现“暗箱”操作，非营利组织的购买人员要受到有关部门较多的控制，包括对所购商品价格的要求、质量规定、交货条件等。

(四) 政府市场购买行为

政府市场是为满足各级政府部门的日常工作及公共消费需要而销售产品和服务的市场。各级行政机关是组成市场的主体。

1. 政府市场的特点

政府是社会组织的一个极重要的组成部分，为有效地行使其职能，政府有较为庞大的开支，因而其形成了一个独特的、规模较大的集团消费市场，且具有如下特点。

(1) 需求受到较强的政策制约。一国的经济政策对政府采购的影响较大，当财政开支紧缩时，需求减少，反之则相应增加。

(2) 需求的计划性较强。一国政府开支要列入财政预算，各级政府部门购买什么、购买多少都要受到财政预算的限制，且要制定购买计划，还要经过预算、审批等过程。

小案例 2-9

政府采购目标

随着我国政府采购制度的深入发展，政府采购规模的不断扩大，采购总额数据也在不断地扩增。然而，一些地方却不从实际出发，对采购总额下指标、下任务。以下就是近三年某县市对政府集中采购机构的考核指标……“采购总额”所下达的任务，并作为核拨其业务经费的主要依据：

2009 年，采购总额目标任务 800 万元；

2010 年，采购总额目标任务 1 200 万元；

2011 年，采购总额目标任务 1 600 万元。

政府采购的资金来源主要是税收。因此，政府采购具有很强的计划性、政策性和预算约束性，其采购目标必须明确，尽可能地数量化，这样才便于社会监督和控制。

(3) 采购方式多样。政府市场购买方式明显区别于消费者市场、生产者市场和中间商市场。对日用办公用品的采购，往往先选定供应商，然后采取连续再购买的形式定期购买；对价格昂贵的大宗商品，如飞机、汽车等的采购，则采用公开招标的方式竞购；对公共福利品的采购，则容易受到推销商的影响等。

(4) 采购活动须受到社会公众的监督。各级政府机构的开支来自财政拨款，财政拨款来自于社会公众的税收。因此，社会公众有权以各种形式对政府机构的采购活动加以监督，要求政府富有效率，公正、廉洁，能以最低标准的购物数量实现政府的各项职能。

(5) 采购目标的多重性。由政府部门独特的社会职能决定，各级政府在购买商品时除了考虑质量、性能、价格等经济性因素外，还要追求政治性、军事性、社会性等其他目标。

2. 政府市场的采购方式。政府市场的购买方式主要有以下三种。

(1) 公开招标竞购。公开招标竞购是指政府部门以向社会公开招标的方式择优购买商品和服务。一般的程序是先由政府的采购机构在媒体上刊登广告，说明要采购的商品的名称、品种、规格、数量等具体要求，邀请供应商在规定的期限内投标，最后由政府的采购机构在规定的日期开标，选择报价最低又符合要求的供应商成交。

(2) 议价合约选购。议价合约选购是指政府采购机构和一个或几个供应商接触，经过谈判协商，最后只和其中一个符合购买条件的供应商签订合同，进行交易。一般而言，当政府采购业务的计划复杂、风险较大、竞争性较小时，比较适合采用这种采购方式。

(3) 日常性采购。政府部门对维持日常政务正常运转所需的办公用品、易耗物品和福利性用品，多为经常性、常规性、连续性购买，花色、品种、规格、价格、付款方式等都相对稳定，大多采取例行选购的方式，向熟悉的和有固定业务联系的供应商购买。

政府采购活动受到环境、组织、人际和个人因素的影响。政府采购活动的独特之处在于它受到外界公众的严密注视。由于政府支出决策要受到外界公众的注视，所以政府组织要做大量文书工作，在批准购买之前，必须填写并签署一些内容详尽的表格，为了避免官僚主义盛行，营销人员必须设法简化一些不必要的程序。

项目小结

市场营销环境是指影响企业市场营销活动和市场营销目标实现的各种因素及条件。具有客观性、多变性、差异性和相关性。宏观市场营销环境包括自然环境、政治法律环境、人口环境、经济环境、社会文化环境及科学技术环境。企业的微观环境主要涉及企业内部环境、市场营销渠道企业、竞争者、公众及顾客等方面的内容。

分析市场营销环境通常是利用“环境威胁矩阵图”和“市场机会矩阵图”。企业对其所面临的市场机会及主要威胁，必须认真评价其质量或特点，制定恰当的营销对策，慎重行事，对环境进行综合分析可以采用SWOT方法，识别企业内部优势，克服劣势，利用外部机会，规避威胁。

消费者市场是指个人或家庭为生活消费而购买、租赁产品或服务的市场。它是市场营销学研究的主要对象，是所有商品的最终市场。

影响消费者行为的因素可分为内在因素和外在因素。外在因素包括相关群体、社会阶层、家庭情况、文化状况等内容。内在因素即个性心理特征，包括动机、感受、态度、学习等方面，弗洛伊德的精神分析论、马斯洛的“需求层次论”、赫茨伯格双因素理论，对消费者行为分析有着重要的参考价值。所有这些因素都为如何更有效地赢得顾客和为顾客服务提供了线索。

消费者购买行为是指消费者在寻找、购买、使用、评估和处理满足其需要的产品或服务过程中所表现出来的反应或行动。研究消费者需求及其购买行为是企业制定市场营销战略的出发点。影响消费者购买行为的因素主要有文化因素、社会因素、个人因素和心理因素。消费者购买决策过程分为引起需要、收集信息、产品评估、购买决策和购后行为五个阶段。

组织市场是指购买商品和服务以用于生产性消费，以及转卖、出租，或用于其他非生活性消费的企业或社会团体。组织市场一般由生产企业、中间商、非盈利性组织及政府部门等所构成。生产者市场又叫产业市场或企业市场，是指一切购买产品和服务并将之用于生产其他产品或劳务，以销售、出租、或供应给他人而获取利润的单位和个人组成的市场。中间商市场也称转卖者市场或再售者市场，是由所有以营利为目的从事转卖或出租业务的个人和组织所组成的市场。中间商的主体包括种批发商和零售商。非营利组织是指不以营利为目的的组织，它的目标通常是支持或处理个人关心或者公众关注的议题或事件。政府市场是为满足各级政府部门的日常工作及公共消费需要而销售产品和服务的市场。各级行政机关是组成市场的主体。

项目检测

1. 名称识记

环境威胁	市场机会	消费者市场
消费者购买行为	参照群体	动机
生产者市场		

2. 单项选择题

1）代理中间商属于市场营销环境的（　　）因素。

A. 内部环境　　B. 竞争

C. 市场营销渠道企业　　D. 公众环境

2）下列属于有限但可以更新的资源的是（　　）。

A. 水　　B. 森林　　C. 石油　　D. 煤

3）市场营销环境中（　　）被称为是一种创造性的毁灭力量。

A. 新技术　　B. 自然资源

C. 社会文化　　D. 政治法律

4）旅游业、体育运动业、图书出版业及文化娱乐业为争夺消费者一年内的支出而相互竞争，它们彼此之间是（　　）。

A. 愿望竞争者　　B. 属类竞争者

C. 产品形式竞争者　　D. 品牌竞争者

5）（　　）是指企业所在地邻近的居民和社区组织。

A. 社团公众　　B. 社区公众

C. 内部公众　　D. 政府公众

6）协助厂商储存并把货物运送至目的地的仓储公司的是（　　）。

A. 中间商　　B. 财务中介

C. 营销服务机构　　D. 实体分配公司

7）以下哪个是影响消费者需求变化的最活跃因素（　　）。

A. 人均国民生产总值　　B. 个人收入

C. 个人可支配收入　　D. 个人可任意支配收入

8）对波特五力模型说法不正确的是（　　）。

A. 该模型能够处理动态变化的环境

B. 该模型假设战略制定者可以了解整个行业(包括所有的潜在进入者和替代品)的信息。
C. 该模型认为新进入者的威胁大小取决于进入壁垒的高度。
D. 替代品价格越低、质量越好,以及用户转换成本越低,其所能产生的竞争压力就越强。

9) 采用 SWOT 分析方法对企业内外部环境进行综合分析。其中,T 表示(　　)。
A. 优势　B. 劣势　C. 机会　D. 威胁

10) 采用 SWOT 分析方法对企业内外部环境进行综合分析。其中,W 表示(　　)。
A. 优势　B. 劣势　C. 机会　D. 威胁

11) 生活消费是产品和服务流通的(　　)。
A. 起点　B. 中间点　C. 终点　D. 极点

12) 根据"需要层次论",下列属于第三层次的是(　　)。
A. 安全需要　B. 自尊需要
C. 社会需要　D. 自我实现的需要

13) 对消费者购买行为具有最广泛、最深远影响的因素是(　　)。
A. 文化因素　B. 社会因素
C. 个人因素　D. 心理因素

14) 西方人婚礼喜欢穿白色的礼服,而中国人偏爱红色,这是在(　　)差异上的表现。
A. 亚文化　B. 文化　C. 观念　D. 个性

15) 分析影响消费者行为的内在心理因素的目的是为了(　　)。
A. 降低调研成本
B. 了解消费者的经济承受能力
C. 区分不同阶层消费者,以满足他们不同的需要
D. 采取适当营销策略诱导消费者作出购买决策

16) 王刚准备购买一套两室两厅单元房,其购买行为属于(　　)。
A. 习惯性购买行为　B. 寻求多样化购买行为
C. 化解不协调购买行为　D. 复杂购买行为

17) 一般来说,消费者经由(　　)获得的信息最多。
A. 公共来源　B. 商业来源
C. 经验来源　D. 个人来源

18) 我国通常把非营利组织称为(　　)。
A. 医院、学校　B. 慈善机构
C. 基金会　D. 机关团体、事业单位

3. 多项选择题

1) 影响消费者支出模式的因素有(　　)。
A. 经济环境　B. 消费者收入
C. 社会文化环境　D. 家庭生命周期
E. 消费者家庭所在地点

2) 企业在市场上所面对的竞争者大体上可分为(　　)。

A. 愿望竞争者　　B. 随机性竞争者
C. 属类竞争者　　D. 产品形式竞争者　　E. 品牌竞争者

3）对环境威胁的分析一般着眼于（　　）。
A. 威胁是否存在　　B. 威胁的潜在严重性
C. 威胁的征兆　　D. 预测威胁到来的时间
E. 威胁出现的可能性

4）购买者的议价能力取决于（　　）
A. 购买者的总数较少，而每个购买者的购买量较大，占了卖方销售量的很大比例。
B. 卖方行业由大量相对来说规模较小的企业所组成。
C. 购买者所购买的基本上是一种标准化产品，同时向多个卖方购买产品在经济上也完全可行。
D. 购买者有能力实现后向一体化，而卖方不可能前向一体化。

5）消费者购后评价行为的两种基本理论是（　　）。
A. 购买决策理论　　B. 个人发展理论
C. 预期满意理论　　D. 认识差距理论
E. 购后评价理论

6）生产者购买行为的主要类型（　　）。
A. 直接重购　　B. 新购
C. 修正重购　　D. 互惠购买　　E. 专业购买

7）中间商的购买类型有（　　）。
A. 新产品采购　　B. 最佳供应商选择
C. 改善交易条件的采购　　D. 直接重购　　E. 修正重购

4. 判断题

1）企业可以按自身的要求和意愿随意改变市场营销环境。（　　）

2）随着消费者收入的变化，消费者支出模式会发生相应变化，这个问题涉及恩格尔定律。（　　）

3）供应商主要通过提高其投入要素价格与降低单位价值质量的能力，来影响行业中现有企业的盈利能力与产品竞争力。（　　）

4）消费者市场就是最终产品市场。（　　）

5）就卖主而言，消费者市场是法人市场，组织市场是个人市场。（　　）

6）不同亚文化群的消费者生活方式相同。（　　）

7）消费者对其购买产品满意与否直接决定着以后的购买行为。（　　）

8）生产者用户大多愿意采取有效长期合同形式。（　　）

9）对技术含量高的产品，为扩大其销售，应当尽量多地利用中间商来促销。（　　）

10）服务市场的本质是劳务的经营。（　　）

5. 实训操作

1）请在学习 SWOT 分析法的基础上，针对自己所处的社会环境及自身条件进行 SWOT 分析，在此基础上对未来职业发展进行规划，并提交一份分析报告。

2）班级组织策划一场门店经理模拟应聘活动，邀请老师作为企业招聘代表参加评议，最后由老师进行点评与总结。

知识巩固

1. 有人说,“市场营销机会有时恰恰是营销陷阱”,而“环境威胁有时却可以采取有力措施加以规避”,请你在实际营销活动中摘取 1～2 个例子说明之。

2. 环保问题已逐渐成为举世瞩目的焦点问题,自然环境对企业的影响不容忽视,请结合实际,对目前自然环境发展趋势下企业的市场机会作些分析。

3. 结合中国市场的实际情况,选择一个方面对目前国内市场营销的环境特点进行分析,谈谈你的看法。

4. 消费者市场具有哪些特征?

5. 影响消费者购买行为的因素有哪些?

6. 参照群体对消费者的购买行为有哪些影响?

7. 消费者购买决策过程分几个阶段,各阶段企业的市场营销任务是什么?

8. 什么是政府采购? 有哪些主要特点?

实例训练

葡萄酒的营销环境分析

一、有利的环境要素

1. 独特的自然环境要素

中国的自然环境,无论是日照时间、降雨量还是昼夜温差,都适宜酿酒葡萄生长。仅河北省酿酒葡萄种植面积已达 26 万亩,酿酒葡萄总产量达到 20 多万吨。因此葡萄酒原料十分丰富。

2. 存在非常具有吸引力的市场

中国人口多,经济持续快速增长,居民可支配收入不断增加,生活水平迅速提高,购买力逐步增强。而且,外国人员来华经商、旅游等日益频繁,这些都为中国葡萄酒市场需求的不断扩大创造了条件。

3. 适宜的文化环境

中国酒文化源远流长。酒已经成为中国人的一种文化沉淀,成为各种社交场合必不可少的消费品。从文化层面上来讲,中国人对酒的需求非常强烈且根深蒂固。近几年来,随着大家对白酒危害性认识的加深,同时葡萄酒特别是干红葡萄酒宣传力度的加大,使人们对干红的需求日益增加,喝干红已经成为保护身体、提高品位的一种时尚。

4. 良好的政策环境

葡萄酒系酒精度较低的发酵酒种,品格高雅,加上种植葡萄可以开发利用山坡地、沙砾地等不宜种植粮食的土地资源,因此,在我国的酿酒政策中一直鼓励葡萄酒的发展。

二、不利的环境要素

1. 葡萄酒技术工艺有一定差距

我国葡萄酒行业还处于发展起步阶段，葡萄酒的技术工艺，产品质量、档次、品种等还无法与国际水平相比。

2. 葡萄酒市场正处于发育阶段

中国葡萄酒市场虽然存在巨大潜力，但是远没有达到快速成长的时期，市场的发育和成熟需要一定时间。

3. 竞争环境恶劣

入世后，技术雄厚、品牌强势的国外企业冲破中国高关税和相关保护政策的壁垒，以低价位进入中国，从而使国内葡萄酒市场竞争更趋激烈。

问题

1. 从宏观、中观、微观三个层次对葡萄酒的营销环境进行总结。
2. 如何分析葡萄酒市场的机会和威胁？

联想推出"液晶电脑"

2001年月7日，联想宣布与液晶六巨头LG—PHILIPS、中华映管、翰宇彩晶、冠捷电子、PHILIPS及唯冠集团达成策略联盟，在技术开发与供货上全面合作，共同启动中国的液晶电脑市场。为此，联想签订了一笔"超重量级"的单项采购意向：未来半年内，联想向各巨头购置60多万套超A级液晶显示器，总价值达18亿元人民币。一共将占去下半年几家液晶厂商在中国出口量的80%。

联想很早就推出了液晶一体机，做了很多技术储备，一直和液晶显示厂商保持着良好的关系，能了解到最新的技术动态，能明白价格降到什么地步会有利润可赚，这非常重要。在5月21日推出的液晶电脑中，液晶显示器换算出来价格不到4 000元，而当时的市场价是6 000多元，一下降低了近一半，联想敢如此杀价，就是因为当时已与众液晶供货商达成了默契：先把价格降下来，看市场反应，如果良好，对方可以大批量供货，联想也能用巨大的市场前景从供货商那里换回一个很好的价钱。

在推出液晶电脑之前，联想找了几百个用户进行调查，发现当液晶显示器降到4 000元以下时，有20%～30%左右的用户表示不会要传统的显示器，会加钱去买液晶，这个数据对液晶电脑来说已经非常大了，以前这个数字只有1%。

在很多人看来，联想在液晶电脑上的大张旗鼓是竞争对手崛起的产物——PC领域里的"黑马"越来越多，采取的竞争策略也越来越理性，或者会跑在联想之前扮演市场启动角色——比如在"万元P4"一役中大出风头的TCL。尽管实际上很可能还是实力雄厚的联想坐享其成(有消息说，2001年国内P4电脑的出货量中，联想占了近70%)，但在对手的咄咄逼人攻势下，联想还是感到压力。

6月22日至8月31日期间，联想在全国范围内推出主题为"联想1+1，奔腾4液晶电脑夏日优惠go!"的大型暑期促销活动，推出三款在价位和性能上极具竞争力的产品：8 999元的天禧二5110P4电脑主打价格牌，以图成为市场主流；同禧520和未来先锋711都把诉求点聚焦于液晶，市场反应热烈。

资料来源：容晓华，孙喜林主编《消费者行为学》，东北财经大学出版社，2001年

问题

1. 内驱力、诱因与购买行为有什么关系？

2. 联想液晶电脑在促销前遇到的主要问题是什么？是如何解决的？

综合实训

一、联想乐 Phone SWOT 分析

实训时间：90 分钟

实训场地：网络机房，电脑接入国际互联网，可以使用国内外主要搜索引擎，浏览网页。

实训目标：运用 SWOT 分析法分析联想乐 Phone 的优势与劣势以及面临的机会与威胁，在评析的基础上：要求学生理解和掌握 SWOT 分析法的原理与方法，培养学生的环境分析能力。此外，通过本次训练，使学生熟悉市场机会分析的内容与方法，增强学生的团队合作意识，培养学生的创新精神、全局观念、组织协调能力和动手操作能力。在阶段成果汇报中，锻炼学生口头表达能力。

实训内容：通过互联网查阅相关资料，分析联想手机消费者购买行为，并利用课余时间完成消费者分析报告。

实训步骤：

1. 了解实训目的和要求。
2. 熟悉消费者购买行为分析理论知识。
3. 每组进行明确分工并将分工情况汇报到老师处。
4. 选择联想手机作为研究对象，通过互联网查阅它的最新资料，熟悉公司的基本情况。
5. 分析搜集到的各类资料，采用 SWOT 分析法对组织外部环境和内部条件进行比较分析，即分析联想乐 Phone 的优劣势以及外部环境带来的机会和威胁。
6. 阶段成果汇报。
7. 学生在以上基础上完成 SWOT 分析报告（课后完成）。

评分标准

考核项目	比重	考核标准
表一	10%	分工合理，每个人的工作都进行了准确地说明，确保每一名成员在规定的时间内完成了实训内容
表二	10%	表格全部完成，SWOT 分析结果精准
阶段成果汇报	30%	内容完整，条理清楚，举止得体，吐词清晰
SWOT 分析报告	50%	熟悉方案的整体内容，表达清楚流利，充分体现团队的合作性

实训成果

一、完成下列表格

表一　小组成员分工表

序号	成员	角色	任务
1			
2			
3			
……			

表二　联想乐 Phone SWOT 分析结果

分析指标	分析结果
优势	
劣势	
机会	
威胁	
SO 战略	
WO 战略	
ST 战略	
WT 战略	

二、形成联想乐 Phone SWOT 分析报告。

三、形成演示报告。

二、中国手机市场消费者购买行为探讨

实训时间：90 分钟

实训场地：网络机房，电脑接入国际互联网，可以使用国内外主要搜索引擎，浏览网页。

实训目标：通过查阅联想乐手机消费者购买行为相关资料，让学生学会分析影响消费者购买行为的因素；了解消费者购买决策过程。加深学生对消费者需求，消费者行为的认识，培养学生对消费行为的分析能力和判断能力，训练学生从消费者行为变动中发现需求，创造机会的技能，提升学生的综合素质，并学会撰写消费者行为分析报告。

实训内容：通过互联网查阅相关资料，分析联想手机消费者购买行为，并利用课余时间完成消费者分析报告。

实训步骤：

1. 了解实训目的和要求。
2. 熟悉消费者购买行为分析理论知识。

3. 每组进行明确分工并将分工情况汇报到老师处。

4. 选择联想手机作为研究对象，通过互联网查阅它的最新资料，掌握联想手机购买者的详细资料。

5. 分析搜集到的各类资料，分析影响手机购买的主要因素，消费者购买联想手机的主要原因和购买决策过程。

6. 阶段成果汇报。

7. 学生在以上基础上完成联想手机消费者购买行为分析报告，可课后完成上交。

评分标准

考核项目	比重	考核标准
表一	10%	分工合理，每个人的工作都进行了准确地说明，确保每一名成员在规定的时间内完成了实训内容
表二	10%	表格全部完成，分析结果精准
表三	10%	表格全部完成，分析结果精准
阶段成果汇报	30%	内容完整，条理清楚，举止得体，吐词清晰
消费者购买行为分析报告	40%	熟悉方案的整体内容，表达清楚流利，充分体现团队的合作性

实训成果：

一、完成下列表格

表一　小组成员分工表(列出具体角色)

序号	成员	角色	任务
1			
2			
3			
……			

表二　影响消费者购买手机的主要因素

主要因素	如何影响手机购买行为
文化因素	
社会因素	
个人因素	
心理因素	

表三　消费者购买决策过程

决策阶段	具体行为
问题认识	
信息收集	
可供选择方案的评估	
购买决策	
购后行为	

二、形成联想手机消费者购买行为分析报告。

三、形成演示报告。

项目三　目标市场营销战略

工作描述

企业面对的市场是复杂而多变的，购买者分布广泛且动机各异，任何一家企业都无法满足所有消费者的需求。目标市场营销战略就是企业在市场调研的基础上，识别不同消费群体的差异，有选择地确认若干个消费群体作为自己的目标市场，发挥自身优势，满足其需求。目标市场营销战略包括三个方面：市场细分(segmenting)、目标市场选择(targeting)和市场定位(positioning)，所以又被称为STP战略。

那么，究竟什么是市场细分？如何选择细分市场？又有哪些竞争地位我们可以确立？在这个项目当中，我们将进行详细的介绍。

任务一　了解市场细分

【任务目标】

1. 了解什么是市场细分；
2. 掌握市场细分的作用和依据；
3. 熟悉市场细分的常见标准。

【任务方法】

1. 在课前通过互联网查询我国手机行业的市场细分情况；
2. 以小组为单位形成手机行业细分报告；
3. 以PPT形式进行手机行业细分及展示。

【任务分析】

企业必须善于选择适合自己并能充分发挥自身资源优势的目标顾客群从事营销，确立企业在大市场中的位置，这是企业营销管理中的战略决策问题。这个决策过程是由市场细分、目标市场选择和市场定位三个环节组成的。这三个环境是相互联系，缺一不可的。其中，市场细分是企业目标市场选择和市场定位的基础和前提，本任务就带领大家学习如何进行有效的市场细分。

【案例导入】

联想手机市场细分

企业确定目标市场的方式有两种：一种不做市场细分，以产品的整体市场作为目标市场；另一种先进行市场细分，然后选择1～2个细分市场作为目标市场。联想手机选择第二种方式进入市场。

作为国内手机市场的领军企业，联想手机始终坚持自主研发。在满足细分市场个性化定制需求方面，已经为证券、礼品定制、物流、移动办公等多个行业应用提供完整高效的定制解决方案。在证券业，联想炒股手机接收广大券商的定制，已经有多家证券公司采用了联想手机提供的炒股解决方案，支持金太阳、大智慧、同花顺、财神通、易阳指、神网e通等众多券商的手机炒股软件。在包装、机身、机器界面、与券商自主开发的股票软件的适配性等方面，制作完善的方案，产品充分体现喜庆、炒股易用等证券手机特色，得到了众多手机定制客户的认可。

案例提示：

市场细分使手机推广具有针对性，目标市场的确定使营销策略具有可行性。联想针对手机市场的特点，面对音乐、拍照功能被手机融合之后很难找到具有全民普及效应的新功能和新应用手机的现状，针对证券业炒股软件定制，位置定位的城管通、警务通手机运用等专业细分领域对手机行业提出更高要求的市场需求，采用先进行市场细分确定市场目标，再进入市场的战略方式，联想积极加入细分市场的争夺战。

【理论基础】

一、市场细分的概念

（一）市场细分的提出

市场细分是20世纪50年代中期美国市场营销学家温德尔·斯密斯（Wendell R. Smith）在总结西方企业市场营销实践经验的基础上提出的。主要有以下两个理论依据：

第一，顾客需求的异质性。也就是说，并不是所有的顾客需求都是相同的，只要存在两个以上的顾客，需求就会不同，由于顾客需求、欲望及购买行为是多元的，所以顾客需求满足呈现差异。所以，顾客需求的异质性是市场细分的内在依据。

第二，企业有限的资源和为了进行有效的市场竞争。现代企业由于受到自身实力的限制，不可能向市场提供能够满足一切需求的产品或服务。而且，任何一个企业，即使是处于市场领先地位，也不可能在市场营销全过程中占有绝对优势。为了进行有效竞争，企业必须进行市场细分，选择最有利可图的目标细分市场，集中企业资源，制定有效的竞争策略，以取得和增强竞争优势。所以，企业资源的有限性和进行有效竞争是对市场进行细分的外在要求。

（二）市场细分概念和发展历程

所谓市场细分就是以顾客需求的某些特征或变量为依据，区分具有不同需求的顾客群体的过程。经过市场细分，在同类产品市场上，就某一个细分市场而言，顾客需求具有较多的共同性，而不同细分市场之间的需求具有较多的差异性。企业应明确有多少细分市场及各细分市场的主要特征。

市场细分的概念一经提出立即受到了工商界企业家和理论界的重视，现已成为市场营销理论的重要组成部分。在西方发达国家，市场细分策略思想大致经历了三个阶段。

1. 大量营销阶段（生产导向阶段）

这是西方国家在20世纪20年代以前，由于生产能力比较落后，商品供不应求，生产观念支配企业的经营管理而出现的营销阶段。当时的营销者们认为，只要顾客在市场上看到本企业的产品，而且比同类产品价格便宜，就一定能够购买。采用这种大量营销方法的优点是可节省产品的生产和营销成本，取得规模经济效益；缺点是产品形式单一，不能满足市场多样化的需求，缺乏竞争力。

2. 产品多样化营销阶段（销售导向阶段）

企业经营多种不同规格、型号、质量和特色的产品，以适应各类顾客的不同需要，为顾客提供多种选择。西方国家在20世纪20年代末期到20年代50年代以前都是处于这个阶段。由于市场竞争加剧，企业开始意识到产品多样化的潜在价值，开始实施多样化战略。但是这种多样化并不是建立在顾客细分的基础上的，而是企业根据自己对顾客的分析和揣度来开发的。

3. 目标市场营销阶段（需求导向阶段）

从20世纪50年代开始，社会生产力进一步提升，产品供应量成倍的增加，花色品种多种多样，消费者对产品优中选优，出现了典型的买方市场。传统的营销模式已经作用不大，在此基础上目标市场营销应运而生。企业开始意识到顾客需求的价值，通过市场细分选择一个或者几个细分市场，专门研究其需求的特点，有针对性地设计适当的产品，确定价格，选择适当的分销渠道和促销渠道，开展营销活动。

目标市场营销包括三个部分：市场细分、目标市场选择以及市场定位。

小案例3-1

“大妈妈”连裤袜

美国雪菲德裤袜公司根据市场调查的资料发现，有40%的美国妇女都因为太胖而有个“特大号”的臀部。对于天性爱美的女人来说，过大的臀部实在是身材窈窕匀称的头号敌人。很多妇女都为此困扰而苦恼甚至自卑。更令雪菲德公司惊异的是，这40%的妇女都不穿裤袜，因为她们认为裤袜对她们臃肿的身材，并没有多少遮丑的功效。

对于这种情况的认识，雪菲德公司企划部的人员分成两派，一派认为既然这些胖女人不穿裤袜，不买裤袜，这个市场就没有什么机会，不如干脆放弃，另一派则主张、正因为她们目前不穿裤袜，所以这是一片处女地，值得用心去开拓。两派人为此反复争论、相持不下。

雪菲德公司经过长时间的研究论证，觉得放弃40%的市场实在可惜，因此，就设计出一种名为“大妈妈”型的裤袜。推广“大妈妈”型裤袜时的广告是，由3位胖墩墩的女娃娃穿上裤袜排成一线，标题是“大妈妈，你真漂亮”。这则广告上的3位胖女孩，脸上充满笑容，仰头挺胸，从侧面看上去，不但没有肥胖的感觉，而且让人觉得她们很快乐且充满了信心。

广告刊出后，该公司不但在一个月内收到7 000封赞誉信，其销售量更是势如破竹，直线上升，从而奠定了该公司在裤袜市场的新地位。

雪菲德公司为胖女人着想，反过来当然就赢得了这片大市场。

案例提示：

市场细分的结果是出现了众多的细分市场，如何评价这些细分市场？如何从中选择出有价值的目标市场，将影响着企业营销的决策。

二、市场细分的作用

细分市场不是根据产品品种、产品系列来进行的，而是从消费者（指最终消费者和工业生产者）的角度进行划分的，是根据市场细分的理论基础，即消费者的需求、动机、购买行为的多元性和差异性来划分的。市场细分对企业的生产、营销起着极其重要的作用。

1. 有利于选择目标市场和制定市场营销策略

市场细分后的子市场比较具体，比较容易了解消费者的需求，企业可以根据自己经营思想、方针及生产技术和营销力量，确定自己的服务对象，即目标市场。针对着较小的目标市场，便于制定特殊的营销策略。同时，在细分的市场上，信息容易了解和反馈，一旦消费者的需求发生变化，企业可迅速改变营销策略，制定相应的对策，以适应市场需求的变化，提高企业的应变能力和竞争力。

联想的产品细分策略，正是基于产品的明确区分，联想打破了传统的"一揽子"促销方案，围绕"锋行""天骄""家悦"三个品牌面向的不同用户群需求，推出不同的细分促销方案。选择"天骄"的用户，可优惠购买让数据随身移动的魔盘、可精彩打印数码照片的3110打印机、SOHO好伴侣的M700多功能机以及让人尽享数码音乐的MP3；选择"锋行"的用户，可以优惠购买"数据特区"双启动魔盘、性格鲜明的打印机以及"新歌任我选"MP3播放器；钟情于"家悦"的用户，则可以优惠购买"电子小书包"魔盘、完成学习打印的打印机、名师导学的网校卡，以及成就电脑高手的XP电脑教程。

2. 有利于发掘市场机会，开拓新市场

通过市场细分，企业可以根据每一个细分市场的购买潜力、满足程度、竞争情况等制定销售决策或根据本企业的生产技术条件编制新产品开拓计划，进行必要的产品技术储备，掌握产品更新换代的主动权，开拓新市场，以更好适应市场的需要。

3. 有利于集中人力、物力投入目标市场

任何一个企业的资源、人力、物力、资金都是有限的。通过细分市场，选择适合自己的目标市场，企业可以集中人、财、物及资源，去争取局部市场上的优势，然后再占领自己的目标市场。

4. 有利于企业提高经济效益

前面三个方面的作用都能使企业提高经济效益。除此之外，通过市场细分后，企业可以面对自己的目标市场，生产出适销对路的产品，既能满足市场需要，又可增加企业的收入；产品适销对路可以加速商品流转，加大生产批量，降低企业的生产销售成本，提高生产工人的劳动熟练程度，提高产品质量，全面提高企业的经济效益。

小案例 3-2

宜家家具

说起宜家家具大家应该都非常熟悉,传统的家具商场试图将家具卖给所有的消费者,而来自瑞典的宜家家具,却把目标定位于那些追求风格又图便宜的年轻人身上,从而赢得了自己的市场。试想一下,如果宜家家具跟传统的家具商场一样趋于满足所有消费者的需求,那还有今天的成功吗?

案例提示:

企业不要妄图满足所有的消费者的所有需求,就好比包治百病的狗皮膏药,消费者是不会信任的,只有针对性的开发市场,才能脱颖而出。

三、市场细分的标准

(一) 消费者市场细分的标准

消费者市场的细分标准可以概括为地理因素、人口统计因素、心理因素和行为因素四个方面,每个方面又包括一系列的细分变量,如表 3-1 所示。

表 3-1　消费者市场细分标准表

细分变量	细分标准
地理因素	地理位置、城镇大小、地形、地貌、气候、交通状况、人口密集度等
人口统计因素	年龄、性别、职业、收入、民族、宗教、教育、家庭人口、家庭生命周期等
心理因素	生活方式、性格、购买动机、态度等
行为因素	购买时间、购买数量、购买频率、购买习惯(品牌忠诚度)、对服务、价格、渠道、广告的敏感程度等

1. 按地理因素细分(Geographical segmentation)

按地理因素细分,就是按消费者所在的地理位置、地理环境等变数来细分市场。因为处在不同地理环境下的消费者,对于同一类产品往往会有不同的需要与偏好,例如,对自行车的选购,城市居民喜欢式样新颖的轻便车,而农村的居民注重坚固耐用的加重车等。因此,对消费品市场进行地理细分是非常必要的。

(1) 地理位置。可以按照行政区划来进行细分,如在我国,可以划分为东北、华北、西北、西南、华东和华南几个地区;也可以按照地理区域来进行细分,如划分为省、自治区,市、县等,或内地、沿海、城市、农村等。在不同地区,消费者的需求显然存在较大差异。

(2) 城镇大小。可划分为大城市、中等城市、小城市和乡镇。处在不同规模城镇的消费者,在消费结构方面存在较大差异。

(3) 地形和气候。按地形可划分为平原、丘陵、山区、沙漠地带等;按气候可分为热带、亚热带、温带、寒带等。防暑降温、御寒保暖之类的消费品就可按不同气候带来划分。如在我国北方,冬天气候寒冷干燥,加湿器很有市场;但在江南,由于空气中湿度大,基本上不存在对加湿器的需求。

2. **按人口统计因素细分**(Demographic segmentation)

按人口统计因素细分,就是按年龄、性别、职业、收入、家庭人口、家庭生命周期、民族、宗教、国籍等变数,将市场划分为不同的群体。由于人口变数比其他变数更容易测量,且适用范围比较广,因而人口变数一直是细分消费者市场的重要依据。

(1) 年龄。不同年龄段的消费者,由于生理、性格、爱好、经济状况的不同,对消费品的需求往往存在很大的差异。因此,可按年龄将市场划分为许多各具特色的消费者群,如儿童市场、青年市场、中年市场、老年市场等等。从事服装、食品、保健品、药品、健身器材、书刊等商品生产经营业务的企业,经常采用年龄变数来细分市场。

(2) 性别。按性别可将市场划分为男性市场和女性市场。不少商品在用途上有明显的性别特征。如男装和女装、男表与女表。在购买行为、购买动机等方面,男女之间也有很大的差异,如妇女是服装、化妆品、节省劳动力的家庭用具、小包装食品等市场的主要购买者,男士则是香烟、饮料、体育用品等市场的主要购买者。美容美发、化妆品、珠宝首饰、服装等许多行业,长期以来按性别来细分市场。

(3) 收入。收入的变化将直接影响消费者的需求欲望和支出模式。根据平均收入水平的高低,可将消费者划分为高收入、次高收入、中等收入、次低收入、低收入五个群体。收入高的消费者就比收入低的消费者更容易购买高价的产品,如钢琴、汽车、空调、豪华家具、珠宝首饰等;收入高的消费者一般喜欢到大百货公司或品牌专卖店购物,收入低的消费者则通常在住地附近的商店、仓储超市购物。因此,汽车、旅游、房地产等行业一般按收入变数细分市场。

(4) 民族。世界上大部分国家都拥有多种民族,我国更是一个多民族的大家庭,除汉族外,还有55个少数民族。这些民族都各有自己的传统习俗、生活方式,从而呈现出各种不同的商品需求,如我国西北少数民族饮茶很多、回族不吃猪肉等。只有按民族这一细分变数将市场进一步细分,才能满足各族人民的不同需求,并进一步扩大企业的产品市场。

(5) 职业。不同职业的消费者,由于知识水平、工作条件和生活方式等不同,其消费需求存在很大的差异,如教师比较注重书籍、报刊方面的需求,文艺工作者则比较注重美容、服装等方面的需求。

(6) 教育状况。受教育程度不同的消费者,在志趣、生活方式、文化素养、价值观念等方面都会有所不同,因而会影响他们的购买种类、购买行为、购买习惯。

(7) 家庭人口。据此可分为单身家庭(1人)、单亲家庭(2人)、小家庭(2~3人)、大家庭(4~6人,或6人以上)。家庭人口数量不同,在住宅大小、家具、家用电器乃至日常消费品的包装大小等方面都会出现需求差异。

3. **按心理因素细分**(Psychographic segmentation)

按心理因素细分,就是将消费者按其生活方式、性格、购买动机、态度等变数细分成不同的群体。

(1) 生活方式。越来越多的企业,如服装、化妆品、家具、娱乐等行业,重视按人们的生活方式来细分市场。生活方式是人们对工作、消费、娱乐的特定习惯和模式,不同的生活方式会产生不同的需求偏好,如“传统型”、“新潮型”、“节俭型”、“奢侈型”等。这种细分方法能显示出不同群体对同种商品在心理需求方面的差异性,如美国有的服装公司就把妇女划分为"朴素型妇女"、"时髦型妇女"、"男子气质型妇女"三种类型，分别为她们设计不同款式、颜色和质料的服装。

(2) 性格。消费者的性格与其对产品的偏好有很大的关系。性格可以用外向与内向、乐观与悲观、自信、顺从、保守、急进、热情、老成等词句来描述。性格外向、容易感情冲动的消费者往往好表现自己，因而他们喜欢购买能表现自己个性的产品；性格内向的消费者则喜欢大众化，往往购买比较正常的产品；富于创造性和冒险心理的消费者，则对新奇、刺激性强的商品特别感兴趣。

(3) 购买动机，即按消费者追求的利益来进行细分。消费者对所购产品追求的利益主要有求实、求廉、求新、求美、求名、求安等，这些都可作为细分的变量。例如，有人购买服装为了遮体保暖，有人是为了美的追求，有人则为了体现自身的经济实力等。因此，企业可对市场按利益变数进行细分，确定目标市场。

4. 按行为因素细分(Behavioural segmentation)

按行为因素细分，就是按照消费者购买或使用某种商品的时间、购买数量、购买频率、对品牌的忠诚度等变数来细分市场。

(1) 购买时间。许多产品的消费具有时间性，烟花爆竹的消费主要在春节期间，月饼的消费主要在中秋节以前，旅游景点在旅游旺季生意最兴隆。因此，企业可以根据消费者产生需要、购买或使用产品的时间进行市场细分，如航空公司、旅行社在寒暑假期间加大广告宣传力度，实行优惠票价，以吸引师生乘坐飞机外出旅游；商家在酷热的夏季重点宣传空调广告，以有效增加销量；双休日商店的营业额大增，而在元旦、春节期间，销售额则更大等。因此，企业可根据购买时间进行细分，在适当的时候加大促销力度，采取优惠价格，以促进产品的销售。

(2) 购买数量。据此可分为大量用户、中量用户和少量用户。大量用户人数不一定多，但消费量大，许多企业以此为目标，反其道而行之也可取得成功。如文化用品大量使用者是知识分子和学生，化妆品大量使用者是青年妇女等。

(3) 购买频率。据此可分为经常购买、一般购买、不常购买(潜在购买者)。如铅笔，小学生经常购买，高中年级学生购买频率为一般，而工人、农民则不常购买。

(4) 购买习惯(对品牌忠诚度)。据此可将消费者划分为坚定品牌忠诚者、多品牌忠诚者、转移的忠诚者、无品牌忠诚者等。例如，有的消费者忠诚于某些产品，如柯达胶卷、海尔电器、中华牙膏等；有的消费者忠诚于某些服务，如东方航空公司、某某酒店或饭店等，或忠诚于某一个机构、某一项事业等等。为此，企业必须辨别他的忠诚顾客及特征，以便更好地满足他们的需求，必要时给忠诚顾客以某种形式的回报或鼓励，如给予一定的折扣。

(二) 生产资料市场的细分标准

消费品市场的细分标准有很多都适用于生产资料市场的细分，如地理环境、气候条件、交通运输、追求利益、对品牌的忠诚度等。但由于生产资料市场有它自身的特点，企业还应采用其他一些标准和变数来进行细分，最常用的有：最终用户要求、用户规模、用户地理位置等变数，见表 3-2。

表 3-2 生产资料市场细分补充标准表

细分标准	细分变量
最终用户要求	商品的规格、型号、品质、用途、价格等
用户规模	大用户、中用户、小用户，购买频率、总量、资金等
用户地理位置	自然资源、地理位置、生产布局、交通运输条件、通信条件等

1. 按用户的要求细分

产品用户的要求是生产资料市场细分常用的标准。不同的用户对同一产品有不同的需求，如晶体管厂可根据晶体管的用户不同将市场细分为军工市场、工业市场和商业市场。军工市场特别注重产品质量；工业用户要求有高质量的产品和服务；商业市场主要用于转卖，除要求保证质量外，还要求价格合理和交货及时。飞机制造公司对所需轮胎要求的安全性比一般汽车生产厂商要高许多；同是钢材，有的用作生产机器，有的用于造船，有的用于建筑等。因此，企业应针对不同用户的需求，提供不同的产品，设计不同的市场营销组合策略，以满足用户的不同要求。

2. 按用户经营规模细分

用户经营规模也是细分生产资料市场的重要标准。用户经营规模决定其购买能力的大小。按用户经营规模划分，可分为大用户、中用户、小用户。大用户户数虽少，但其生产规模、购买数量大，注重质量、交货时间等；小客户数量多，分散面广，购买数量有限，注重信贷条件等。许多时候，和一个大客户的交易量相当于与许多小客户的交易量之和，失去一个大客户，往往会给企业带来严重的后果。因此，企业应按照用户经营规模建立相应联系机制和确定恰当的接待制度。

3. 按用户的地理位置细分

每个国家或地区大都在一定程度上受自然资源、气候条件和历史传统等因素影响，形成若干工业区，例如江浙两省的丝绸工业区，以山西为中心的煤炭工业区，东南沿海的加工工业区等。这就决定了生产资料市场往往比消费品市场在区域上更为集中，地理位置因此成为细分生产资料市场的重要标准。企业按用户的地理位置细分市场，选择客户较为集中的地区作为目标，有利于节省推销人员往返于不同客户之间的时间，而且可以合理规划运输路线，节约运输费用，也能更加充分地利用销售力量，降低推销成本。

以上从消费品市场和生产资料市场两方面介绍了具体的细分标准和变量。为了有效地进行市场细分，有这样几个问题应引起注意：

第一，动态性。细分的标准和变数不是固定不变的，如收入水平、城市大小、交通条件、年龄等，都会随着时间的推移而变化。因此，应树立动态观念，适时进行调整。

第二，适用性。市场细分的因素有很多，各企业的实际情况又各异，不同的企业在细分市场时采用的细分变数和标准不一定相同，究竟选择哪种变量，应视具体情况加以确定，切忌生搬硬套和盲目模仿。

第三，组合性。要注意细分变数的综合运用。在实际营销活动中，一个理想的目标市场是有层次或交错地运用上述各种因素的组合来确定的。如化妆品的经营者将 18～45 岁的城市中青年妇女确定为目标市场，就运用了四个变量：年龄、地理区域、性别、收入（职业妇女）。

四、市场细分的步骤与方法

(一) 市场细分的步骤

市场细分作为一个比较、分类、选择的过程，应该按照一定的程序来进行，通常有这样七个步骤，通常称为“细分程序七步法”：

1. 正确选择市场范围

企业根据自身的经营条件和经营能力确定进入市场的范围，如进入什么行业，生产什么产品，提供什么服务，这是市场细分的基础。为此，企业必须开展深入细致的调查研究，分析消费者需求的动向，做出相应的决策。企业应该综合考虑自身的规模和实力选择使用的市场范围，不宜过大也不要太过狭窄。

2. 列出市场范围内所有潜在顾客的需求情况

根据细分标准，尽可能全面地列出潜在顾客的基本需求，作为以后深入研究的基本资料和依据。根据需求的差异性，决定实施何种变量组合，为市场细分提供可靠的依据。

3. 分析潜在顾客的不同需求，初步划分市场

企业将根据所列出的各种需求，通过抽样调查进一步搜集有关市场信息与顾客背景资料，然后初步划分出一些差异最大的细分市场，辅之以经营者的经验，做出估计和判断，进行初步的市场细分，至少从中选出三个细分市场。

4. 筛选

企业应该分析哪些需求因素是重要的，并与企业的实际条件进行比较，然后剔除那些无关紧要的因素，以及一些企业没有条件开发的因素。最后，筛选出发挥企业优势的细分市场。

5. 为细分市场定名

为便于操作，可结合各细分市场上顾客的特点，用形象化、直观化的方法为细分市场确定名称，如某旅游市场分为商人型、舒适型、好奇型、冒险型、享受型、经常外出型等。

6. 复核

在细分市场过程时，企业还要进行营销机会的分析，主要是分析总的市场和每个子市场的竞争状况，以及总的市场和每个子市场的营销组合方案，并根据市场研究对需求潜力的估计，确定总的或每个子市场的营销收入和费用情况，以估计潜在的利润，作为最后敲定目标市场和制定营销策略的依据。

7. 决定细分市场规模，选定目标市场

企业要根据市场细分的结果来确定营销策略，企业在各子市场中选择与本企业经营优势和特色相一致的子市场，作为目标市场。这里，有可能出现两种情况，一是分析细分市场之后发现市场情况不理想，企业可能放弃这一市场；另一种情况是认为细分市场营销机会多，需求和潜在利润满意，大力开发这一市场。

经过以上七个步骤，企业便完成了市场细分的工作，就可以根据自身的实际情况确定目标市场并采取相应的目标市场策略。

(二) 市场细分的方法

市场细分的方法主要有单一变量法、主导因素排列法、综合因素细分法、系列因素细分法等；

1. 单一变量法

所谓单一变量法，是指根据市场营销调研结果，选择影响消费者或用户需求最主要的因素作为细分变量，从而达到市场细分的目的。这种细分法以公司的经营实践、行业经验和对组织客户的了解为基础，在宏观变量或微观变量间，找到一种能有效区分客户并使公司的营销组合产生有效对应的变量而进行的细分。例如：玩具市场需求量的主要影响因素是年龄，可以针对不同年龄段的儿童设计适合不同需要的玩具，这早就为玩具商所重视。除此之外，性别也常作为市场细分变量而被企业所使用，妇女用品商店、女人街等的出现正反映出性别标准为大家所重视。

2. 主导因素排列法

当一个细分市场的选择存在多种因素时，可以从消费者的特征当中寻找和确定主导因素，然后与其他因素相结合来确定细分市场。比如，职业和收入是影响女青年服装选择的主导因素，其他如文化、婚姻和气候则属于从属地位，因此应该以职业和收入作为细分女青年服装市场的主要依据。这种方法简便易行，但难以反映复杂多变的顾客需求。

3. 综合因素细分法

即按影响消费需求的两种或两种以上因素进行综合划分。因为顾客的需求差别常常极为复杂，只有从多方面去分析、认识，才能更准确地把他们区别为不同特点的群体。例如，一家企业依据户主年龄、家庭规模及收入水平三个因素。

4. 系列因素细分法

当细分市场所涉及的因素是多项的，并且各因素是按一定的顺序逐步进行，可由粗到细、由浅入深，逐步进行细分，这种方法称为系列因素细分法。目标市场将会变得越来越具体，如某皮鞋公司采用系列因素法进行细分。

表 3-3　利用系列因素法细分的皮鞋市场

市场	地理因素	性别因素	年龄因素	购买动机
皮鞋市场	城市 农村	男性 女性	老年 中年 青年 儿童	求美观 求廉价 求名 求新 求实用

(三) 市场细分有效性

从企业市场营销的角度看，无论消费者市场还是产业市场，并非所有的细分市场都有意义，所选择的细分市场是否有效还必须具备一定的条件。

1. 可衡量性

可衡量性表明该细分市场特征的有关数据资料必须能够加以衡量和推算。比如在电冰箱市场上，在重视产品质量的情况下，有多少人更注重价格，有多少人更重视耗电量，有多少人更注重外观，或者兼顾几种特性。当然，将这些资料进行量化是比较复杂的过程，必须运用科学的市场调研方法。

2. 可实现性

可实现性即企业所选择的目标市场是否易于进入，根据企业目前的人、财、物和技术等资源条件能否通过适当的营销组合策略占领目标市场。

3. 可盈利性

可盈利性即所选择的细分市场有足够的需求量且有一定的发展潜力，使企业赢得长期稳定的利润。应当注意的是：需求量是相对于本企业的产品而言，并不是泛指一般的人口和购买力。

4. 可区分性

可区分性指不同的细分市场的特征可清楚地加以区分，比如女性化妆品市场可依据年龄层次和肌肤类型等变量加以区分。

5. 稳定性

有效的市场细分还必须具有相对的稳定性，如果市场变化太快，变动幅度又很大，企业还没来得及实施其营销方案，市场就已经变化了，这样的市场就没有必要进入。

小案例 3-3

九江崎糖业公司市场细分的分析

日本泡泡糖市场年销售额约为740亿日元，其中大部分为“劳特”所垄断。可谓江山惟“劳特”独坐，其他企业再想挤进泡泡糖市场非常不易，但江崎糖业公司对此却毫不畏惧，成立了市场开发班子，专门研究霸主“劳特”产品的不足和短处，寻找市场的缝隙。经过周密调查分析，终于发现“劳特”的四点不足：

第一，以成年人为对象的泡泡糖市场正在扩大，而“劳特”却仍旧把重点放在儿童泡泡糖市场上；

第二，“劳特”的产品主要是果味型泡泡糖，而现在消费者的需求正在多样化；

第三，“劳特”多年来一直生产单调的条板状泡泡糖，缺乏新型式样；

第四，“劳特”产品的价格是110日元，顾客购买时需多掏10日元的零钱，往往感到不方便。

通过分析，江崎糖业公司决定以成人泡泡糖市场为目标市场，并制订了相应的市场营销策略。不久便推出功能性泡泡糖四大产品：司机用泡泡糖，使用了高浓度薄荷和天然牛黄，以强烈的刺激消除司机的困倦；交际用泡泡糖，可清洁口腔，祛除口臭；体育用泡泡糖，内含多种维生素，有益于消除疲劳；轻松型泡泡糖，通过添加叶绿素，可以改变人的不良情绪。同时精心设计了产品的包装和造型，价格定为50日元和100日元两种，避免了找零钱的麻烦。功能性泡泡糖问世后，像飓风一样席卷全日本。江崎公司不仅挤进了由“劳特”独霸的泡泡糖市场，而且占领了一定的市场份额——从零猛升到25%，当年销售额达175亿日元。

案例提示：

聪明的企业不会跟强大的竞争对手去硬碰硬，再强大的对手也会有忽视的地方，我们只有认真的研究，找到对方薄弱的环节，才有可能出奇制胜。

任务二　选择目标市场

【任务目标】

1. 掌握什么是目标市场；
2. 学会对目标市场进行评估；
3. 了解目标市场战略；
4. 熟悉目标市场的选择模式。

【任务方法】

1. 以小组为单位，根据对手机市场的分类，分析国内几大品牌手机主要目标市场；
2. 对国内几大手机公司的目标市场策略进行评价。

【任务分析】

市场细分的目的，在于有效地选择并进入目标市场，在市场细分的基础上，应该如何选择目标市场呢？这就需要我们对目标市场战略进行研究，本任务将进行这部分内容的学习。

【案例导入】

联想的目标市场战略

联想手机在2005年刚刚进入手机行业不久时，采用了集中性营销策略。在目标市场选择上，联想也别出心裁，走了一条“反常规”的道路，类似于“农村包围城市”。一般来说，在手机行业，一个新的品牌进入市场的时候，为了迅速扩大知名度，树立品牌，基本都会选择北京、上海、广州这样的一线城市。但联想移动进入市场初期，却把重点放在了沈阳、成都这样的二线城市。因为众多品牌都把目光盯在一线城市，因此即使砸很多的广告费，也不一定能收到良好效果。而二线城市的竞争相对弱很多，联想手机最早正是在这些城市被认知的。在二线城市已相当稳固之后，联想手机才开始大举进军一线城市。如今，联想手机处于急速上升阶段，四、五级城市的开拓成了联想手机下一步的重点。

近年来，联想手机基于市场细分，改变营销策略，采用差异性营销策略，从手机的市场特点和供求趋势这两个影响目标市场选择的因素来讲，手机发展不仅从技术驱动上升到客户需求驱动，同时，也正在向个性化驱动层次发展：它并不是取代功能需求，而是将用户需求不断细分。为了满足不同阶层用户的需要，联想手机把目标市场细分为实力阶层、动力阶层、活力阶层。这就是联想总结的个性化需求。

实力阶层——高端商务手机

对于走在现代生活浪尖的实力阶层来说，他们要和相当范围的人们有更多交往且注重生活品质，他们对手机的要求越来越高，外观造型、功能等都是联想抢占市场不可忽略的因素。

联想O1电视商务手机就是为此推出的一款手机，联想O1电视商务手机其主张就是使生活与商务实现兼得，同时，让用户体会尽在掌握的感觉，让游刃有余、悠然自得的心境油然而生。

动力之选——中低端商务手机

动力阶层是25～35岁的年轻白领，有自己的思想，但是也不盲从。动力阶层要求的是第一冲击力。他们对手机的基本要求是彩屏、和弦、外观要酷、细节要张扬，动力阶层多半喜欢发短信，希望手机存储量更大，游戏更丰富。联想抓住其特点，主打动力阶层手机的共同特点是“精美彩屏、体贴功能、增值服务”。

活力旋风——年轻人的音乐手机

活力阶层定位于25岁以下的年轻一族，他们追求时尚、自我，概括成两个字就是“酷”、“炫”。联想针对此特点，推出了多款适合年轻人的音乐手机。

案例提示：

联想手机先期采用的集中性营销策略，优点是节省营销费用，提高投资收益率，增强盈利性；缺点是潜伏着较大的风险。后期采用的差异性营销策略，优点是针对性强，分别满足不同顾客群的需要，有利于企业扩大销售成果，树立良好的市场形象；缺点是加大了营销费用等费用开支。

【理论基础】

一、目标市场含义

所谓目标市场，就是企业在市场细分的基础上，认真评估各细分市场，然后选择对本企业最有吸引力的一个或多个细分市场作为目标市场，有针对性地开展营销活动，市场细分的目的就是为了选择目标市场。

目标市场是市场营销活动当中的一个重要概念，之所以要选择目标市场原因有三：

第一，消费者的需求千差万别，企业的一切经营活动又要围绕消费者的需求展开，但是一个企业不可能满足所有消费者的所有需求，而只能满足其中的一部分消费者的一部分需求；

第二，并非所有的细分市场对本企业都有同样的吸引力，企业必须根据自身人、财、物、产、供、销的条件，即根据本企业的市场相对优势选择目标市场；

第三，有的时候各个子市场之间会出现矛盾，并非所有的细分市场目标都一致，企业必须从经济效益上出发，有所取舍，以避免效率下降和人力物力财力的浪费。

可见，市场细分和目标市场选择关系密切，它们既有联系又有区别。市场细分是按不同的消费需求划分消费者群体的过程；而目标市场则是企业选择一个或几个作为自己的营销对象的细分市场。市场细分显示了企业目前面临的市场机会，是选择目标市场的前提，目标市场选择则是企业评估各种市场机会，决定为多少个细分市场服务的过程，是市场细分的目的和必然要求。

市场细分、目标市场和目标市场选择三者的关系如下表所示：

表 3-4 三者关系

市场细分	目标市场	目标市场选择
确定细分变量和细分市场； 描述细分市场轮廓	评估每一个细分市场的吸引力； 企业可能进入的目标细分	评估每一个可能进入的目标细分市场的价值； 选择企业最有价值的目标细分市场，进行市场定位

二、目标市场评估

目标市场是在市场细分的基础上，被企业选定的准备为之提供相应产品和服务的那一个或几个细分市场。企业为了选择目标市场，必须对各细分市场进行评估，判断细分市场是否具备目标市场的基本条件。主要应从以下几个方面考虑：

1. 适当的市场规模和增长潜力

首先要评估细分市场是否有适当规模和增长潜力。适当规模是与企业规模和实力相适应的。较小的市场对于大企业来说，不利于充分利用企业生产能力；而较大市场对于小企业来说，则小企业缺乏能力来满足较大市场的有效需求或难以抵御较大市场上的激烈竞争。增长的前提是要有尚未满足的需求，有充分发展的潜力。

2. 有足够的市场吸引力

吸引力主要是从获利的立场看市场长期获利率大小。市场可能具有适当规模和增长潜力，但从利润立场来看不一定具有吸引力。决定市场是否具有长期吸引力的因素主要有：现实的竞争者、潜在的竞争者、替代品、购买者和供应者。企业必须充分估计这五种因素对长期获利率所造成的影响，预测各细分市场的预期利润的多少。

3. 符合企业的目标和资源

有些市场虽然规模适合，也具有吸引力，但必须考虑：第一，是否符合企业的长远目标，如果不符合，就只有放弃；第二，企业是否具备了在该市场获胜所需的技术和资源，如企业的人力、物力、财力等，如果不具备，也只能放弃。但是仅拥有必备的力量是不够的，还必须具备优于竞争者的技术和资源，具有竞争的优势，才适宜进入该细分市场。

三、目标市场选择模式

企业通过评估细分市场，将决定进入哪些细分市场即选择目标市场，在选择目标市场时有五种可供参考的市场覆盖模式：

1. 市场集中化

这是一种最简单的目标市场模式，即企业只选取一个细分市场，只生产一类产品，供应某一单一的顾客群，进行集中营销，例如某服装厂商只生产儿童服装。选择市场集中化模式一般基于以下考虑：企业具备在该细分市场从事专业化经营或取胜的优势条件；限于资金能力，只能经营一个细分市场；该细分市场中没有竞争对手；准备以此为出发点，取得成功后向更多的细分市场扩展。如图 3-1 所示。

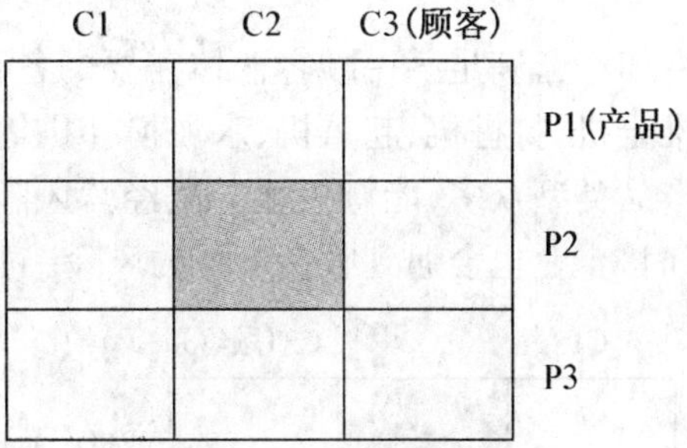

图 3－1　市场集中化

2. 选择专业化

选择专业化是指企业选取若干个具有良好的盈利潜力和结构吸引力，且符合企业的目标和资源条件的细分市场作为目标市场，其中每个细分市场与其他细分市场之间较少联系。其优点是可以有效地分散经营风险，即使某个细分市场营利情况不佳，仍可在其他细分市场取得盈利。采用选择专业化模式的企业应具有较强的资源和营销实力。如图 3－2 所示。

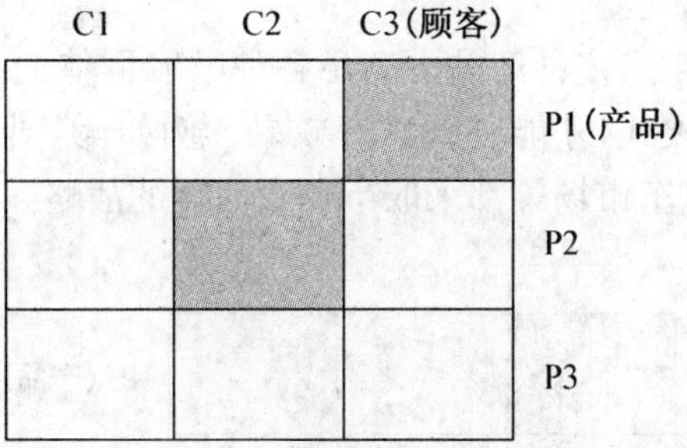

图 3－2　选择专业化

3. 产品专业化

产品专业化是指企业集中生产一种产品，并向各类顾客销售这种产品，如饮水器厂只生产一个品种，同时向家庭、机关、学校、银行、餐厅、招待所等各类用户销售。产品专业化模式的优点是企业专注于某一种或某一类产品的生产，有利于形成和发展生产和技术上的优势，在该领域树立形象。其局限性是当该领域被一种全新的技术与产品所代替时，产品销售量有大幅度下降的危险。如图 3－3 所示。

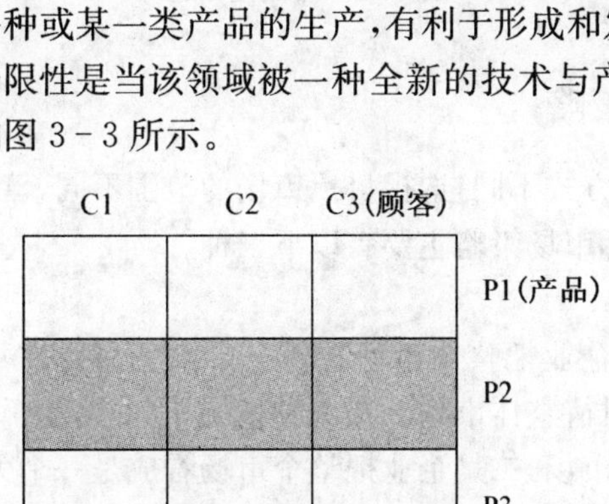

图 3－3　产品专业化

4. 市场专业化

市场专业化是指企业专门经营满足某一顾客群体需要的各种产品，比如某工程机械公司专门向建筑业用户供应推土机、打桩机、起重机、水泥搅拌机等建筑工程中所需要的机械设备。市场专业化经营的产品类型众多，能有效地分散经营风险。但由于集中于某一类顾客，当这类顾客的需求下降时，企业也会遇到收益下降的风险。如图 3－4 所示。

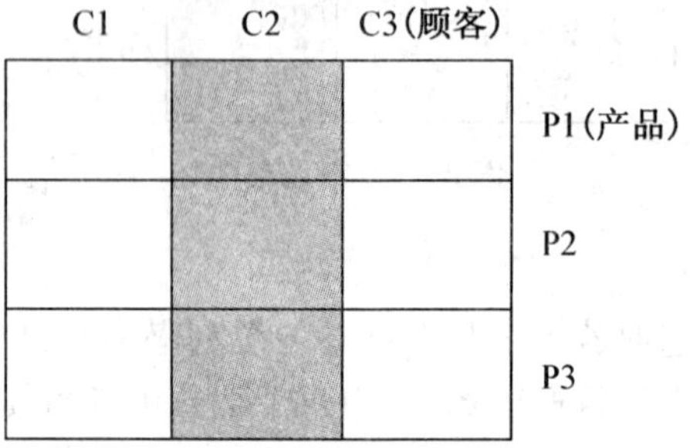

图 3－4 市场专业化

5. 市场全面化

市场全面化是指企业生产多种产品去满足各种顾客群体的需要。一般来说，只有实力雄厚的大型企业选用这种模式，才能收到良好效果。例如，美国 IBM 公司在全球计算机市场，丰田汽车公司在全球汽车市场等都采取市场全面化的战略。如图 3－5 所示。

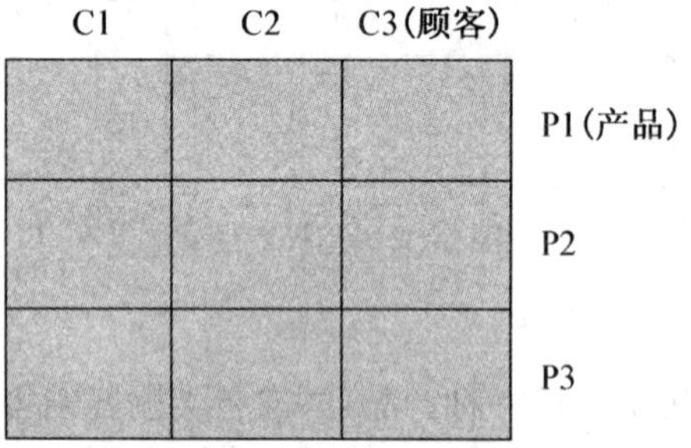

图 3－5 市场全面化

四、目标市场营销策略

企业确定目标市场的方式不同，选择目标市场的范围不同，营销策略也有所不同。概括起来，可供企业选择的目标市场策略主要有以下三种。

1. 无差异性营销策略

无差异营销策略是指企业把整体市场看作一个大的目标市场，不进行细分，用一种产品、统一的市场营销组合对待整体市场。在两种情况下，企业会采用无差异性营销策略：一是企业面对的市场是同质市场，二是企业把整个市场看成是一个无差异的整体，认定所有消费者对某种需求基本上是一样的。

图 3－6 无差异性市场营销示意图

企业采用无差异性营销策略时，实际上忽略了消费者需求之间存在的不明显的微小差异，或者企业认为没有必要进行细分。因此，企业只向市场投放单一的商品，设计一套营销组合策略，开展无差异性的营销活动。例如，在20世纪60年代前，美国可口可乐公司一直奉行典型的无差异策略，以单一的品种、标准的瓶装和统一的广告宣传，长期占领世界非酒类饮料市场。在大量生产、大量销售的产品导向时代，企业多数采用无差异性营销策略进行经营。又如食盐这种产品，消费者需求差异很小，企业认为没有细分的必要，可以采用大致相同的市场营销策略。

采用无差异性营销策略的最大优点是成本的经济性。大批量的生产销售，必然降低单位产品成本；无差异的广告宣传可以减少促销费用；不进行市场细分，相应减少了市场调研、产品研制与开发，以及制定多种市场营销战略、战术方案等带来的成本开支。

但是，无差异性营销策略对市场上大多数产品都是不适宜的，特别是在当前商品生产发达，市场竞争激烈的情况下，对于一个企业来讲，一般也不宜长期采用。因为：

（1）消费者需求客观上是千差万别、不断变化的。

（2）许多企业同时在一个市场上采取这种策略，竞争必然激化，获得市场的机会反而减少。

（3）以一种产品和一套营销组合方案来满足不同层次、不同类型的所有消费者的需求，也是很难做到的，总会有一部分需求尚未满足，这对企业和消费者都是不利的。

正是因为如此，世界上一些曾长期采用这种策略的大企业也不得不改变策略，转而实行差异性营销策略。仍以美国可口可乐公司为例，由于软饮料竞争加剧，特别是“百事可乐”异军突起，打破了“可口可乐”垄断市场的局面，终于使得可口可乐公司放弃无差异性营销策略。

2. 差异性营销策略

这是一种以市场细分为基础的目标市场营销策略。采用这种策略的企业按照对消费者需求差异的调查分析，将总体市场分割为若干分市场，从中选择两个以上乃至全部细分市场作为自己的目标市场，并针对不同的分市场，有选择性地提供不同的商品，制定不同的市场营销组合，分别进行有针对性的营销活动，以满足不同细分市场的不同需求。如图3-7所示。

企业营销组合A	细分市场1
企业营销组合B	细分市场2
企业营销组合C	细分市场3

图3-7　差异性营销策略示意图

采用差异性营销策略最大的优点是可以有针对性地满足不同特征顾客群的需求，提高产品的竞争能力。但是，由于产品品种、销售渠道、广告宣传的扩大化与多样化，市场营销费用也会大幅度增加。所以，无差异性营销策略的优势基本上成为差异性营销策略的劣势。同时，该策略在推动成本和销售额上升时，市场效益并不具有保证。因此，企业在市场营销中有时需要进行“反细分”或“扩大顾客的基数”，作为对差异性营销策略的补充和完善。

小案例3-4

中国移动的差异性营销

中国移动目前拥有全球通、动感地带、神州行、大众卡等几大品牌，全球通主打高端商务和政务人群，动感地带主要针对学生客户以及年轻时尚群体，神州行和大众卡则针对低端市场。在此基础上，还对各个群体进行进一步细分，比如针对全球通用户，移动公司通过推出全球通俱乐部划分出了贵宾卡、金卡、银卡、钻石卡等四种不同的群体，并推出了不同的客户服务方案，从而让用户体验到真正的品牌价值。

案例提示：

中国移动采用这种方式进行品牌定位，可以说是将客户群体“阵地化”了，这样在市场竞争中就可以有的放矢，各个击破。

3. 集中性营销策略

集中性营销，又称“密集性营销”，是指企业在市场细分的基础上，选择一个或几个很相似的细分市场作为目标市场，制订一套营销组合方案，实行专业化经营，进行密集性开发，集中力量争取在这些细分市场上占有大量份额，而不是在整个市场上占有一席之地(小份额)。如图3-8所示。

	细分市场1
企业营销组合	细分市场2
	细分市场3

图3-8　集中性营销策略

集中性营销策略往往适合资源稀少的小企业。这些小企业如果与大企业硬性抗衡，弊多于利，因而必须学会寻找对自己有利的微观生存环境。也就是说，如果小企业能避开大企业竞争激烈的市场，选择一两个能够发挥自己技术、资源优势的小市场，往往容易成功。对于某些暂时财力较弱的中小企业来说，恰当地采用这种策略，既可以在较小的市场上形成经营特色或商品信誉，获得消费者的信任，提高投资收益率，又可以伺机在条件成熟时迅速扩大生产、提高市场占有率。

这一策略的不足是经营者承担风险较大，如果目标市场的需求情况突然发生变化，目标消费者的兴趣突然转移(这种情况多发生于时髦商品)或是市场上出现了更强有力的竞争对手，企业就可能陷入困境。所以，采用这种策略，必须对市场有深刻的了解，必须对可能发生的风险有比较充分的应变准备，避免因选点过窄而孤注一掷。

小案例 3－5

时尚的野外婚礼

时下，很多商家都在绞尽脑汁为年轻人策划各种在大酒店举行的婚礼，而上海女孩心雨却推出了野外婚礼，不到一年的时间取得了很大的成功，如今心雨已经成为了上海小有名气的野外婚礼专家。

心雨已经陆续推出了十多种别具匠心的野外婚礼，其中水上婚礼、竹海婚礼、雨中婚礼等主题婚礼方案备受青睐，成为了心雨婚礼公司的招牌项目。她认为，年轻人喜欢野外婚礼的一个原因是野外风景优美，有利于游玩和摄影，更容易营造浪漫的氛围。

案例提示：

野外婚礼这一全新的婚庆方式，充分地迎合了时下年轻人追求个性化的心理，跟上了时代的潮流，能做到这一点，盈利当然不是问题。

综上所述，三种营销策略之间是有明显差别的。无差异性营销策略，是不做市场细分的，实际上是对整体市场只推出一种产品，实行一种统一的市场开发策略。差异性营销策略，是在整体市场已经细分的基础上对少数细分市场乃至全部细分市场有针对性地同时推出数种产品，实行不同的市场开发策略。集中性营销策略，也是在市场细分的基础上，只对局部市场实行重点服务，推出重点产品，实行一种有针对性的市场开发策略。

那么，一个具体企业，究竟采取哪种目标市场营销策略为好呢？这就涉及选择目标市场营销策略的依据问题。

五、选择目标市场战略的依据

不同的目标市场战略有各自的优缺点，又有其相应的适应范围。具有不同营销理念指导下的企业其对待目标市场的态度也不同。在生产观念的指导下，企业从产品出发，把消费者看成一个整体的市场，大量生产单一产品，推行无差异营销战略，力求降低成本和售价，不同企业之间是价格的竞争，消费者得到的是品种单调的产品。在营销观念的指导下，企业从消费者出发，较多的采用差异化的营销战略和集中化营销战略，有针对性的提供不同的产品，运用不同的分销渠道和促销方式，力求满足不同消费者的不同需求。有时候企业也会将两种策略综合运用，以获得较好的营销效果。

一般企业在选择营销策略时，主要有以下五个因素可作为综合考虑的依据。

1. 企业实力

企业实力主要是指企业的人力、财力、物力，技术能力，创新能力，竞争力，销售能力，应变能力，公关能力等等。如果企业实力雄厚，就可以采用差异性营销策略；反之，宜采用集中性营销策略。

2. 市场的同质性

市场的同质性主要是指顾客需求和偏好的类似程度，不同的市场具有不同的特点，各类市场消费者的文化、职业、兴趣、爱好、购买动机等都有较大的差异。如果顾客的需求相似或偏好大致相同，对促销刺激的反应差别不大，就可视为“同质市场”，就可以采用无差异性营销策略；如果市场的需求差别大，消费者挑选性又强，宜采用差异性营销策略或集中性营销策略。

3. 产品生命周期

一般来说，企业的新产品在投入市场初期或处于增长期时，宜采用无差异性营销策略，以探测市场需求和潜在顾客情况。当产品进入成熟期以后，竞争者增多，宜采用差异性营销策略或者集中性营销策略，以维持或延长产品生命周期，占领新的市场份额。当产品进入衰退期，企业想要维持或者进一步增加销量，更需要采用差异化营销策略开拓新市场，或采用集中化战略，强调品牌的差异性，确立产品的特殊地位，延长产品的生命周期。

4. 商品差异性

商品差异性一般是指商品自然属性的差异。同质性产品主要表现在一些未经加工的初级产品上，例如，原煤、原油、粮食等初级产品，虽有自然品质的差异，但消费者并不过分挑选，因此同质性产品的竞争主要体现在价格和提供的服务条件上。对于该类商品，经营者可用无差异性营销策略。而对于家用电器、日用百货、服装、食品、机器设备等异质性需求产品，则根据企业自身实力，宜采用差异性营销策略或集中性营销策略。

5. 竞争者的策略

在市场竞争激烈的情况下，企业究竟采用哪种营销策略，还要看竞争者的策略并权衡其他因素而定，不能一概而论。例如，竞争者实力较强并实行无差异性营销策略时，本企业可反其道而行之，实行差异性营销策略或集中性营销策略与其抗衡，反而能获得良好效果。假若竞争者已采取差异性营销策略，则可实行更为有效的市场细分，去争夺更为有利的分市场。或者，当竞争者实力较弱时，也可以采取无差异性营销策略，在整体市场或大面积市场中夺取优势。

6. 竞争者的数目

市场竞争的激烈程度，常常迫使企业不得不采用适应竞争格局的策略。当竞争者很多时，消费者对产品的品牌印象很重要，为了使不同的消费者群都能对本企业提供的产品产生深刻的品牌印象，增强产品的竞争力，宜采用差异性或者集中性营销策略。在竞争者数量少，甚至处于独占地位时，消费者的需求只能从本企业的产品处获得满足，就不需要采用成本较高的差异化营销策略了。

总之，企业条件和市场条件是复杂的，竞争各方的情况也是多变的。因而，企业的决策者就要善于在分析对比和预计经济效益的基础上，做出目标市场营销策略的选择。

小案例 3-6

"斯航"的商务舱计划

斯堪的那维亚航空公司（简称"斯航"）是由挪威、瑞典和丹麦三国合资经营的公司，由于价格竞争、折扣优惠及许多小公司的崛起，斯航在其国内和国际航线上都处于亏损状况。

1982 年初，"斯航"首先设计了一种新的、单独的商务舱位等级，这种商务舱是根据工商界乘客不喜欢与那些寻欢作乐的旅游者同舱的特点设立的。工商界乘客常常因为一些情况必须改变日程，他们需要灵活性；他们在旅途中关心的是把工作赶出来，这意味着他们需要读、写，为会议或谈判做准备，或睡觉，以便到达目的地后能够精力充沛地投入工作。换句话说，他们不需要分散注意力或娱乐。旅游者却没有这种压力，对他们来说，旅途就是假期的一部分，而机票价格则是一个敏感的决定因素。设置紧凑的座位和长期预备的机票，使航空公司有可能出售打折的机票，故而使一些人获得了旅行的机会，这些人则把省下的钱更多地花在异国情调的度假生活中。商务旅行者与此不同，他们最重视的是时间和日程表，在"斯航"以前，没有一家航空公司懂得怎样在同一架飞机上满足这两类顾客不同的需求。

"斯航"的商务舱票价低于传统的头等舱，高于大多数的经济舱，但给予顾客更多的方便。在每个机场，"斯航"都为商务舱的乘客设置了单独的休息室，并免费提供饮料，有的还可看电影。在旅馆，为他们准备了有会议室、电话和电传设备的专门房间，并提供免费使用的打字机，使他们能够完成自己的工作，他们还可以保留这些房间，而且不受起程时间、时刻表变动及最低住宿时间的限制，所有这些都以经济实惠的价格提供。机场还为商务舱乘客设置了单独的行李检查处，他们不必去和普通乘客一起拥挤地通过安检。在飞机上，他们享有单独的宽大座椅，放腿的空间更为宽敞，还装置了一些传统的头等舱才有的装饰品，比如玻璃器皿、瓷器、台布等，他们还可享用美味佳肴。

"斯航"开辟了一个独特的市场，并正在赋予它更多的价值。对工商界乘客来说，头等舱太贵，经济舱又太嘈杂，太不舒服。他们可能与旅游者挤在同一舱内，享受旅游者同等的待遇但却付出较高的价格——因为他们不能像旅游者那样，由于不受日程限制而等待减价或折扣机票，商务舱成为工商界乘客及航空公司双方都很适宜的较好的供需办法。

"斯航"夺去了竞争者的生意，成为明星。许多竞争者如今也在试图仿效。

案例思考：

除了商务舱，你还能为"斯航"提出新的计划吗？

任务三　目标市场定位

【任务目标】

1. 了解什么是市场定位；
2. 了解市场定位能给企业带来什么样的利益；
3. 掌握市场定位的步骤；
4. 熟悉市场定位策略。

【任务方法】

1. 通过上两个任务的学习自己先提出对目标市场定位的理解；
2. 对联想的市场定位情况进行调研；
3. 对联想的市场定位情况进行评价和总结。

【任务分析】

企业在进行了有效的市场细分之后，选择了合适的目标市场，还面临着如何对待当前和未来众多的竞争者的问题。在激烈的竞争当中,企业如何脱颖而出,以鲜明的特色吸引目标顾客,占据一席之地或者长期保持领先地位,这就关系到企业的竞争优势的问题,科学的定位是保持优势的关键,本任务将带领大家了解如何进行有效地市场定位。

【案例导入】

联想手机的市场定位

刚进入手机行业时,联想手机采用了避强定位策略,选择二线城市。

2011年,联想推出新机来主攻手机市场,各系列市场定位不尽相同,实惠的价格和良好的质量得到了广大用户的认可,可以说最好的国产手机非联想莫属,在手机日渐同质化的时代联想却能异军突起,为整个手机市场带来了不小的冲击。联想推出的一款造型硬朗金属机身P709,外观构造上和诺基亚6300颇为近似,主打手机股票功能,同时兼具很高的性价比。

联想P709外观可以用硬朗来形容,屏幕类似镜面的设计。机身大小为111.4毫米×48.6毫米×14.2毫米,重量为105克,对于男士而言无论是拿在手中还是放入口袋都很合适,有着很好的持重感,但由于P709机身上采用了金属材质,横向要比6 300宽上一些。虽然当时国产手机外观都有似曾相识的感觉,但P709在机身细节方面确实有其独到之处。

联想P709正面是标准的直板手机造型,听筒,屏幕加键盘虽然都是必不可少的部分,屏幕采用2.2英寸26万色TFT彩色屏幕,分辨率为176×220像素。屏幕上方可以看到手机听筒和中国移动标志的标志。屏幕下方是五维导航按键,圆形导航按键手感很好。导航键周围围绕着左右硬键和电话功能按键,下面是标准的数字按键区,按键个头较大偏软,键程感适中,按键手感很舒适。

案例提示:

这种定位方式的优点是面向的顾客群体较广,有利于联想手机的普及和推广,既体现了大众化又主打证券手机特色,手机的性价比比较高。缺点是联想企业经营的产品种类较多,然而在手机领域略逊色于电脑等产品,反映了市场定位的产品特色不突出,市场形象不鲜明,后期的宣传不完善。

【理论基础】

一、市场定位的含义与作用

(一)市场定位的含义

在企业选定的目标市场上,往往会有其他企业的同种产品出现。也就是说,竞争者已在这目标市场上捷足先登,甚至已占据了有利地位。因此,企业为了出奇制胜,就必须了解现有竞争者的实力、经营特色和市场地位等,从而确定本企业的产品或市场营销组合进入目标市场的相应市场定位。

市场定位,也被称为产品定位或竞争性定位,是指根据竞争者现有产品在细分市场上所处的地位和顾客对产品某些属性的重视程度,塑造出本企业产品与众不同的鲜明个性或形象并传递给目标顾客,使该产品在细分市场上占有强有力的竞争位置。例如,佳洁士牙膏总是宣传它的防龋齿功能；奔驰汽车总是宣传自己良好的发动机性能。每种品牌都应突出一种属性，并使自己成为该属性方面的"第一位"。

购买者容易记住领先产品的信息，尤其是在信息爆炸的社会。那么哪些"第一位"的属性值得宣传呢？主要的有"最好的质量"、"最佳的服务"、"最低的价格"、"最高的价值"和"最先进的技术"等。如果公司能在其中某一属性上击败竞争者，并能令人信服地宣传这一优势，公司就会非常出名。

市场定位是以产品为出发点的，是针对一种商品、一项服务、一家公司、一所机构、甚至一个人的……但定位的对象不是产品，而是针对潜在顾客的思想。就是说，要为产品在潜在顾客的大脑中确定一个合适的位置。具体讲，就是企业从各方面为产品创造特定的市场形象，使之显示出与竞争对手的产品不同的特色，以求在目标顾客心目中形成一种特殊的偏爱。这种产品形象和特色，可以从产品实质和产品形式上表现出来，如产品的性能、成分、形状、构造等；也可以从消费者心理和消费时尚方面表现出来，如豪华、朴素、典雅、时髦、舒适等；或者两方面共同作用而表现出来，如技术先进、物美价廉、服务周到等。企业所树立的产品形象、市场位置是否恰当，要通过与竞争对手的产品相比较，与市场上现有产品相比较来决定。在通常情况下，现有产品在顾客心中都有一定的位置。例如，人们认为沃尔玛是世界上最大的超市，可口可乐是世界上最大的饮料公司，迈巴赫是世界上最好的赛车之一。这些品牌拥有自己的地位，竞争对手很难取代它们。可见，市场定位的实质是取得目标市场的竞争优势，确定产品在顾客心目中的适当位置并留下深刻的印象，以便吸引更多的潜在顾客。因此，市场定位是企业目标市场营销战略体系中的重要组成部分，它对于树立企业及其产品的鲜明特色，满足消费者的需求偏好，从而提高企业竞争实力具有重要意义。

（二）市场定位的作用

同类产品品牌繁多，消费者该如何选择，消费者购买的理由是什么，这就要企业有效地市场定位来解决。因此，市场定位在企业营销中作用很大，主要表现在：

1. 强化产品针对性

如今人们购买和消费越来越注重个性化。因此，企业要确定具体的服务对象。对服务对象定位的前提是对市场进行细分。通过合理、严密的市场细分，企业可以对各细分市场中的消费需求和市场竞争状况加以对比，这样既可以根据对比结果了解和掌握各细分市场中服务对象的需求满意度，同时可以强化本企业产品的针对性。

2. 增强企业产品在市场上的竞争力

任何企业都有自己的长处和短处、优势和劣势，在市场上盲目出击，极有可能导致营销失败。确定企业相对于竞争者的市场位置，企业要准确分析自己产品与竞争对手产品在成本及品质上的优势，以优势对劣势打击竞争产品占领市场，进而可以增强企业产品在市场上的竞争力。

3. 开拓新市场

越来越多的企业家感到一种产品在市场上几十年不变仍然能保持垄断地位的日子已经一去不复返了。现在产品的市场寿命越来越短，产品两年一新，市场营销法则助推企业成长。企业通过市场细分，可以掌握消费者的不同需求情况，从而发现未被满足或未被充分满足的需求市场。企业根据市场细分和企业自身优势正确确定自己的市场，开发新产品，开拓新市场。

4. 确定事业领域

由于人的欲望是无止境的，需求是多样的，因此，任何企业包括规模最大的企业也不可能满足购买者的全部需要，而只能满足其一部分。也就是说，企业必须充分认识自身的优势和劣势，为自己确定一个正确恰当的市场定位，即确定企业的事业领域。

二、市场定位的依据

每一种产品都需要一种定位策略，以期与目标市场进行沟通。市场定位的依据，主要有以下几种：

1. 根据产品属性和利益定位

产品本身的属性以及由此而获得的利益能使消费者体会到它的定位。如大众汽车的“豪华气派”，丰田汽车的“经济可靠”，沃尔沃汽车的“耐用”。有些情况下，新产品应强调一种属性，而这种属性往往是竞争对手没有顾及到的，这种定位方法比较容易收效。

2. 根据产品价格和质量定位

对于那些消费者对质量和价格比较关心的产品来说，选择在质量和价格上的定位也是突出本企业形象的好方法。按照这种方法，企业可以采用“优质高价”定位和“优质低价”定位。例如，在“彩电大战”、“空调大战”如火如荼的同时，海尔始终坚持不降价，保持较高的价位，这是“优质高价”的典型表现。

3. 根据产品用途定位

例如，“金嗓子喉宝”专门用来保护嗓子；“地奥”心血康专门用来治疗心脏疾病。为老产品找到一种新用途，是为该产品创造定位的好方法。尼龙从军用到民用，便是一个最好的用途定位例证。

4. 根据使用者定位

企业常常试图把某些产品指引给适当的使用者或某个分市场，以便根据那个分市场的特点创建起恰当的形象。如各种品牌的香水，是针对各个不同分市场的，有的定位于雅致的、富有的、时髦的妇女；有的定位于生活方式活跃的年轻人。

小案例3－7

“力士”的定位

力士是国际上风行的老品牌，它70多年来在世界79个国家用统一策略进行广告宣传，并始终维护其定位的一致性、持续性，因而，确立了它国际知名品牌的形象。

力士香皂的定位不是清洁、杀菌，而是美容。比较清洁和杀菌，美容是更高层次的需求和心理满足，这一定位巧妙抓住了人们的爱美之心。如何表现这一定位，与消费者进行沟通，力士打的是明星牌。通过国际影星推荐，力士很快获得全球认知。同时，用影星来说“美容”，把握了人们偶像崇拜以及希望像心中偶像那样被人喜爱的微妙心理。70多年来，力士始终执行这一国际影星品牌战略，与无数世界著名影星签约，其中包括索菲亚·罗兰、简·方达、伊丽莎白·泰勒、奥黛丽·赫本等，保持了定位的连续性和稳定性。它的定位与表现方式相得益彰，从而成功地树立了“力士”的国际品牌形象。

5. 根据产品档次定位

产品档次包括低档、中档和高档，企业可根据自己的实际情况任选其一。例如著名的丹东手表工业公司在国内大多数企业角逐中低档表市场的时候，通过对市场的调研分析发现了高档市场的潜在需求。于是，企业大胆地进行技术攻关，果断地率先进入高档手表的生产领域，成功地将其拳头产品"孔雀"表推入市场，并以高档优质的独特形象赢得了国内消费者的青睐。

6. 根据竞争地位定位

产品可定位于与竞争直接有关的不同属性或利益，如无铅松花蛋，将其定为不含铅，间接地暗示普通腌制的皮蛋含有铅，对消费者健康不利。这种定位方式关键是要突出企业的优势，如技术可靠性程度高，售后服务方便、迅速，以及其他对目标顾客有吸引力的因素，从而千方百计地在竞争者中突出自己的形象。

超级链接 3－1

服务差异

除了实际产品区别外，企业还可以使其与产品有关的服务不同于其他企业。一些企业靠速度、便利或及时、安全的运输来取得竞争优势，安装服务也能使企业区别于其他企业。例如，美国第一银行在超级市场开设了服务周全的分支机构，并且在假日和晚上为顾客提供便利的服务；IBM 以高质量的安装服务闻名于世，它总是把所有购买的零件及时送到。并且，当顾客要求把 IBM 设备搬走和安装到别处时，IBM 经常把竞争者的设备也帮忙搬走。

企业还可以根据维修服务进一步区分。许多汽车购买者宁愿多付一点钱，多跑一段路，到提供第一流服务的汽车经销商那儿买车。一些企业靠提供培训服务或咨询服务来区别于其他企业。企业还可以找到许多其他方法来通过差异化服务增加自己产品的价值。

7. 多重因素定位

这种方式是将产品定位在几个层次上，或者依据多重因素对产品进行定位，使产品给消费者的感觉是产品的特征很多，具有多重作用或效能。如一些名牌饮品分别以天然原料（质量定位），饮用、佐餐均相宜（用途定位），适用于儿童、少年及成年人（使用者定位）等综合方法来进行产品定位。采用这种方式，要求产品本身一定要有充分的内容，其"全"恰好就是它的竞争优势，是其他竞争者一时无法达到的。但是，要注意的是，如果需要描述的产品特性过多，那反而冲淡了产品的形象，使产品显得过于平常，对消费者吸引力不大，因而难以留下深刻印象。

小案例 3－8

"宝洁"的成功

宝洁公司以品牌管理闻名世界，宝洁今天的成功很大程度归功于它是最懂得进行定位的企业之一。以洗发水为例，宝洁的五大品牌深入人心，在消费者心中形成了彼此隔离的不同概念。飘柔定位的是柔顺头发，潘婷定位的是营养头发，海飞丝定位的是去屑，沙宣定位的是专业护发，伊卡璐则定位于纯天然植物养护。这五大品牌专注于各自定位，泾渭分明，相互促进，使得宝洁在洗发水市场上牢牢占据王者地位。

案例思考：

你还能为宝洁洗发水提供新的定位思路吗？

三、市场定位的步骤

市场定位通过识别潜在竞争优势、企业核心竞争优势定位和向市场传播和送达定位信息三个步骤实现。

1. 识别潜在竞争优势

识别潜在竞争优势是市场定位的基础。通常企业的竞争优势表现在两方面：成本优势和产品差别化优势。成本优势是指企业能够以比竞争者低廉的价格销售相同质量的产品，或以相同的价格水平销售更高一级质量水平的产品。产品差别化优势是指产品独具特色的功能和利益与顾客需求相适应的优势，即企业能向市场提供在质量、功能、品种、规格、外观等方面比竞争者更好的产品。为实现此目标，首先必须进行规范的市场研究，切实了解目标市场需求特点以及这些需求被满足的程度。这是能否取得竞争优势，实现产品差别化的关键。其次，要研究主要竞争者的优势和劣势，可以从三个方面评估竞争者：一是竞争者的业务经营情况，如近三年的销售额、利润率、市场份额、投资收益率等；二是竞争者核心营销能力，主要包括产品质量和服务质量的水平等；三是竞争者的财务能力，包括获利能力、资金周转能力、偿还债务能力等。

2. 企业核心竞争优势定位

核心竞争优势是指与主要竞争对手相比，企业在产品开发、服务质量、销售渠道、品牌知名度等方面所具有的可获取明显差别利益的优势。应把企业的全部营销活动加以分类，并将主要环节与竞争者相应环节进行比较分析，以识别和形成核心竞争优势。评价一种差异是否有意义或者有价值，应该看他们是否符合以下的几个要求：

(1) 重要性

即能否给目标顾客带来足够多的利益，顾客是否愿意接受；

(2) 专有性

即你给顾客带来的利益是其他企业不能够提供的；

(3) 可感知性

你带来的这种独特的利益能够被你的顾客感知出来；

(4) 优越性

即是否优越于其他能给顾客提供同样利益的企业；

(5) 可支付性

即你的顾客能否为这个独特的利益买单，或者说有足够的支付能力且愿意支付；

(6) 可盈利性

即你获得的额外利润至少应该大于你为了树立这个独特利益而支出的成本。

3. 向市场传播和送达定位信息

企业的市场定位不会自动地在市场上得到充分的表现，必须制定明确的市场战略来加以体现。企业要积极、主动、经常又巧妙地与顾客沟通，以引发顾客的注意和兴趣，使顾客了解企业的市场定位，并且产生认同感和偏好，建立与市场定位一致的形象。通过营销组合的设计，强化目标顾客对企业的印象，保持他们对企业及市场定位的了解，加深他们的感性认识，稳定他们的态度，巩固企业树立的市场定位。

四、市场定位策略

（一）市场领导者定位策略

市场领导者是指在相关产品的市场上占有率最高的企业。一般来说，大多数行业都有一家企业被认为是市场领导者，它在价格波动、新产品开发、分销渠道的宽度和促销力量等方面处于主宰地位，为同行业者所公认。它是市场竞争的先导者，也是其他企业效仿或回避的对象，如美国汽车市场的通用汽车公司、电脑软件市场的微软公司、照相机行业的尼康公司、推土机行业的卡特彼勒公司、软饮料市场的可口可乐公司、剃须刀行业的吉列公司，以及快餐市场的麦当劳公司等，这种领导者几乎各行各业都有，它们的地位是在竞争中自然形成的，但不是固定不变的。市场领导者所具备的优势包括：消费者对品牌的忠诚度高，营销渠道的高效运行，营销经验的迅速积累等。

占据着市场领导者地位的公司常常成为众矢之的，要击退其他公司的挑战，保持第一的优势，必须从三个方面努力：一是扩大市场需求总量；二是保护现有市场份额；三是扩大市场份额。

1. 扩大市场需求总量

当一种产品的市场需求总量扩大时，受益最大的是处于领先地位的企业。扩大总需求的途径有：开发产品的新用户，寻找产品的新用途和增加顾客使用量。

（1）开发产品的新用户

开发产品的新用户有三种方法。一是说服那些尚未使用本行业产品的人开始使用，把潜在顾客变成现实顾客。比如，有人担心电淋浴器使用不安全而不愿购买，企业可大力宣传它装有多重安全保护装置，绝对不会发生意外，将这部分潜在购买者变成现实购买者。二是进入新的细分市场。新的细分市场指该细分市场的顾客使用本行业产品，但是不使用其他细分市场的产品和品牌。企业应设法进入这些新的细分市场。例如，女性上班或上街总是随身携带时髦挎包放物品并作为妆饰，男性出门大多不带包，必要时也只带拎包。女性挎包生产企业可以宣传男性携带挎包的方便实用之处，使自身进入男性市场。三是寻找尚未使用本产品的地区，开发新的地理市场。

（2）寻找产品的新用途

寻找产品的新用途是指企业应设法找出产品的新用途或新用法以增加销量。

（3）增加顾客使用量

可以通过提高使用频率、增加每次使用量、增加使用场所等方法增加顾客使用量。例如，果汁营销人员应该说服人们不仅在待客时才饮用果汁，平时也要饮用果汁以增加维生素。

2. 保护现有市场份额

处于市场领先地位的企业，必须时刻防备竞争者的挑战，保卫自己的市场阵地。例如，可口可乐公司要防备百事可乐公司，柯达公司要提防富士公司，丰田公司要小心日产公司等。这些挑战者都是很有实力的，领导者稍不注意就可能被取而代之。

市场领导者任何时候也不能满足于现状，必须在产品的创新、服务水平的提高、分销渠道的畅通和降低成本等方面，真正处于行业的领先地位。领导者也应该在不断提高服务质量的同时，抓住对手的弱点主动出击，因为“进攻是最好的防御”。

市场领导者不可能防守它在整个市场上的所有阵地，应当集中使用防御战略。有六种防御战略可供市场领导者选择。

(1) 阵地防御(Position Defense)

阵地防御是指围绕企业目前的主要产品和业务建立牢固的防线，根据竞争者在产品、价格、渠道和促销方面可能采取的进攻策略制定自己的防御性营销策略，并在竞争者发起进攻时坚守原有的产品和业务阵地。这是一种静态的防御，是防御的基本形式。但是，它不能作为唯一的形式，对企业来说，单纯采用静态防御，只保卫自己目前的市场和产品，是一种“市场营销近视症”。例如，当年福特公司对它的T型车的近视症就造成了严重的后果，使得福特公司从年盈利10亿美元的顶峰跌到了濒临破产的边缘。企业更重要的任务是技术更新、新产品开发和扩展业务领域。海尔集团没有局限于赖以起家的冰箱市场，而是积极从事多元化经营，开发了空调、彩电、洗衣机、电脑、微波炉、干衣机等一系列产品，成为我国电器行业最著名的品牌之一。

(2) 侧翼防御(Flanking Defense)

侧翼防御是指市场领导者除保卫自己的主阵地外，还建立某些辅助性的基地作为防御阵地，必要时作为反攻基地。例如，超市在食品和日用品市场中占据统治地位，但是在食品方面受到快餐业的蚕食，在日用品领域受到廉价折扣店的攻击。为此，超市提供广泛的、货源充足的冷冻食品和速食品以抵御快餐业的蚕食；推广廉价的无品牌日用品，结合在城郊和居民区开新店，来击退折扣店的攻击。

(3) 以攻为守(Preemptive Defense)

这是一种“先发制人”式的防御，即在竞争者尚未进攻之前，先主动攻击。这种战略可达到事半功倍的效果。其具体做法是，当竞争者的市场占有率达到某一危险的高度时，就对它发动攻击；或者对市场上的所有竞争者全面攻击，使人人自危。例如，日本精工表把它的2 000多种款式的手表分销到世界各地，造成对竞争者全方位的威胁。

(4) 反击防御(Counteroffensive Defense)

反击防御是指市场领导者受到竞争者攻击后采取反击措施。要注意选择反击的时机，可以迅速反击，也可以延迟反击。如果竞争者的攻击行动并未造成本公司市场份额迅速下降，可采取延迟反击，弄清竞争者发动攻击的意图、战略、效果和其薄弱环节后再实施反击，不打无把握之仗。

当市场领导者遭到对手发动降价或促销攻势时，不能只是被动应战，应主动反攻进攻者的主要市场阵地。可实行正面反攻、侧翼反攻、钳形攻势、退却反击、围魏救赵等方法。例如，当康佳电视机在四川市场向长虹电视机发动攻势时，长虹电视机也进攻广东市场，还以颜色。又如，当竞争者对电冰箱降价竞销时，企业不仅可以考虑电冰箱降价，洗衣机也降价，还可以同时推出新产品，从多条战线发起反攻。

(5) 运动防御(Mobile Defense)

这种策略是指，不仅防御目前的阵地，而且还要扩展到新的市场阵地，作为未来防御和进攻的中心。市场扩展一般通过两种方式实现。一是市场拓展，就是企业将其注意力从现行产品转到有关该产品的基本需要上，并全面研究开发与该项需要有关的科学技术。例如，把“石油”公司变成“能源”公司就意味着市场范围扩大了，不是仅限于一种能源——石油，而是要覆盖整个能源市场。但是市场拓展必须有一个适当的限度，否则将发生“市场营销远视症”，超出企业发展所能承受的度。二是市场多样化，即进入不相关的行业，实行多元化经营。例如，美国的烟草公司由于社会对吸烟的限制日益增多，纷纷转向其他产业，如酒类、软饮料和冷冻食品等。

(6) 收缩防御(Contraction Defense)

收缩防御是指企业主动从实力较弱的领域撤出，将力量集中于实力较强的领域。当企业无法坚守所有的市场领域，并且由于力量过于分散而降低资源效益的时候，可采取这种策略。其优点是在关键领域集中优势力量，增强竞争力。

3. 扩大市场份额

市场领导者设法扩大市场份额或提高市场占有率，也是增加收益、保持领先地位的一个重要途径。一般而言，如果单位产品价格不降低而且经营成本不增加，企业利润会随着市场份额的扩大而提高。市场占有率高于40%的企业，其平均投资收益率相当于市场占有率低于10%的企业的3倍。因此，许多企业要求市场占有率为第一或第二，否则便撤出该市场。但是，并不是市场份额提高就一定会增加企业的利润，还应考虑以下三个因素。

第一，为扩大市场份额所付出的成本。当市场份额已达到一定水平时，再要进一步的提高就要付出很大代价，结果可能得不偿失。美国的一项研究表明，企业的最佳市场份额是50%。因此有时为了保持市场领先地位，甚至要在较疲软的市场上主动放弃一些份额。

第二，争夺市场份额时所采用的市场营销组合战略。如果企业实行了错误的营销组合战略，例如过分降低商品价格，过高地支出公关费、广告费、渠道拓展费、销售员和营业员的奖金等促销费，承诺过多的服务项目导致服务费大增等，都可能出现市场份额提高而利润下降的局面。

第三，违反反垄断法的可能性。许多国家有反垄断法，当企业的市场份额超过一定限度时，就有可能受到指控和制裁。西方许多著名的公司都曾经因为触犯了反垄断法而被分解。如果占据市场领导者地位的公司不想被分解，就要在自己的市场份额接近临界点时主动加以控制。

总之，市场领导者必须善于扩大市场需求总量，保卫自己的阵地，防御挑战者的进攻，并在保证利润增加的前提下，扩大市场份额。这样，才能持久地占据市场领先地位。

(二) 市场挑战者定位策略

市场挑战者是指那些在市场上处于次要地位(如第二)的企业。例如汽车行业的福特汽车公司、软饮料行业的百事可乐公司等。这些亚军公司欲争取市场领先地位，向竞争者挑战，即市场挑战者。市场挑战者首先必须确定自己的目标和挑战对象，然后还要选择适当的进攻。

1. 确定目标和挑战对象

目标和挑战对象密切相关，对不同的对象有不同的目标和策略。大多数市场挑战者的目标是增加自己的市场份额和利润，减少对手的市场份额。一般来说，挑战者可在下列三种情况中选择：

第一，攻击市场领导者。这种策略风险大，潜在利益也大。挑战者需仔细研究领先企业的弱点：有哪些未满足顾客的需要，从而确定自己的进攻目标或开发出超过领先企业的新产品，以夺取市场的领先地位。例如，施乐公司用干式复印代替湿式复印，从3M公司手中夺去了复印机市场。后来，佳能公司通过开发台式复印机，又夺去了施乐公司的一大块市场。

第二，攻击与自己实力相当者。挑战者对一些与自己实力相当的企业，可选择其中经营不善而发生亏损者作为进攻对象，设法夺取它们的市场阵地。

第三，攻击区域性小企业。对于一些规模小、经营不善、资金缺乏的公司，许多实力雄厚的、管理有方的公司一进入市场，就对这些小企业进行攻击。这种现象在我国比较普遍，尤其是加入WTO以来，外国独资或合资公司常常击败本土资金不足、管理混乱的弱小企业，通过蚕食小块市场达到自身发展的目的。

总之，目标决定于进攻对象。如果以领导者为进攻对象，其目标可能是夺取某些市场份额；如果以小企业为对象，其目标可能是将它们逐出市场。但无论在何种情况下，如果要发动攻势，进行挑战，都必须遵守一条军事原则：即每次行动都必须指向一个明确的、肯定的和可能达到的目标。

2. 选择进攻

在确定了目标和进攻对象之后，挑战者还需要考虑采取怎样的进攻策略。主要有五种方法可供选择。

(1) 正面进攻

正面进攻就是集中全力向对手的主要市场阵地发动进攻，打击的目标是对手的强项而不是弱项。在这种情况下，进攻者必须在产品、广告、价格等主要方面大大超过对手，才有可能成功，否则不可采取这种进攻策略。

进攻者如果不采取完全正面的进攻策略，也可采取一种变通形式，即通过在研究开发方面大量投资，降低生产成本，从而在低价格上向竞争对手发动进攻。这是持续实行正面进攻策略最可靠的基础之一。

(2) 侧翼进攻

侧翼进攻就是集中优势力量攻击对手的弱点，有时可采取“声东击西”的战略，佯攻正面，实际攻击侧翼或背面。侧翼进攻寻找对手弱点的主要方法是：分析对手在各类产品和各个细分市场上的实力和绩效，把对手实力薄弱或绩效不佳或尚未覆盖而有潜力的产品和市场作为攻击点和突破口。侧翼进攻使各自公司的业务更加完整地覆盖了各细分市场，进攻者较易收到成效，并且避免了攻守双方为争夺同一市场而造成的两败俱伤局面。

(3) 包抄进攻

这是一种全方位、大规模的进攻策略。挑战者拥有优于对手的资源，并确信借助围堵计划足以打垮对手时，可采用这种策略。例如，近年来日本精工表公司已经在各个主要手表市场的销售中取得了成功，并且以其品种繁多、不断更新款式等策略使竞争者无法抗衡。该公司在美国市场上提供了约400种流行款式手表，其营销目标是在全球制造并销售大约2 300种手表。

(4) 迂回进攻

这是一种最间接的进攻策略，完全避开对手的现有阵地而迂回进攻。其具体办法有三种：一是发展无关的产品，实行产品多元化；二是以现有产品进入新地区市场，实行市场多元化；三是发展新技术、新产品，取代现有产品。

在高科技领域实现技术飞跃是最有效的迂回进攻，可以避免单纯地模仿竞争者的产品和正面进攻造成的重大损失。公司应致力于开发新一代的技术，时机成熟后向竞争者发动攻击，把战场转移到自己已经占有优势的领域中去。

(5) 游击进攻

这种方法主要适用于规模较小、力量较弱的企业。因为小企业无力发动正面进攻或有效的侧翼进攻，只有向较大对手市场的某些角落发动游击攻势，才能逐渐削弱对手的实力。主要方法是在某一局部市场上有选择地降价、开展短促的密集促销，向对方采取相应的行动等。游击进攻能够有效地骚扰对手、消耗对手、牵制对手、误导对手、瓦解对手的士气、打乱对手的战略部署，而本企业不冒太大的风险。适用条件是对方的损耗比例大于本企业。

上述市场挑战者的进攻方法是多样的，一个挑战者不可能同时运用这些方法，但也很难单靠某一种方法取得成功。通常是设计出一套战略组合即整体战略，借以改善自己的市场地位。例如，美国百事可乐公司对可口可乐公司是一个举世瞩目的典型挑战者，它在1950～1960年的10年间，发动了多样化的巨大攻势，并取得很大成功，销售量增长了4倍。但是，并非所有居于次要地位的企业都可充当挑战者，如果没有充分把握，不应贸然进攻领导者，最好是跟随而不是挑战。

(三) 市场跟随者定位策略

市场跟随者是指那些在产品、技术、价格、渠道和促销等大多数营销策略上模仿或跟随市场领导者的公司。大多数公司喜欢采用跟随战略，而不选择市场领导者和挑战者战略。这是因为：一是让市场领导者和挑战者承担新产品开发、信息收集和市场开发所需的大量经费，自己坐享其成，减少支出和风险；二是可以避免承受向市场领导者挑战可能带来的重大损失。

美国市场学学者西奥多·李维特教授认为，有时产品模仿(Product Imitation)像产品创新(Product Innovation)一样有利。因为一种新产品的开发者要花费大量投资才能取得成功，并获得市场领先地位，而其他企业(市场跟随者)从事仿造或改良这种产品，虽然不能取代市场领导者，但因不需大量投资，也可获得很高的利润，其盈利率甚至可能超过全行业的平均水平。

市场跟随者与挑战者不同，它不会向市场领导者发动进攻并图谋取而代之，而是选择跟随在领导者之后并伺机选择不致引起竞争性报复的发展道路。市场跟随者的主要策略有三类。

1. 寄生

指在各个细分市场和产品、价格、广告等营销组合策略方面模仿市场领导者，完全不进行任何创新，只是寄生性地利用市场领导者的投资而生存的公司。有些寄生者甚至发展成为仿制者，复制领导者的产品和包装，在黑市上销售或卖给名誉不好的经销商。在国际市场上名牌货的伪造或仿制对许多国际驰名的大公司是一个巨大的威胁。众所周知，许多唱片公司的流行唱片和名牌服装企业的服装款式已被仿造成灾。

2. 模仿

模仿者在某些基本方面模仿领导者，但在包装、广告、价格等方面又有所不同。如果模仿者不进攻领导者，领导者也并不介意模仿者的存在。

3. 改进

改进者接受领先的产品，并改变或改进它们。改进者可选择销售给其他不同市场，而后成长为将来的挑战者。日本的许多公司通常是改进领导者的产品并在别处发展。

总的来说，虽然市场跟随战略不冒风险，但是也存在明显的缺陷。研究表明，市场份额处于第二、第三位和以后位次的公司，与第一位的公司在投资回报率方面还是有较大差距的。

小案例 3－9

荣冠可乐的没落

在可口可乐与百事可乐争夺霸权的过程中，原来在20世纪30年代曾居第二位的荣冠可乐(Rc Cola)却逐渐没落。

荣冠可乐的规模太小，无法采取任何攻击性行动，它应该固守地区(如美国南部)，打游击战。事实上，在60年代，荣冠可乐有机会翻身，但却没能抓住机会。

60年代初期，荣冠可乐推出“减肥莱特可乐”，发动一场有力的突击行为，对两大品牌造成相当大的震撼。三年之后，可口可乐才推出“大牌”可乐，而百事可乐则推出“保健百事可乐”对抗。到了60年代末期，“减肥莱特可乐”成为最畅销的减肥碳酸饮料，光是这项产品就几乎占了荣冠可乐盈余的一半。

但是荣冠公司没有乘胜追击，集中兵力于减肥莱特可乐上。他们兵分两路，企图让荣冠可乐与减肥莱特可乐在两个战场上从事战争，结果减肥莱特可乐逐渐衰退，最终微不足道。一个曾经主宰过减肥可乐市场的品牌，如今市场占有率却低于4%。

这是一场不公平的战争。两大可乐公司运用来自可口可乐和百事可乐的利润支持各自的减肥可乐品牌，而荣冠公司则运用来自减肥莱特可乐的利润对可口可乐与百事可乐发动无效的攻击。没有集中兵力、缩小战线是荣冠可乐落败的原因。

(四) 市场拾遗补缺者战略

在现代市场经济条件下，几乎每个行业都有些小企业，它们关注市场上被大企业忽略的某些细小部分，在这些小市场上通过专业化经营来获取最大限度的收益，也就是在大企业的夹缝中求得生存和发展。这种有利的市场位置在西方称之为“Niche”，即“补缺基点”或“利基”(有利的市场位置)。占据这种位置的企业就被称为“市场利基者”或“市场拾遗补缺者”。例如，在亚洲的啤酒市场上，真正领先的是本地的企业，如菲律宾的生力公司、新加坡的虎啤公司和韩国的东方公司等。由于这一市场日趋繁荣和复杂，外国啤酒公司只得寻求适合自己的补缺市场。

这种市场位置(补缺基点)不仅对于小企业有意义，而且对某些大企业中的较小部门也有意义，它们也常常设法寻找一个或几个这种既安全又有利的补缺基点。

1. 理想的利基市场具备的特征

有足够的市场潜能和购买力；利润有增长的潜力；强大的公司对此市场不感兴趣；企业具有向这一市场提供优质产品和服务的资源及能力；企业既有的信誉足以对抗竞争者。

超级链接 3-2

市场拾遗补缺者的专业化选择

(1) 最终用户专业化公司：专门为某类最终用户服务。如计算机行业有些小企业专门针对某一类用户(如诊疗所、银行等)提供服务。

(2) 垂直层面专业化公司：致力于分销渠道中的某些层面，如制铝厂专门生产铝锭、铝制品或铝质零部件。

(3) 顾客规模专业化公司：专门为某一规模(大、中、小)的客户服务。如有些小企业专门为那些被大企业忽略的小客户服务。

(4) 特定顾客专业化公司：专门向一个或少数几个大客户销售产品。有许多小公司就只向一家大企业提供其全部产品。

(5) 地理区域专业化公司：专为国内外某一地区或地点服务。

(6) 产品或产品线专业化公司：只生产一种产品线或产品。如美国的绿箭公司专门生产口香糖这一种产品，现已发展成为一家世界著名的跨国公司。

(7) 产品特征专业化公司：专门生产某一种类型的产品或产品特征。例如，罗丽多尔公司在日本经销27个不同种类的家庭自制甜点——都是小批量生产，并且将阿米什的配方与当地风味特点相结合来做。

(8) 质量和价格专业化公司：专门生产经营某一种质量和价格的产品。例如，惠普公司专门生产优质高价的微型电脑。

(9) 加工专业化公司：只为订购客户生产特制的产品。

(10) 服务项目专业化公司：专门提供某一种或几种其他企业没有的服务项目。例如，美国有一家银行专门承办电话贷款业务，并为客户送款上门。

(11) 分销渠道专业化公司：专门服务于某一类分销渠道。例如，某家软饮料公司决定只向加油站提供一种大容器包装的软饮料。

2. 市场拾遗补缺者的战略角色

一个企业取得补缺基点的主要战略是专业化市场营销，即在市场、顾客、产品或渠道等方面实行专业化。市场拾遗补缺者是弱小者，面临的主要风险是当竞争者入侵或目标市场的消费习惯变化时有可能陷入绝境。

作为市场拾遗补缺者要完成三个任务：创造利基市场、扩大利基市场、保护利基市场。例如，著名的运动鞋生产商耐克公司，不断开发适合不同运动项目的特殊运动鞋，如登山鞋、旅游鞋、自行车鞋、冲浪鞋等，这样就开辟了无数的补缺市场。每当开辟出这样的特殊市场后，耐克公司就继续为这种鞋开发出不同的款式和品牌，以扩大市场占有率。如果有新的竞争者闻声而来的话，耐克公司还要全力以赴保住其在该市场的领先地位。

选择市场补缺基点时，多重补缺基点比单一补缺基点更能减少风险，增加保险系数。因此，企业通常应选择两个或两个以上的补缺基点，以确保企业的生存和发展。

总之，在市场营销的竞争战略选择中，企业不能单纯强调以竞争者为中心，企业在密切关注竞争者的同时不应忽视对顾客的关注，以顾客为中心是重中之重。因此，企业在现代市场营销的战略制定过程中，既要注意竞争者，也要注意顾客。

项目小结

目标市场营销战略就是企业在市场调查的基础上，识别不同消费群体的差别，有选择地确认若干个消费群体作为自己的目标市场，发挥自身优势，满足其需要。目标市场营销包括三个内容：市场细分(segmenting)、目标市场选择(targeting)、市场定位(positioning)，所以又被称为STP战略。

市场细分是20世纪50年代中期美国市场营销学家温德尔·斯密斯(Wendell R. Smith)在总结西方企业市场营销实践经验的基础上提出的。主要有以下两个理论依据：其一，顾客需求的异质性。其二：企业有限的资源和为了进行有效的市场竞争。

所谓市场细分就是以顾客需求的某些特征或变量为依据，区分具有不同需求的顾客群体的过程。市场细分不是通过产品分类来细分市场的，它是按照顾客需求爱好的差别来细分市场的。

目标市场营销策略主要有三种：差异性目标市场营销策略、无差异性目标市场营销策略和集中性目标市场营销策略。一般企业在选择营销策略时，主要有以下五个因素可作为综合考虑的依据。企业选择不同的目标市场营销策略的主要依据是：① 企业实力。② 市场的类同性。③ 产品生命周期。④ 商品差异性。⑤ 竞争者的策略。

市场定位，也被称为产品定位或竞争性定位，是指根据竞争者现有产品在细分市场上所处的地位和顾客对产品某些属性的重视程度，塑造出本企业产品与众不同的鲜明个性或形象并传递给目标顾客，使该产品在细分市场上占有强有力的竞争位置。

市场营销组合是现代市场营销学中一个十分重要的概念。从4Ps组合理论到4Rs组合理论的演变，反映了企业经营目标从短期转向了长期，长期重复多次性的交易实现要求在短期一次交易实现的条件基础上还必须增加一些条件，这就要求市场营销组合扩展新的内容来提供新的功能满足这些新增的条件。因此确切地说，营销组合不是从4Ps演变到4Rs，而是从4Ps演变为“4Ps＋4Rs”，4Ps与4Rs两者并存于企业的市场营销组合。

项目检测

1. 名称识记

市场细分	目标市场	无差异营销战略
差异化营销战略	集中化营销战略	市场定位

2. 单项选择题

1）市场细分的依据是(　　)。

A. 产品类别的差异性　　B. 消费者需求和购买行为的差异性

C. 市场规模的差异性　　D. 竞争者营销能力的差异性

2）市场细分的客观基础是(　　)。

A. 不同产品消费的差异性　　B. 不同产品消费的共性

C. 同一产品消费的共性　　D. 同一产品消费的差异性

3）以下哪一个不属于有效市场细分的标准（　　）。

A. 可衡量性　　B. 可区分性　　C. 动态性　　D. 可进入性

4）婴儿奶粉根据婴儿的大小分为一到六阶段奶粉，这个细分的标准是（　　）。

A. 地理因素　　B. 人口因素　　C. 消费心理因素　D. 行为因素

5）衡阳女大学生村官号召农户饲养乌骨鸡，售价高达300元一只，专供礼品市场，这个细分的标准是（　　）。

A. 地理因素　　B. 人口因素　　C. 消费心理因素　D. 行为因素

6）肯德基进入中国之后根据中国人的口味习惯推出了很多新产品，比如老北京鸡肉卷，这个细分的标准是（　　）。

A. 地理因素　　B. 人口因素　　C. 消费心理因素　D. 行为因素

7）对进入（　　）的产品，应该尽量进行集中性营销，以维持和延长产品的生命周期。

A. 引入期　　B. 成长期　　C. 成熟期　　D. 衰退期

8）对进入（　　）的产品，应该尽量进行无差异性营销，重点发展顾客对产品的基本需求。

A. 引入期　　B. 成长期　　C. 成熟期　　D. 衰退期

9）对进入（　　）的产品，应该尽量进行差异化营销，以求在众多产品中脱颖而出。

A. 引入期　　B. 成长期　　C. 成熟期　　D. 衰退期

10）某鞋厂进行市场调研之后，决定放弃其他市场专攻各类童鞋市场，这种目标市场范围模式是（　　）。

A. 市场集中化　B. 选择专业化　C. 产品专业化

D. 市场专业化　E. 市场全面化

11）某鞋厂进行市场调研之后，决定放弃其他市场专攻各类皮鞋市场，这种目标市场范围模式是（　　）。

A. 市场集中化　B. 选择专业化　C. 产品专业化

D. 市场专业化　E. 市场全面化

12）某鞋厂进行市场调研之后，决定选择男士皮鞋和女士运动鞋市场，这种目标市场范围模式是（　　）。

A. 市场集中化　B. 选择专业化　C. 产品专业化

D. 市场专业化　E. 市场全面化

13）美国钟表公司，将钟表定位为礼品，这种定位依据是（　　）。

A. 根据使用者定位　　B. 根据价格和档次定位

C. 根据竞争者定位　　D. 根据产品用途定位

14）七喜上市的时候定位为“非可乐”，这种定位的依据是（　　）。

A. 根据使用者定位　　B. 根据价格和档次定位

C. 根据竞争者定位　　D. 根据产品用途定位

15）汇源推出了“他＋她”，男女功能饮料，这种定位的依据是（　　）。

A. 根据使用者定位　　B 根据价格和档次定位

C. 根据竞争者定位　　D. 根据产品用途定位

3. 多项选择题

1）市场细分对企业营销具有以下利益(　　)。

A. 有利于发现市场机会　　B. 有利于掌握目标市场的特点

C. 有利于制定市场营销组合策略　　D. 有利于提高企业的竞争能力

E. 有利于节省成本费用

2）细分消费者市场的标准有(　　)。

A. 地理环境因素　B. 人口因素　　C. 心理因素

D. 行业因素　　E. 行为因素

3)目标市场评估,主要应从以下几个方面考虑(　　)。

A. 适当的市场规模和增长潜力

B. 有足够的市场吸引力

C. 符合企业的目标和资源

D. 顾客的意愿

4）无差异营销战略(　　)。

A. 具有成本的经济性　　B. 不进行市场细分

C. 适宜于绝大多数产品　　D. 只强调需求共性

E. 适用于小企业

5）企业在市场定位过程中(　　)。

A. 要了解竞争产品的市场定位

B. 要研究目标顾客对该产品各种属性的重视程度

C. 要选定本企业产品的特色和独特形象

D. 要避开竞争者的市场定位

E. 要充分强调本企业产品的质量优势

6）市场定位的主要方式有(　　)。

A. 产品定位　　B. 形象定位　　C. 避强定位

D. 竞争性定位　　E. 重新定位

7）企业在市场定位过程中(　　)。

A. 要了解竞争产品的市场定位

B. 要研究目标顾客对该产品各种属性的重视程度

C. 要选定本企业产品的特色和独特形象

D. 要避开竞争者的市场定位

E. 要充分强调本企业产品的质量优势

4. 判断题

1）市场定位是目标市场营销的基础。(　　)

2）细分的市场只要有利可图,企业就应该进入。(　　)

3）STP 战略应该是首先进行有效的市场细分,然后选择合适的目标市场,最后在目标市场上进行合理的市场定位。(　　)

4）集中性市场营销是中小企业的首选。(　　)

5）企业采用积极的措施在现有的市场上扩大产品的销售,这就是市场开发。(　　)

6）影响购买者决策的心理因素主要包括职业、生活方式、性格、动机等。（　）

7）市场领先者的主要战略是进攻。（　）

8）市场细分是上个世纪 70 年代提出的重要概念。（　）

9）在同类产品市场上，同一细分市场顾客的需求具有较大的共性。（　）

10）市场拾遗补缺者制胜的关键是专业化的生存和经营。（　）

5. 填空题

1）市场细分是________年代中期美国市场营销学家温德尔·斯密提出的。

2）不进行市场细分，企业选择________必定是盲目的。

3）就每一特定市场而言，只有一种最佳市场营销组合形式，这种最佳组合只能是________的结果。

4）根据顾客对产品不同属性的重视程度，可把需求偏好分为同质偏好、分散偏好和________三种模式。

5）________是企业打算进入的细分市场。

6）实行无差异营销战略的企业把________看作一个大的目标市场。

7）采用________市场战略的企业，只选择其中某一细分市场作为目标市场。

8）采用差异性市场营销战略的最大长处是可以________地满足具有不同顾客群的需求。

9）新产品在引入阶段可采用________营销战略。

10）产品的特色或个性可以从产品实体上表现出来，也可以从________反映出来，还可以表现为价格水平、质量水准等。

11）避强定位市场风险较少，成功率________，常常为多数企业所采用。

12）市场定位应与产品________结合起来。

13）市场定位通过识别潜在竞争优势、________和制定发挥核心竞争优势各三个步骤实现。

14）识别潜在竞争优势是________的基础。

6. 实训操作

1）以小组为单位，每组选取男女同学各一名，分析生理、个性、学习、特长等因素，提出未来的职业方向和工作岗位。

2）手机市场细分调查，以小组为单位，通过校园调查和网络调查，分析手机市场细分的标准有哪些，国内几大手机品牌各自的目标市场是哪里，各自的市场定位又分别是什么？

知识巩固

1. 什么是市场细分？
2. 市场细分的依据是什么？
3. 请根据市场细分标准对校园跳蚤市场进行细分；
4. 了解威客网站后尝试对威客市场进行细分；
5. 人口环境细分的标准有哪些？
6. 消费者细分的标准有哪些？

7. 企业有哪几种目标市场营销战略可供选择？每种战略的优缺点各是什么？
8. 市场细分、目标市场和市场定位三者之间的关系是什么？
9. 如何评价目标市场的优劣？
10. 目标市场的选择模式有哪些？
11. 市场定位的依据有哪些？
12. 四种竞争条件下企业目标市场定位策略分别是怎么样的？

实例训练

美国天美时钟表公司的市场细分

美国天美时钟表公司在战前还是一个不大起眼的公司，因此，公司极力想在美国市场上撕开一条口子，大干一番。当时，著名的钟表公司几乎都是以生产名贵手表为目标，而且主要通过大百货商店、珠宝商店推销。但是，美国天美时钟表公司通过市场营销研究发现，实际上市场可进行划分，把市场上的购买者分为三类：第一类消费者希望能以尽量低的价格购买能计时的手表，他们追求助是低价位的实用品，这类消费者占 23%。第二类消费者希望能以较高的价格购买计时准确、更耐用或式样好的手表，他们既重实用，又重美观，这类消费者占 46%。第三类消费者想买名贵的手表，主要是把它作为礼物，他们占整个市场的 31%。

由此，企业发现，以往提供的产品仅是以第三类消费者为对象的。美国天美时钟表公司高兴地意识到，一个潜在的充满生机的大市场即在眼前。于是根据第一、二类消费者的需要，制造了一种叫做"天美时"的物美价廉的手表，一年内保修，而且利用新的销售渠道，广泛通过商店、超级市场、廉价商店、药房等各种类型的商店大力推销，结果很快提高了市场占有率，成为世界上最大的钟表公司之一。

问题

1. 美国天美时钟表公司将市场上的购买者分为几类？
2. 这种细分是否有效？
3. 该公司的营销策略是如何体现的？

耐克挤进"铁三角"

70 年代初，美国慢跑热正逐渐兴起，数百万人开始穿运动鞋。但当时美国运动鞋市场上占统治地位的是阿迪达斯、彪马和 Tiger(虎牌)组成的铁三角，他们并没有意识到运动鞋市场的这一趋势，而耐克紧盯这一市场，并选定以此为目标市场，专门生产适应这一大众化运动趋势的运动鞋。耐克为打进"铁三角"，迅速开发新式跑鞋，并为此花费巨资，开发出风格各异、价格不同和多用途的产品。到 1979 年，耐克通过策划新产品的上市和强劲的推销，其市场占有率达到 33%，终于打进了"铁三角"。

然而，到了后来，过去推动耐克成功的青少年消费者纷纷放弃了运动鞋，他们在寻找新颖的、少一点商业气息的产品。此时耐克似已陷入困境，销售额在下降，利润在下降。耐克大刀阔斧进行改革的时候已经到了。于是，耐克更新了"外观"技术，推出了一系列新款跑鞋、运动鞋和多种训练用鞋，其户外运动部门则把销售的重点对准了雅皮士一代和新一代未知的顾客。它遵循的悟条是：思路新颖。在美国，市场已经饱和，只有不断推陈出新的公司才能得到发展。耐克利用其敏锐的眼光去观察选择市场，放手去干，永远保持领先。

问题

1. 耐克选择的目标市场是什么？
2. 耐克是怎样挤进“铁三角”的？
3. 耐克如何推出新产品，怎样获得成功的？

综合实训

联想乐Phone STP战略分析

实训时间：180分钟

实训场地：网络机房

实训目标：通过制定联想乐Phone的STP战略，加深市场细分、目标市场选择以及市场定位的认识和理解，提高策划能力，增强团队合作能力以及各种综合素质。

实训内容：通过互联网查阅相关资料，结合所学理论知识分析联想乐Phone的STP战略。

实训步骤：

1. 以3到4人为一个小组，讨论调查的重点，初步确定调查的网址
2. 小组进行分工，收集相关的资料
3. 资料汇总和处理，团队讨论完成表格
4. 撰写STP分析报告并制作汇报的演示文稿
5. 分小组进行方案的演说
6. 教师点评

评分标准：

考核项目	比重	考核标准
表一	10%	分工合理，每个人的工作都进行了准确地说明，确保每一名成员在规定的时间内完成了实训内容
表二	10%	表格全部完成，市场细分结果精准，符合手机市场规律
表三	20%	表格全部完成，每一项都有理有据，调查结果准确，数据来源都进行了充分的说明
STP分析报告	30%	STP分析报告内容完整，分析合理准确，逻辑清晰，条理清楚，有理有据，有一定的应用价值
演示文稿	15%	排版精美，制作精良，图文并茂
演说	15%	熟悉方案的整体内容，表达清楚流利，充分体现团队的合作性

实训成果：

一、完成下列表格

表一　小组成员分工表(列出具体角色)

序号	成员	角色	任务
1			
2			
3			
4			
……			

表二　手机市场细分标准与结果

细分标准	细分结果
地理因素	
心理因素	
人口因素	
行为因素	

表三　联想手机与其他手机品牌综合对比

品牌	目标市场	价格区间	推广方式	市场定位	市场状况
联想乐 Phone					
苹果 6					
华为荣耀 3C					
红米					
vivo X5					
大显 107					
三星 S5					
Mamorino					

二、形成联想乐 Phone STP 分析报告

三、形成演示报告

项目四　产品策略

工作描述

企业在进行了市场细分、选择目标市场及对目标市场进行定位之后，就要开始计划如何在目标市场上运作，以达到企业的营销目标。

影响企业营销的因素有两类：一是企业外部环境给企业带来的机会和威胁，这是企业很难改变的；另一类是企业本身可以通过决策加以控制的，包括产品策略、价格策略、分销策略和促销策略。企业在开展营销活动时，应把握住这些可控的基本营销策略，将其合理组成一个系统化的整体策略，充分发挥整体优势和效果，以实现企业的经营目标，这就是企业的市场营销组合策略。

现代企业的营销活动是以满足消费者的需求为中心的，因此，营销组合起始于如何形成一个产品以满足目标顾客的需求或欲望，并不断提高产品质量，优化产品组合，以便更好地满足市场需求。因此，产品策略是整个营销组合策略的基石，产品是产品策略的主体与支柱。

通过本项目的学习与实践，我们要掌握产品及其相关概念的基础知识、产品生命周期各阶段的市场特征及营销策略、新产品开发；把握商标策略和包装策略，能为品牌建设提供建议。

任务一　产品与产品组合

【任务目标】

1. 掌握产品整体思想；
2. 明确整体产品的层次理解产品组合的相关概念；
3. 知道如何对企业的产品组合状况进行分析判断和决策。

【任务方法】

选择自己感兴趣的某品牌手机，收集相关产品信息，分析产品的整体概念，每小组形成一份报告，以 PPT 的形式展示。

【任务分析】

产品是最基础的营销因素，它是所有满足购买者需求或欲望的有形与无形的组合体，包括核心产品、形式产品、期望产品、延伸产品和潜在产品五个层次。品牌与包装属于形式产品。

产品组合是销售者提供给购买者的一组产品。世界上很多企业经营的产品往往种类繁多,这些产品彼此间相互联系,互相补充或配套使用。企业应该生产和经营哪些产品才是最有利的？这些产品之间是什么关系？这就是产品组合的问题,其内容包括产品线、产品项目、产品组合的宽度、长度、深度和相关性等。

【案例导入】

联想乐 Phone 手机的产品线与产品组合

联想乐 Phone 智能手机随着近几年的高速发展,联想已经成为国内第二大手机制造商。联想紧跟时代潮流,主打多线发展,乐 Phone 产品线分为 K 系列、S 系列、P 系列、A 系列四大系列,A 系列主打低端入门产品,S 系列中端时尚,P 系列商务风范,K 系列为旗舰产品。

联想手机产品线包含滑盖、直板、翻盖、横屏等各种款式,直板手机有 88 款,滑板手机有 28 款,翻盖手机有 20 款。其产品线上的平均项目数为 46 款,产品的深度较深。

案例提示:

产品组合深度是指企业经营的各种生产线上平均具有的产品项目,多者为深,少者为浅。产品广度较广,优于其他同类产品。产品组合的相关性是指各种产品线在最终用途、生产条件、分销渠道等方面的相关程度。对于手机的各条生产线而言,其最终产品均为手机,产品的差异性主要在于外形,而在最终用途、分销渠道等方面大致一致。所以,产品组合的相关度高。

【理论基础】

一、产品整体概念

在现代市场营销学中,产品概念具有极其宽广的外延和深刻的内涵。产品是指能够通过交换满足消费者或用户某一需求和欲望的任何有形物品和无形的服务。

菲利普・科特勒等营销学者认为,五个层次的表述方式能够更深刻和更准确地表述产品整体概念的含义。

1. 核心产品(核心利益,core benefit)

核心产品又称为实质产品,是指向顾客提供的产品的基本效用或利益,从根本上说,每一种产品实质上都是为解决问题而提供的服务。比如,人们购买空调机不是为了获取装有某些电器零部件的物体,而是为了在炎热的夏季,满足凉爽舒适的需求。又如,在旅馆,夜宿旅客真正购买的是“休息与睡眠”。任何产品都必须具有反映顾客核心需求的基本效用或利益。

2. 形式产品(基础产品,basic product)

形式产品是指核心产品借以实现的形式,如一个旅馆的房间应包括床、浴巾、毛巾、桌子、衣橱、卫生间等。形式产品由 5 个特征构成,即品质、式样、特征、商标及包装。即使是纯粹的服务产品,也具有与此类似的五个特征。产品的基本效用必须通过特定形式才能实现,市场营销人员应努力寻求更加完善的外在形式以满足顾客的需要。

3. **期望产品**(expected product)

期望产品是指购买者在购买该产品时期望得到的与产品密切相关的一整套属性和条件。例如,旅客在寻找一旅馆时期望干净的床、新的毛巾、台灯和相对的安静。由于大多数旅馆能满足这最低的期望,所以,旅客通常没有什么偏好并且会找最方便的旅馆留宿。

4. **附加产品**(augmented product)

附加产品是指顾客购买产品时所获得的全部附加利益与服务,包括安装、送货、保证、提供信贷、售后服务等。例如,旅馆能增加它的产品,包括电视机、洗发水、鲜花、结账快捷、美味晚餐和良好房间服务等。如今的竞争主要发生在附加产品的层次,这正如美国学者西奥多·莱维特指出的:“现代竞争的关键,并不在于各家公司在其工厂中生产什么,而在于它们能为其产品增加些什么内容。”

5. **潜在产品**(potential product)

潜在产品是指最终可能实现的全部附加部分和新转换部分,或者说是指与现有产品相关的未来可发展的潜在性产品。潜在产品指出了产品可能的演变趋势和前景,如彩色电视机可发展为录放影机、电脑终端机等等。

许多成功的公司在它们的产品和服务中增加了额外的优惠和好处,不仅让顾客满意(satisfy),而且令顾客愉悦(delight)。愉悦是指对提供物表现出出乎意料的惊喜。如旅馆客人在枕下发现了糖果,或发现了一束花,或因特网服务。

以上五个层次,就构成了营销学中的产品整体概念的基本内容。如图 4-1 所示。

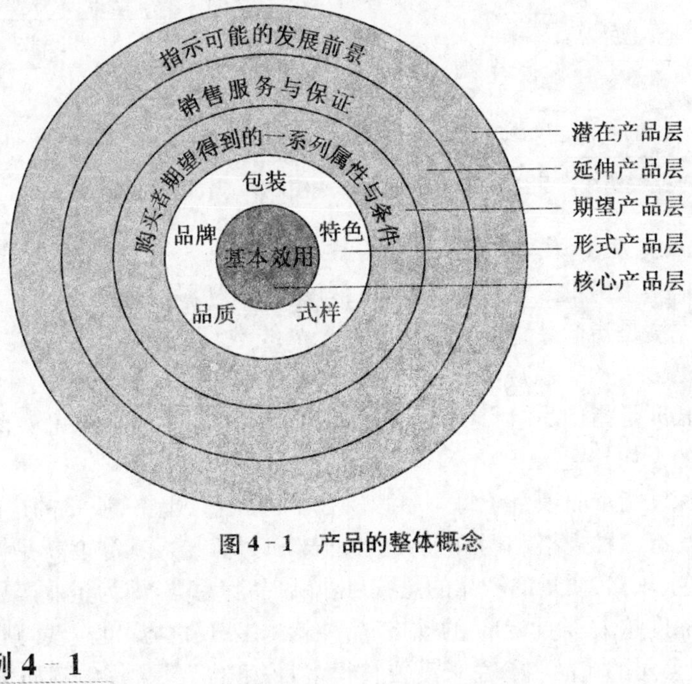

图 4-1　产品的整体概念

小案例 4-1

旅馆的整体概念

对于旅馆来说,它的核心产品是休息与睡眠。

形式产品是床、衣柜、毛巾、洗手间等。

期望产品是干净的床、新的毛巾、清洁的洗手间、相对安静的环境。

延伸产品是宽带接口、鲜花、结账快捷、免费早餐、优质的服务。

潜在产品是家庭式旅馆的出现。

二、产品组合

(一) 产品组合及其相关概念

企业为了进行正确的产品决策,除了要用"产品整体"概念研究产品外,还要对企业生产营销的全部产品的组合情况进行分析和选择。

1. 产品组合、产品线及产品项目

产品组合是指企业全部产品线和产品项目的组合或结构,即企业的业务经营范围。产品线是指产品组合中的某一产品大类,是一组密切相关的产品。比如,以类似的方式发挥功能,售给相同的顾客群,通过同一的销售渠道出售,属于同一的价格范畴等。产品项目是衡量产品组合各种变量的一个基本单位,指产品线内不同的品种以及同一品种不同的品牌。例如,某商场经营家电、百货、鞋帽、文教用品等,这就是产品组合,而其中"家电"或"鞋帽"等大类就是产品线,如图 4－2 所示;每一大类里包括的具体品牌、品种为产品项目,如图 4－3 所示。

产品组合	
产品线	A 产品
	B 产品
	C 产品
	D 产品

图4-2　产品线组成产品组合

	名称	产品项目
产品线	A	a1. a2. a3. a4. a5. a6
	B	b1. b2. b3
	C	c1. c2. c3. c4. c5
	D	d1. d2. d3. d4

图4-3　产品项目组成产品线

2. 产品组合的宽度、长度、深度和关联度

产品组合包括 4 个衡量变量:宽度、长度、深度和关联度。

产品组合的宽度是指产品组合中所拥有的产品线数目。产品组合的宽度越大,说明企业的产品线越多;反之,宽度越窄,则产品线越少。

产品组合的长度是指产品组合中产品项目的总数。如以产品项目总数除以产品线数目即可得到产品线的平均长度。

产品组合的深度指产品项目中每一品牌所含不同花色、规格、质量的产品数目的多少。如"佳洁士"牌牙膏有三种规格和两种配方(普通味和薄荷味),其深度就是 6。通过统计每一品牌的不同花色、规格、质量的产品的总数目,除以品牌总数,即为企业产品组合的平均深度。产品组合的深度越大,企业产品的规格、品种就越多;反之,深度越浅,则产品就越少。

实际上,一般公司的产品组合总长度要长得多,深度也要深得多,例如童帽作为一个品种,可以有几个、十几个品牌,其中一个品牌不同花色、规格、质量的产品可以有几十个甚至几百个,因此有的公司经营的产品如按花色、规格、质量统计可达几万种以至几十万种。

产品组合的关联度是指各条产品线在最终用途、生产条件、分配渠道或其他方面相互关联的程度。例如,某家用电器公司拥有电视机、收录机等多条产品线,但每条产品线都与电有关，这一产品组合具有较强的相关性。产品组合的深度越浅，宽度越窄，则产品组合的关联性越大；反之，则关联性越小。

产品组合的宽度、深度和关联性对企业的营销活动会产生重大影响。通常，增加产品组合的宽度，即增加产品线的数目、扩大经营范围，可以使企业获得新的发展机会，更充分的利用企业的各种资源，分散企业的投资风险；增加产品组合的深度，会使各条产品线具有更多规格、花色、型号的产品，更好地满足消费者的不同需要和偏好，增强企业的竞争力；增加产品组合的关联性，可以发挥企业在其擅长领域的资源优势，避免进入不熟悉的领域可能带来的风险。因此，企业根据市场需求、竞争态势和企业自身能力，对产品组合的宽度、深度和关联性进行选择时非常必要的。

表 4-1　宝洁公司的产品组合

	商品组合的宽度				
	洗护发剂	牙膏	沐浴露	纸尿布	纸巾
商品组合的深度	飘柔 潘婷 海飞丝 沙萱 伊卡璐	佳洁士 格利	舒肤佳 玉兰油 激爽 伊卡璐	帮宝适 露肤	媚人 粉扑 旗帜 绝顶

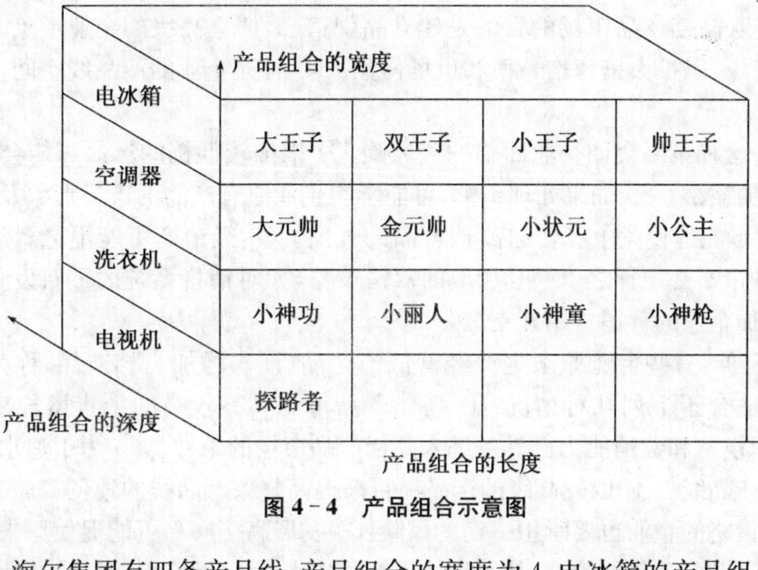

图 4-4　产品组合示意图

上图中，海尔集团有四条产品线，产品组合的宽度为 4，电冰箱的产品组合长度也为 4，产品组合的深度如空调器中小元帅系列，有 2 种规格、3 种颜色，则小元帅系列产品组合深度为 6。

(二) 产品组合策略

根据产品组合的四种尺度，企业可以采取四种方法发展业务组合：开拓产品组合的宽度，扩展企业的经营领域，实行多样化经营，分散企业投资风险；增加产品组合的长度，使产品线丰满充裕，成为更全面的产品线公司；加强产品组合的深度，占领同类产品的更多细分市场，满足更广泛的市场需求，增强行业竞争力；加强产品组合的关联度，使企业在某一特定的市场领域内加强竞争和赢得良好的声誉。

1. 扩大产品组合

包括开拓产品组合的宽度和加强产品组合的深度，前者指在原产品组合中增加产品线，扩大经营范围；例如某企业在家电类产品的基础上开始生产通信类产品手机。后者指在原有产品线内增加新的产品项目。当企业预测现有产品线的销售额和盈利率在未来可能下降时，就应当考虑在现有产品组合中增加新的产品线，或加强其中有发展潜力的产品线。例如某家电企业推出智能型的新款洗衣机。

2. 缩减产品组合

市场繁荣时期，较长较宽的产品组合会为企业带来更多的盈利机会。但是在市场不景气或原料、能源供应紧张时期，缩减产品线反而能使总利润上升，因为剔除那些获利小甚至亏损的产品线或产品项目，企业可集中力量发展获利多的产品线和产品项目。

3. 产品线延伸策略

每一企业的产品都有特定的市场定位，如美国的“林肯”牌汽车定位在高档市场，“雪佛莱”牌定位在中档汽车市场，而“斑马”则定位于低档车市场。产品线延伸策略指全部或部分地改变原有产品的市场定位，具体有向下延伸、向上延伸和双向延伸三种实现方式。

(1) 向下延伸：有些生产经营高档产品的企业渐次增加一些较低档的产品项目，称为向下延伸。这种策略通常适合于下列几种情况：① 利用高档名牌产品的声誉，吸引购买力水平较低的顾客慕名购买此产品线中的低档廉价产品。② 高档产品的销售增长速度下降。③ 企业最初进入高档产品市场的目的是建立品牌信誉，树立高级的企业形象，然后再进入中、低档产品市场，以扩大销售增长率和市场份额。④ 补充企业的产品线空间，以防止新的竞争者涉足。

但是，实行这种策略会使企业面临一些风险：① 推出较低档的产品可能会使原有高档产品的市场更加缩小。② 如果处理不慎，可能影响企业原有产品的市场形象及名牌产品的市场声誉。③ 可能迫使竞争者转向高档产品的开发。④ 经销商可能不愿意经营低档货。同时，采用这种策略必须辅之以一套相应的营销策略，如对销售系统的重新设置等等，所有这些将大大增加企业的营销费用开支。

(2) 向上延伸：有些企业原来生产经营低档产品，渐次增加高档产品，称为向上延伸。这种策略通常适合于下列几种情况：① 高档产品市场具有较高的销售增长率和毛利率。② 企业的技术设备和营销能力已具备进入高档产品市场的条件。③ 为了追求高、中、低档齐备的完整的产品线。④ 以较高级的产品项目来提高整条产品线的地位。

实行这种策略的企业也要承担一定的风险：① 发展高档产品可能促使原来生产经营高档产品的企业采取向下延伸策略，从而增加了竞争压力。② 顾客可能对该企业生产经营高档产品的能力缺乏信任(要改变产品在顾客心目中的地位是相当困难的)。③ 原有的销售人员和经销商可能没有推销高档产品的经验和技能。

(3) 双向延伸：有些生产经营中档产品的企业，掌握了市场优势以后，逐渐向高档和低档两个方向延伸，称为双向延伸。

产品延伸有利有弊。比如可以满足更多消费者的需求，迎合消费者求异求变的心理、适应不同层次价格的需求，以及可以减少企业开发新产品的风险等。但其负面作用是，降低品牌忠诚度、产品的不同项目难以区分、引起成本增加等。因此，把握好延伸的度至关重要，企业经营应当及时关注产品利润率的情况，集中生产利润较高的产品，削减那些利润低或者亏损的品种；当需求紧缩时，缩短产品线，当需求旺盛时，延伸产品大类。

4. 产品线现代化决策

产品线现代化决策是强调把现代科学技术应用于生产经营过程，并不断改进产品线使之符合现代顾客需求的发展潮流。如果产品组合的广度、深度和长度都很适宜，但是，生产方式已经落后，或者产品跟不上现代顾客需求的潮流，就会影响企业生产和市场营销效率，就必须实施产品线现代化决策。比如，我国一些纺织企业为了迎接 WTO 给国内纺织企业带来的国际市场机会，在设备更新改造方面进行了大量的投资，从而增强了我国纺织企业在国际纺织品市场的竞争能力，大大增强了纺织品的出口创汇水平。

当企业决定实施产品线现代化决策时，面临的主要问题是以渐进方式还是以快速方式实现产品线的技术改造。逐步实现产品线现代化可以节省资金，但也容易被竞争者发现和模仿。快速实现产品线现代化，可以快速产生市场效果，并对竞争者形成威胁，但需要在较短的时间内投入大量的资金。

5. 产品线号召决策

有的企业在产品线中选择一个或少数几个产品项目进行精心打造，使之成为颇具特色的号召性产品去吸引顾客。有时候，企业以产品线上低档产品型号进行特别号召，使之充当开拓销路的廉价品。

任务二　产品的品牌与包装策略

【任务目标】

把握商标策略和包装策略，能为品牌建设提供建议。

【任务方法】

选择自己感兴趣的某品牌手机，收集相关产品信息，分析产品的包装策略与品牌策略，每小组形成一份报告，以 PPT 的形式展示。

【任务分析】

在网络经济时代，市场上成熟产品多且同质化趋强，消费者选择的空间很大，产品会被新产品替代，被竞争者模仿，但品牌与包装是企业独有的。它们是企业、产品个性化的沉淀与凝结，是消费者注意和购买的识别特征，它们成为企业的核心竞争力，是企业获得竞争优势的战略工具。

【案例导入】

联想乐 Phone 的品牌与包装策略

联想乐 Phone 手机运用了统一品牌策略和品牌扩展策略。

联想乐 Phone 手机刚进入市场时是品牌扩展的结果，当联想手机在市场上已经有了一定的市场占有率，且借助联想电脑的有利名声，联想手机的商业信誉比较好，产品质量比较高，采用统一品牌策略可以让手机借助原有品牌的声誉，从而使新产品迅速打开销路。在手机的包装上，联想公司采用等级包装策略，对于不同价位、档次的手机采用不同的包装。

案例提示：

联想手机依托于联想集团，而联想在中国消费者中有着本土化的优势，所以联想手机相比于其他手机来说，其品牌的知名度、普及度较高。联想手机不需要通过大量的宣传使消费者初步了解认识“联想”。

联想手机分为几大系列，每一系列的用途与功能不同，为了节约成本，同时使产品价值与包装相一致，可以采用多种包装策略相结合的方式，更加有利于与同行业其他产品的竞争。

【理论基础】

一、品牌策略

（一）品牌的概念

品牌是指是用以识别某个销售者或某群销售者的产品或服务，并使之与竞争对手的产品或服务区别开来的商业名称及标志。通常由文字、标记、符号、图案和颜色等要素或这些要素的组合构成。

1. 品牌是一个总名词

品牌是一个包括许多名词的总名词，具有广泛的意义。它包括品牌名称、品牌标志、商标等内容。

(1) 品牌名称：是指品牌中可以用语言称呼的部分。例如“蒙牛”、“春兰”、“福特”等。这些都是一些知名的品牌名称。

(2) 品牌标志：是指品牌中可以被识别或认知，但难以用语言称呼的部分。品牌标志常常为某种符号、象征、图案、设计、颜色或印字。如奥迪轿车的四环标志；美国米高梅电影公司的狮子形象等。

(3) 商标：是指用文字、图形、符号或其他组合来标明一种商品或用来区别其他商品的独特标志或记号。商标经工商部门登记注册之后，受到法律的保护，称为“注册商标”。如麦当劳的黄色的 M，IBM 的蓝色字母，小天鹅公司的天鹅图案等。商标是品牌的很重要组成部分。

品牌和商标既有联系又有区别，品牌与商标是总体与部分的关系，所有商标都是品牌，但品牌不一定都是商标。一个企业可以使用多种品牌，也可以使用多种商标，用以展示商品的特性，区别同类产品。不同的是，品牌是一个商业名称，其主要作用是宣传商品；商标也可以宣传商品，但它是一个法律名称，受法律保护。可以说，商标是品牌的法律用语。即商标是受法律保护的品牌。品牌的全部或部分作为商标经注册后，这一品牌便具有法律效力；

总之，品牌是一个复杂的符号，它实质上代表卖者对交付给消费者的产品特性、利益和服务的一贯性的承诺。

2. 品牌的整体涵义

品牌的整体涵义可分为六个层次：

（1）属性：品牌首先使人想到某种属性，多年来，奔驰轿车的广告一直强调它是“世界上工艺最佳的汽车”，而沃尔沃汽车则使人联想到安全。

（2）利益：对于顾客，他们购买的是利益。属性需要转化为功能性或情感性的利益。如汽车的耐久属性可以转化为功能性的利益，“多年内我不需要再买一辆新车”。制作精良的属性可转化为功能性和情感性利益，“一旦出事时我很安全”。

（3）价值：品牌表明生产者倡导的某些价值观或消费观。如“奔驰”代表着高效、安全、声望及其他东西。

（4）文化：品牌可能代表着一种文化。“奔驰”汽车代表着德国文化：组织严密、高效率和高质量。

（5）个性：品牌反映着一定的个性。“奔驰”代表了一种王者的个性。

（6）用户：品牌暗示了购买或使用产品的消费者的类型。我们总是认为“奔驰”的用户都是一个成功者。

如果生产者在品牌规划和品牌推广上做出努力后，能让目标消费者从以上的六个方面整体识别品牌，说明企业的品牌战略是成功的，它创出了“深度品牌”。否则，它也只是一个“肤浅品牌”而已。还应该注意的是，在品牌的整体涵义的六个方面要素中，最持久的是品牌的价值、文化和个性要素。

（二）品牌策略

品牌策略是企业品牌从定位、确认、推广过程的一整套营销方法、技术及应用。在现代市场竞争中，品牌竞争是提高企业核心竞争力的重要手段。品牌化策略是企业产品营销策略的重要组成部分，也是培育名牌的根本途径。如图 4－5 所示。

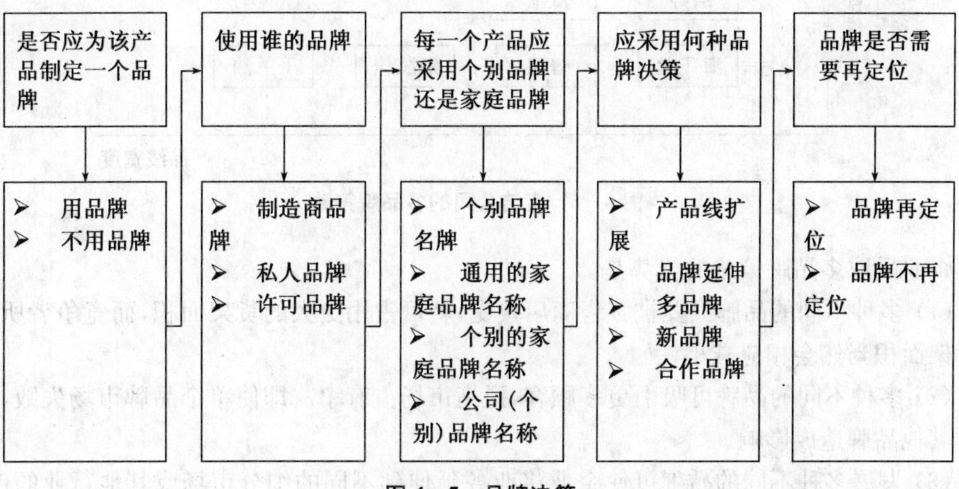

图 4－5　品牌决策

1. 统一品牌策略

所谓统一品牌策略，是指企业原有的品牌在某一市场取得成功，获得消费者认可后，企业在开发的所有新品进入新市场或老品进入新的市场时均采用原品牌。如娃哈哈在成功推出儿童营养液后，又用相同的品牌推出饮料、服装等多种产品。企业通过这种策略，可以节省宣传介绍新产品的费用，使新产品能迅速、顺利地打入市场。类似的例子有很多，如韩国三星电子公司生产的电视机、影碟机都使用“三星”品牌；日本索尼公司的所有产品都使用“sony”这个品牌名称。

统一品牌延伸策略的优势是为企业节省了巨额市场开拓费用。由于既有的品牌的消费者认知度较高，因此，新品推出后或进入新行业后仍沿用原品牌名更易为消费者接受，从而省去市场推广“提高知名度”所需的广告费。

品牌延伸策略的劣势是如企业原有品牌知名度较低或消费者美誉度较差情况下，利用品牌延伸策略效果不明显。同时，如果企业的产品线较宽，产品品类多的话，万一其中一种产品市场开拓失败，易对统一品牌形成负面效应，从而伤及其他产品线。

因此，企业在考虑品牌延伸策略时应在既有品牌知名度、美誉度较高且新的市场和原有市场有较高的关联度的情况下实施。

2. 多品多牌策略

多品多牌策略，是指企业对所开发的新品或新进入的市场产品进行单独命名和推广的策略。

宝洁公司就是典型的多品多牌策略，宝洁公司所有行业的所有产品均为单独命名。如宝洁公司洗发液品牌有“海飞丝”、“飘柔”、“潘婷”、“沙宣”等；洗衣粉品牌有“汰渍”、“碧浪”等。如图 4-6 所示。

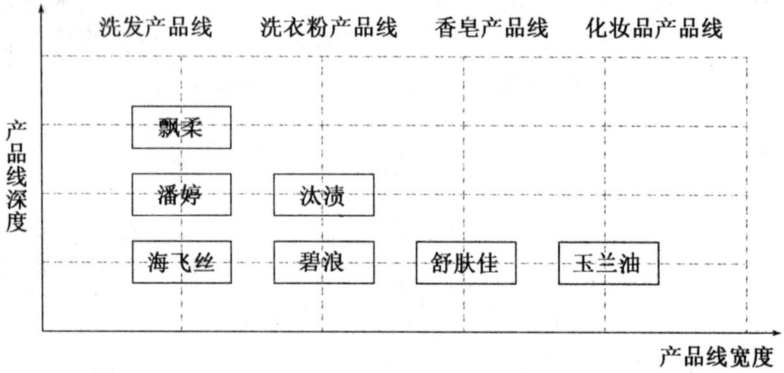

图 4-6　宝洁公司的多品牌策略

企业采取多品牌策略的优势是：

(1) 多种不同的品牌只要被零售商店接受，就可占用更大的货架面积，而竞争者所占用的货架面积当然会相应减小。

(2) 多种不同的品牌可吸引更多顾客，提高市场占有率。即使单个品牌市场失败，亦不会对其他品牌造成影响。

(3) 发展多种不同的品牌可使企业将业务延伸到不同的细分市场或其他行业的市场。当某一领域细分市场过多，而企业的原有品牌“内涵”不宜做无限制延伸时，利用新品牌可以占有较多的细分市场。

(4) 发展多种不同的品牌有助于在企业内部各个产品部门、产品经理之间开展竞争，提高效率。

多品多牌的劣势是市场开拓成本较高，不利于在消费者心目中形成统一的品牌形象，除非新市场利润较高，市场开拓成本完全可以抵消。

因此，单独品牌策略应在行业内细分市场多，利润丰厚，企业原品牌定位及属性不宜延伸的情况下实施。

小案例 4-2

多品牌策略

欧莱雅拥有近500个品牌，宝洁拥有300个品牌，通用汽车拥有12个汽车品牌，伊莱克斯拥有50多个品牌，可口可乐公司在全球近200个国家拥有400个非酒精饮料的品牌，这些都是采取了多品牌的战略。

宝珀号称是"世界上最后的一块机械表"，拥有4百年历史，产品在全球限量发售。最新推出的宝珀1735腕表开价600多万元人民币。很明显，只有极少数人才有能力拥有它。你或许也知道斯沃琪这个广为人知的瑞士腕表品牌的产品做工精美，设计前卫。它每年不断推出的各种经典设计，对于追捧者来说甚至具备收藏价值。

但是，也许你未必知道的是，宝珀(BLANCPAIN)和斯沃琪(Swatch)，还有OMEGA、RADO、LOGINES、TISSOT、CK等等超过20个知名腕表品牌，实际上都属于一家公司——瑞士SMH集团。与快速消费品公司宝洁和联合利华不同，SMH似乎并不希望大众了解到这一点。所以，在所有的传播中，公司都被隐去，我们只看到单一品牌的传播，而不知道它们系出同门。

SMH将自己的品牌分为三层：低档价格100瑞士法郎；中档价格1 000瑞士法郎；高档和豪华型的可达到100万法郎，甚至更高。就像其企业总裁哈耶克所说："可以像天空一样高。"

3. 分类品牌策略

分类品牌策略是指企业经营的各项产品市场占有率虽然相对较稳定，但是产品品类差别较大或是跨行业时，原有品牌定位及属性不宜作延伸，企业往往把经营的产品按类别、属性分为几个大的类别，然后冠之以几个不同的品牌。如日本松下公司，其音像制品的品牌是"panasonic"；家用电器的品牌是"national"；立体音响的品牌则是"technics"。

分类品牌策略的优势是避免了产品线过宽使用统一品牌而带来的品牌属性及概念的模糊，且避免了一品一牌策略带来的品牌过多，营销及传播费用无法整合的缺点。

分类品牌策略无明显的劣势，但是相对统一品牌策略而言，如果目标市场利润低，企业营销成本又高的话，分类统一品牌策略略显营销传播费用分散，无法起到整合的效果。

因此，如果企业要实施分类品牌策略，应考虑行业差别较大，现有品牌不宜延伸的领域。

4. 贴牌策略

贴牌策略是指某企业生产的产品冠之以其他企业的产品品牌。贴牌策略本质上是一种资源整合，优势互补。如体育用品业第一品牌耐克，所有产品均为贴牌产品，耐克公司只负责营销。全国家电连锁企业国美电器也贴牌"国美"小家电。国内家电业巨头海信原来并无冰箱产品，海信公司利用自身的品牌优势延伸至冰箱业，但投资冰箱生产线动辄几千万，成本过高，短期内无法收益。因此，海信集团根据市场情况，向各个专业厂家如科龙定向采购，统一冠之以“海信”之名。

贴牌策略的最大优势是贴牌企业（采购方）省去了生产、制造和技术研发的成本。对被贴牌企业（被采购方）则省去了营销、传播、运输、仓储成本。应是双赢的结果。

贴牌策略的劣势是贴牌的双方一般是竞争对手，如果同一产品在同一渠道出现，双方不可避免的产生竞争。

因此，实施贴牌策略的双方，最好避免在同一渠道出现，同时，双方的品牌定位应避免是同一消费层级，这样，双方或可减轻直接冲突的可能。

5. 本土化品牌策略

本土化品牌策略是指企业开拓新的区域市场或国际市场时，迫于当地环境压力（如商标被抢注，现有品牌不适合当地文化，不得以改品牌以适应本地文化的行为。如国药第一品牌“同仁堂”在很多国家被抢注，所以“同仁堂”药业要想进军海外市场，必须得另起新名。可口可乐进入中国市场，为了适应中国文化也起了一个非常中国化的名字“可口可乐”和原英文商标同时使用，业界认为可口可乐这一中文译名音形义俱佳，为可口可乐开拓中国市场立下了汗马功劳。

本土化品牌策略优势是由于新品牌名能融入本地文化，所以易于为当地消费者接受。劣势是有时是放弃了原品牌的号召力，重塑造一个新品牌。因此，本土化品牌策略作为非常规手段不宜常用，除非面临较大的文化差异等不可抗拒因素。最好的办法还是“国际化品牌，本土化沟通”。

6. 无品牌策略

无品牌策略是指企业对自身生产的产品不使用任何品牌名。我们所熟知的杜邦公司就是一例。杜邦公司在能源、化工方面一直是高技术的拥有者，同时更是著名品牌如可口可乐公司、阿迪达斯体育商的原材料供应者。杜邦公司在这些原材料上均隐去企业名，更无商品名。

无品牌策略主要优势是可以减少经营管理费用。劣势是因为不为消费者所知，产品推广时渠道阻力较大，渠道公关成本可能较高。因此，无品牌策略的产品主要见于一些原材料生产商或是生产技术简单，消费者选购时重质量轻品牌的小商品生产企业。

创建一个品牌，往往要花很长时间，一些产品可能需要历经四五十年甚至更长的时间才将自己的品牌形象植入消费者心中，如宝洁系列中的汰渍有 50 年历史，佳洁士有 40 年历史，可口可乐更是百年老店。在现代市场竞争中品牌竞争是提高企业核心竞争力的重要手段。品牌策略是企业产品营销策略的重要组成部分，也是培育名牌的根本途径。

二、包装策略

（一）包装的概念和作用

包装（package）是商品实体的重要组成部分，通常是指产品的容器或包装物及其设计装潢。在传统经济条件下，人们对包装的认识仅限于保护商品和便于运输储存，认为产品包装就是指产品包扎或存放于包装物内或容器内。现代经济条件下，人们对包装有了系统的认识，产品包装不仅是产品的容器、包扎物或外观装饰，更是整体产品的一个重要组成部分。

产品包装对市场营销有着重要的影响,它既可以充当产品广告的媒体,又可以提高产品的档次和形象,增加产品的附加值;产品包装的不同档次和规格,又是产品差异化和特色的重要体现。

目前,包装已成为强有力的营销手段。设计良好的包装能为消费者创造方便价值,为生产者创造促销价值。多种多样的因素会促进包装成为一种营销手段,在应用方面的进一步发展。包装的作用表现在三个方面,即保护商品、方便使用和促进销售。

1. 保护商品

这是产品包装首要的基本的功能,它是指保护被包装的商品,防止风险和损坏,诸如渗漏、浪费、偷盗、损耗、散落、掺杂、收缩和变色等。产品从生产出来到使用之前这段时间,保护措施是很重要的,包装如不能保护好里面的物品,这种包装则是一种失败。有效的产品包装可以起到防潮、防热、防冷、防挥发、防污染、保鲜、防易碎、防变形等系列保护产品的作用。因此,在产品包装时,要注意对产品包装材料的选择以及包装的技术控制。

2. 便于运输和携带

制造者、营销者及顾客要把产品从一个地方搬到另一个地方。牙膏或钉子放在纸盒内可以很容易在库房里搬动,酱菜和洗衣粉放在纸盒内则容易渗漏和散落。不同的产品往往对包装提出不同的要求。产品包装既要能起到保护商品的作用,也要方便运输和携带。特别是液态、颗粒或粉末状产品对包装要求更加严格。不方便运输或携带的包装,正逐渐被现在的小包装所取代,这也使得消费者采购和携带更加方便。

3. 美化产品,促进销售

消费者对一种产品的印象,是在购买与使用过程中形成的,其中很大程度上受包装特征的影响。因此包装是形成产品差异从而提高产品竞争力的重要工具。好的包装可以美化产品,烘托产品的特性,兼具广告与推销的功能,是无声的推销员。在自选商店里,美观大方的产品包装吸引着顾客的注意力,并能把他的注意力转化为兴趣。良好的包装能够提高新产品的吸引力,同时,包装本身的价值也能引起消费者购买某项产品的动机。此外,提高包装的吸引力要比提高产品单位售价的代价要低。跨国公司的调查数据显示,在消费终端,有63%的消费者是根据商品的包装和装潢进行商品决策的;而到超级市场购买的家庭主妇,由于被精美的包装和装潢吸引,其消费量往往超过她们原先预计的45%。由此可见,有商品的"第一印象"之称的包装在市场实战中越来越发挥不可忽视的作用。所以,将包装(Package)称为与市场营销4P(Product,Promotion, Price, Place)组合平行的第5个P,使之合称为新市场营销的5P理论也不为过。

(二) 包装策略

包装设计中包装要素的不同使用与组合,形成了不同的包装策略。归纳起来,大致有以下六种:统一包装、配套包装、再使用包装、附赠品包装、改进包装、等级包装。

1. 统一包装策略

企业对其生产的各种不同产品,在包装上采用相同的图案、色彩或其他共同特征,使顾客很容易发现是同一家企业的产品。便于顾客识别出本企业产品。特别是对于有一定知名度的企业,采用类似包装策略对产品的宣传有一定的作用,而且节省包装的设计费用,还可以消除和减少消费者对新产品的不信任感,为新产品迅速打开市场创造条件。

值得注意的是,类似包装策略只能适宜于质量相同的产品,对于品种差异大、质量水平悬殊的产品则不宜采用。

2. 配套包装策略

企业为了促销，按各地消费者的消费习惯，将数种有关联的产品配套包装在一起成套供应。这种包装形式，一般以一种商品为主，然后配以相关联的产品。例如：将旅游用的牙刷、牙膏、刮脸刀等装配在一起；强生婴儿护肤品组成系列套装等。配套包装策略便于消费者购买、使用和携带，同时还可扩大产品的销售。在配套产品中如加进某种新产品，还可使消费者不知不觉地习惯使用新产品，有利于新产品上市和普及。

3. 再使用包装策略

这种策略又称为双重包装策略。即原包装的商品用完之后，空的包装容器可移作其他用途。如各种形状的香水瓶可作装饰物，精美的食品盒也可被再利用等。这种包装策略可使消费者感到一物多用而激发起其兴趣与购买欲望，而且包装物的重复使用也起到了对产品的广告宣传作用。需要说明的是，在使用这种包装策略时，要尽量谨慎，以避免成本加大引起商品价格过高而影响产品的销售。

4. 附赠品包装策略

附赠品包装策略也称为万花筒包装策略，是现代包装的重要促销策略之一。这种策略即在包装物内附有赠券、物品或用包装本身可换礼品等，借以刺激消费者的购买或重复购买，从而扩大销售。如儿童玩具、食品中附带的小玩具等。我国出口的“芭蕾珍珠膏”，每个包装盒就附赠珍珠别针一枚，顾客购至50盒即可串条美丽的珍珠项链，这使珍珠膏在国际市场十分畅销。

5. 改进包装策略

改进包装策略是指用改进商品包装的办法来达到扩大销售的目的。当某种商品由于包装不善影响销路，商品的装潢设计缺乏吸引力，或已显陈旧，往往通过改换新包装来扩大销路。由于包装技术、包装材料的不断更新，消费者的偏好不断变化，采用新的包装可以弥补原包装的不足，吸引消费者购买。值得注意的是，企业在改变包装的同时必须配合好宣传工作，以消除消费者以为产品质量下降或其他的误解。可以说，这种包装上的改进也是产品改进的一个重要手段。如美国一种干邑白兰地酒，原来销量居世界第七位，改变产品包装后，在广为宣传的基础上，销量跃居世界第一。

6. 等级包装策略

为适应消费者不同的购买力水平和不同的购买目的，同一产品可以采用不同档次的包装，或者是将不同品质的产品分为若干等级，对高档优质产品采用优质包装，一般产品采用一般包装。如上海冠生园生产的大白兔奶糖，既有盒装，又有袋装，还有散装，形式多样，满足不同顾客的需要。

总的来说，包装设计必须遵循保护商品、便于识别、便于使用、便于促销、增加利润、节省成本和维护社会公共利益等原则，选用现代化的包装材料、容器和科学的包装技术。在包装设计上体现社会性市场营销观念，不但要考虑企业利益，还要考虑社会的公共利益。例如要执行有关的法规；要遵守包装道德；要保护生态平衡等。

思考

选择一个产品重新包装的例子，评价优点与缺点。

任务三　产品生命周期与新产品开发

【任务目标】

1. 理解产品生命周期的概念及意义，明确生命周期各阶段的市场特征及营销策略；
2. 明确市场营销学中新产品的含义，了解新产品开发，能进行新产品开发的创意活动。

【任务方法】

1. 讨论手机生命周期各阶段的特点，分析并制定相应的营销策略；
2. 收集手机行业新产品开发信息并进行新产品开发创意。

【任务分析】

手机产品生命周期是指手机产品从投入市场到完全退出市场所经历的市场生命循环过程，这个过程分为四个阶段：介绍期（又称引入期）、成长期、成熟期和衰退期。产品销售的不同阶段面临不同的挑战，销售收入与利润有高有低，营销环境大不相同，要求市场营销者要关注产品生命周期，制定相应的营销策略。

一般产品都有生命周期，所以应注重新产品的开发。市场营销学认为产品只要在功能或形态上得到改进或与原有产品产生差异，并为顾客带来新的利益，即视为新产品。

【案例导入】

联想产品的生命周期和新产品开发

联想乐 Phone 手机刚进入市场时是品牌扩展的结果。在手机出现之前，联想集团受到了产品生命周期的影响。联想集团曾以“联想”汉卡称霸国内市场多年，但随着技术的进步，汉卡的体积越来越小，最后因被集成在芯片上面走到生命的尽头。联想集团较早地看到了这一点，在汉卡销售正旺时就着手研制自己的电脑，当汉卡市场萎缩时“联想”电脑已成为企业的第二代拳头产品了。然而，联想集团再次把目标确定在手机市场，更是有前瞻性的体现。

案例提示：

企业的产品总有一个生命周期，对于企业来说这是不容回避的现实。在产品生命周期的成熟阶段或衰退阶段，市场需求停止增长并开始下降，这时企业应考虑如何推出新产品或进入新的市场领域，从而避免产品生命周期给企业带来的灾难，实际上，当企业产品处于成熟期或衰退期时，企业就开始考虑品牌扩张，希望通过品牌扩张推出新产品或转入新行业，从而使企业或品牌继续生存和发展下去。另外，科技的进步，使一些产品的生命周期大大缩短，这更需要企业提早准备，积极进行品牌扩张。

【理论基础】

一、产品生命周期

(一) 产品生命周期的概念

任何产品在市场营销过程中,都有一个发生、发展到被淘汰的过程,就像任何生物都有其出生、成长到衰亡的生命过程一样。在市场上,同一种用途的新产品问世并取代旧产品以后,旧产品的市场生命也就结束了。一般说来,新产品一旦投入市场,就开始了它的市场生命。产品生命周期(Product life cycle,缩写为 PLC),就是指产品从进入市场销售到最后被淘汰的全过程,也就是产品的市场生命周期。产品进入市场销售,其市场生命周期开始,产品退出市场,其市场生命周期结束。

典型的产品生命周期一般可分为四个阶段:介绍期(又称引入期)、成长期、成熟期和衰退期,如图 4－7 所示。

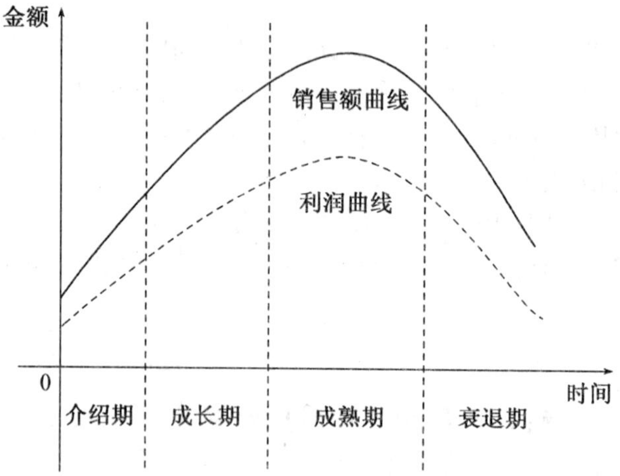

图 4－7　产品生命周期与销售利润曲线

(1) 介绍(引入)期:介绍期是指某种产品刚刚投入市场的试销阶段。在此阶段,产品销售呈缓慢增长状态,销售量有限。企业由于投入大量的新产品研制开发费用和产品销售费用,几乎无利可赚。

(2) 成长期:成长期是指某种产品在市场上打开销路后的销售增长阶段。在此阶段,产品在市场上已被消费者所接受,销售额迅速上升,成本大幅度下降,企业利润得到明显的改善。

(3) 成熟期:成熟期是指某种产品在市场上普遍销售以后的饱和阶段。在此阶段,大多数购买者已经拥有这种产品,市场销售额从显著上升逐步趋于缓慢下降的阶段。

(4) 衰退期:衰退期是指某种产品在市场上已经滞销而被迫退出市场的衰亡阶段。

产品生命周期是一种理论抽象,在现实经济生活中,并不是所有产品的生命历程都完全符合这种理论形态。除上述正态分布曲线,还有以下几种形态:

(1) 再循环形态:指产品销售进入衰退期后,由于种种因素的作用而进入第二个成长阶段。这种再循环型生命周期是市场需求变化或厂商投入更多的促销费用的结果。

(2) 多循环形态:也称“扇形”运动曲线,或波浪形循环形态,是在产品进入成熟期以后,厂商通过制定和实施正确的营销策略,使产品销售量不断达到新的高潮。

(3) 非连续循环形态:大多数时髦商品呈非连续循环,这些产品一上市即热销,而后很快在市场上销声匿迹。厂商既无必要也不愿意做延长其成熟期的任何努力,而是等待下一周期的来临。

思考

请描述时尚产品的生命周期曲线及其特点。

(二) 产品生命周期的特征及营销策略

1. 导入期的市场特点与营销策略

(1) 导入期的市场营销特点

1) 消费者对该产品不了解,大部分顾客不愿放弃或改变自己以往的消费行为,因此产品的销售量小,而单位产品成本相应较高;

2) 尚未建立理想的营销渠道和高效率的分配模式;

3) 价格决策难以确立,高价可能限制购买,低价则可能难以收回成本;

4) 广告费用和其他营销费用开支较大;

5) 产品的技术、性能还不够完善;

6) 利润较少,甚至出现经营亏损,企业承担的市场风险最大。但这个阶段市场竞争者较少,企业若建立有效的营销系统,即可以将新产品快速推进,进入市场发展阶段。根据上述特点,介绍阶段一般有四种可供选择的策略。

(2) 导入期的市场营销策略

1) 快速撇取策略:以高价格和高促销推出新产品。实行高价格是为了在每一单位销售额中获取最大的利润,高促销费用是为了引起目标市场的注意,加快市场渗透。成功地实施这一策略,可以赚取较大的利润,尽快收回新产品开发的投资。实施该策略的市场条件是:市场上有较大的需求潜力;目标顾客具有求新心理,急于购买新产品,并愿意为此付出高价;企业面临潜在竞争者的威胁,需要及早树立名牌。

2) 缓慢撇取策略:以高价格、低促销费用将新产品推入市场。高价格和低促销水平结合可以使企业获得更多利润。实施该策略的市场条件是:市场规模相对较小,竞争威胁不大;市场上大多数用户对该产品没有过多疑虑;适当的高价能被市场接受。

3) 快速渗透策略:以低价格和高促销费用推出新产品。目的在于先发制人,以最快的速度打入市场,该策略可以给企业带来最快的市场渗透率和最高的市场占有率。实施这一策略的条件是:产品市场容量很大;潜在消费者对产品不了解,且对价格十分敏感;潜在竞争比较激烈;产品的单位制造成本可随生产规模和销售量的扩大迅速下降。

4) 缓慢渗透策略:企业以低价格和低促销费用推出新产品。低价是为了促使市场迅速地接受新产品,低促销费用则可以实现更多的净利。企业坚信该市场需求价格弹性较高,而促销弹性较小。实施这一策略的基本条件是:市场容量较大;潜在顾客易于或已经了解此项新产品且对价格十分敏感;有相当的潜在竞争者准备加入竞争行列。

2. 成长期的特点与营销策略

(1) 成长期的市场营销特点:

1）消费者对新产品已经熟悉，销售量增长很快。

2）大批竞争者加入，市场竞争加剧。

3）产品已定型，技术工艺比较成熟。

4）建立了比较理想的营销渠道。

5）市场价格趋于下降。

6）为了适应竞争和市场扩张的需要，企业的促销费用水平基本稳定或略有提高，但占销售额的比率下降。

7）由于促销费用分摊到更多销量上，单位生产成本迅速下降，企业利润迅速上升。

（2）成长期的营销策略：企业营销策略的核心是尽可能地延长产品的成长期。具体说来，可以采取以下营销策略：

1）根据用户需求和其他市场信息，不断提高产品质量，努力发展产品的新款式、新型号，增加产品的新用途。

2）加强促销环节，树立强有力的产品形象。促销策略的重心应从建立产品知名度转移到树立产品形象。主要目标是建立品牌偏好，争取新的顾客。

3）重新评价渠道、选择决策，巩固原有渠道，增加新的销售渠道，开拓新的市场。

4）选择适当的时机调整价格，以争取更多顾客。

企业采用上述部分或全部市场扩张策略，会加强产品的竞争能力，但也会相应地加大营销成本。因此，在成长阶段，面临着"高市场占有率"或"高利润率"的选择。一般来说，实施市场扩张策略会减少眼前利润，但加强了企业的市场地位和竞争能力，有利于维持和扩大企业的市场占有率，从长期利润观点看，更有利于企业发展。

3. 成熟期的特点与营销策略

（1）成熟期的市场营销特点：

1）产品的销售量增长缓慢，逐步达到最高峰，然后缓慢下降。

2）市场竞争十分激烈，竞争者之间的产品价格趋向一致。

3）各种品牌、各种款式的同类产品不断出现。

4）在成熟期的后段，消费者的兴趣已开始转移，企业利润开始下降。

（2）成熟期可采取的营销策略：对许多产品来说，成熟期持续时间最长。对成熟期的产品，企业宜采取主动出击策略，使成熟期延长，或使产品生命周期出现再循环。为此，可以采取以下三种策略：

1）市场改良策略。也称市场多元化策略，这种策略不需要改变产品本身，即开发新市场，寻求新用户。通常有三种形式：① 寻找新的细分市场，使产品进入尚未试用过的市场。② 刺激现有顾客，增加使用率。③ 重新树立产品形象，寻找新的买主。

2）产品改良策略。也称为"产品再推出"，是指改进产品的品质或服务后再投放市场。这种策略是通过产品本身的改变来满足消费者的不同需要。产品整体概念的任何一个层次的改良都可视为产品再推出，包括提高产品质量、改变产品的款式和特色，为顾客提供新的服务等。

3）营销组合改良策略。即通过改变定价、分销渠道及促销方式来延长产品的成熟期。营销策略是营销因素组合的巧妙运用，可以通过改变一个因素或改变几个因素的搭配关系来刺激和扩大消费者购买。例如，产品质量不变，降低价格就可以扩大销售；也可以采取增加分销渠道,增加销售网点等办法来促进销售。

4. 衰退期的特点与营销策略

(1) 衰退期的特点主要有:

1) 销售量由缓慢下降变为迅速下降,消费者对该产品已不感兴趣。

2) 价格降到最低点。

3) 多数企业无利可图,纷纷退出市场。

4) 留在市场上的企业,通常采取削减促销费用、简化分销渠道、调低价格、处理存货等措施,以维持微利或保本经营。

(2) 衰退期可采取的营销策略:判断一种产品是否已进入衰退期,企业需要进行认真的研究分析,然后决定是继续留在市场还是退出市场。衰退期可采取的营销策略主要有:

1) 集中策略。即企业把资源集中使用在最有利的细分市场、最有效的销售渠道和最易销售的品种、款式上。概言之,缩短战线,以缩短产品退出市场的时间,以最有利的市场赢得尽可能多的利润。

2) 维持策略。即保持原有的细分市场和营销组合策略,仍然保持原来的细分市场,使用相同的分销渠道、定价和促销方式,把销售维持在一个低水平上。待到适当时机,便停止该产品的经营,退出市场。

3) 榨取策略。即大幅度降低销售费用,如广告费用削减为零、大幅度精简推销人员等,这样可能导致产品在市场上的衰退加速,但可以争取产品被淘汰前的最后一部分利润。

4) 转移策略。这种策略一般有两种方式,一是立即转移,企业停止生产经营衰退期的产品,出卖、转让产品商标及存货,处理好善后事宜,将企业的资源转向新的经营项目。二是逐步转移,即企业及早开发出新产品,对处于衰退期的产品逐步停产,有序地完成新老产品的更替,以尽量减少停产、转产给企业带来的损失。

如果企业决定停止经营衰退期的产品,应在立即停产还是逐步停产问题上慎重决策,并应处理好善后事宜,使企业有秩序地转向新产品经营。

产品生命周期的特征如表 4-2 所示。

表 4-2　PLC 各阶段的特征

	导入期	成长期	成熟期	衰退期
销售量	低	剧增	最大	衰退
销售速度	缓慢	快速	减慢	负增长
成本	高	一般	低	回升
价格	高	回落	稳定	回升
利润	亏损	提升	最大	减少
目标顾客	创新者	早期使用者	中间多数	落伍者
竞争者	很少	增多	稳中有降	减少
营销目标	建立知名度,鼓励试用	最大限度地占有市场	保护市场,争取最大利润	压缩开支,榨取最后价值

二、新产品开发

(一) 新产品的概念

市场营销学中所使用和讨论的新产品概念与因科学技术在某一领域的重大发展所推出的新产品的概念有所不同。产品只要在功能或形态上得到改进或与原有产品产生差异,并为顾客带来新的利益,即视为新产品。具体地说,新产品有六种基本类型:

1. 全新产品

全新产品指运用新一代科学技术革命创造的整体更新产品。全新产品在全世界首先开发,能开创全新市场。它占新产品的比例为10%左右。

2. 改进型新产品

在原有老产品的基础上进行改进,使产品在结构、功能、品质、花色、款式及包装上具有新的特点和新的突破,改进后的新产品,其结构更加合理,功能更加齐全,品质更加优质,能更多地满足消费者不断变化的需要。这种新产品有利于消费者迅速接受,开发不需要大量资金,失败的可能性也小,大多数企业都开发这类新产品。如洗发水行业,成长初期时对新产品的改进多聚焦在功能的增减、品种的增加;成长期后,企业的改进型新产品更注重品质的提升;成熟期的改进则会在包装方面进行突破。该类型新产品占26%左右。

3. 模仿型新产品

模仿型新产品指对市场上已有的产品进行模仿生产,以此分享市场收益。开发这类新产品有下列好处:可以避免市场风险,可以节约开发费用,如对市场领先者的创新产品进行建设性的改进,有可能后来居上。模仿型新产品占新产品的20%左右。

小案例 4-3

模仿型创新

20世纪80年代中期,有一批制造商以模仿IBM的革新成果而快速成长,最成功的公司之一便是戴尔计算机公司。其总经理迈克尔·戴尔曾经承认,随便找一个傻瓜,给他一把螺丝刀就能装出一台PC机来。在仿制IBM的PC机生产的众多企业中,幸存下来的公司懂得什么可以仿制,什么需要革新。他们有的率先改进了设计,提高了性能;有的在产品的价格和销售策略上进行了创新,如捆绑软件销售;还有一些在用户服务上下功夫。这说明完全靠仿制来开发新产品的企业是难以获得竞争优势的。懂得如何将仿制方法与产品革新相结合的企业才能获得长期的成功。

4. 形成系列型新产品

形成系列型新产品是指在原有的产品大类中开发出新的品种、花色、规格等,从而与企业原有产品形成系列,扩大产品的目标市场,如系列化妆品等。这种新产品与原有大类产品的差别不大,所需开发投资不多,技术革新程度也不高。这类新产品占产品总数的25%左右。

5. 降低成本型新产品

以较低的成本提供同样性能的新产品,主要是指企业利用新科技,改进生产工艺或提高生产效率,削减原产品的成本,但保持原有功能的新产品。如寻找更有效的原材料,通过改进生产设备、生产方式来提高产品的生产效率、降低成本，从而使企业获得成本优势。这种新产品的比重为11%左右。

6. 重新定位型新产品

重新定位型新产品是指进入新的目标市场或改变原有产品市场定位而推出的新产品。发达国家为延长产品的生命周期，通常会将在本国已处于衰退期的产品向发展中或不发达国家的市场转移。这些发达国家的衰退产品对发展中国家和不发达国家而言仍然是新产品。这类新产品的比重为7%左右。

总之，企业新产品开发的实质是推出上述不同内涵与外延的新产品。对大多数公司来说，新产品开发的真正意义是改进现有产品，而非创造全新产品。

小案例4－4

将脑袋打开一毫米

美国有一家生产牙膏的公司，产品优良，包装精美，深受广大消费者的喜爱，每年营业额蒸蒸日上。记录显示，前十年每年的营业额增长率为10%～20%，令董事会雀跃万分。不过，业绩进入第十一年、第十二年、第十三年时，销售停滞不前，每个月维持同样的数字。董事会对此三年的业绩表现感到不满，便召开全厂经理级高层会议，以商讨对策。会议中，有位年轻的经理站起来，对董事会说："我手中有张纸，纸里有个建议，若您要使用我的建议，必须另付我5万元！"总裁听了很生气说："我每个月都支付你薪水，另有分红、奖励，现在叫你来开会讨论，你还要另外要求5万元，是否过分?""总裁先生，请别误会。若我的建议行不通，您可以将它丢弃，一分钱也不必付。"年轻的经理解释说。"好！"总裁接过那张纸后，阅毕，马上签了一张5万元的支票给那位年轻的经理。那张纸上只写的一句话，将现有牙膏开口扩大一毫米。总裁马上下令更换新的包装。试想，每天早上，每个消费者多用1毫米的牙膏，每天牙膏的消费量将多出多少倍呢？这个决定，使该公司第十四年的营业额增加了32%。

(二) 新产品开发的程序

为了提高新产品开发的成功率，必须建立科学的新产品开发管理程序。不同行业的生产条件与产品项目不同，管理程序也有所差异，一般企业研制新产品的管理有以下几个程序。

1. 新产品构思

构思是为满足一种新需求而提出的设想。在新产品构思阶段，营销部门的主要责任是寻找激励和提高。积极地在不同环境中寻找好的产品构思；积极地鼓励公司内外人员发展产品构思；将所汇集的产品构思转送公司内部有关部门，征求修正意见，使其内容更加充实。营销人员寻找和搜集新产品构思的主要方法有如下几种：

(1) 产品属性排列法：将现有产品的属性一一排列出来，然后探讨，尝试改良每一种属性的方法，在此基础上形成新的产品创意。

(2) 强行关系法：先列举若干不同的产品，然后把某一产品与另一产品或几种产品强行结合起来，产生一种新的构思。比如，组合家具的最初构想就是把衣柜、写字台、装饰柜的不同特点及不同用途相结合，设计出既美观又较实用的组合型家具。

(3) 多角分析法：这种方法首先将产品的重要因素抽象出来，然后具体地分析每一种特性，再形成新的创意。例如：洗衣粉最重要的属性是其溶解的水温、使用方法和包装，根据这三个因素所提供的不同标准，便可以提出不同的新产品创意。

(4) 聚会激励创新法：将若干名有见解的专业人员或发明家集合在一起(一般以不超过10人为宜)，开讨论会前提出若干问题并给予时间准备，会上畅所欲言，彼此激励，相互启发，提出种种设想和建议，经分析归纳，例如用“头脑风暴法”，便可形成新产品构思。

(5) 征集意见法：指产品设计人员通过问卷调查、召开座谈会等方式了解消费者的需求，征求科技人员的意见，询问技术发明人、专利代理人、大学或企业的实验室、广告代理商等的意见，并且坚持进行，形成制度。

2. 筛选

取得足够的新产品构思之后，要对这些构思加以评估，研究其可行性，并挑选出可行性较强的构思，这就是筛选。筛选的主要目的是选出那些符合本企业发展目标和长远利益，并与企业资源相协调的产品构思，摒弃那些可行性小或获利较少的产品构思。筛选应遵循如下标准：

(1) 市场成功的条件：包括产品的潜在市场成长率，竞争程度及前景，企业能否获得较高的收益。

(2) 企业内部条件：主要衡量企业的人、财、物资源，企业的技术条件及管理水平是否适合生产这种产品。

(3) 销售条件：企业现有的销售结构是否适合销售这种产品。

(4) 利润收益条件：产品是否符合企业的营销目标，其获利水平及新产品对企业原有产品销售的影响。

这一阶段的任务是剔除那些明显不适当的产品构思。在筛选过程中除了要综合考虑以上因素外，还要尽量避免两种错误：“漏选”与“错选”。漏选是指未能认识到某项好的创意的开发价值而轻率舍弃；错选则是把没有发展前途的创意仓促投产。这两种错误都会给企业造成损失，在筛选阶段应特别注意。

3. 产品概念的形成与测试

经过筛选后保留下来的产品构思还要进一步发展成更具体、更明确的产品概念。

这里，应当明确产品构思、产品概念和产品形象之间的区别。所谓产品构思，是企业从自己的角度考虑能够向市场提供的可能产品的构想。所谓产品概念，是指企业从消费者的角度对这种构思所做的详尽的描述，是指已经成型的产品构思，即用文字、图像、模型等予以清晰阐述，使之在顾客心目中形成一种潜在的产品形象。一个产品构思能够转化为若干个产品概念。而产品形象，则是消费者对某种现实产品或潜在产品所形成的特定形象。企业必须根据消费者的要求把产品构思发展为产品概念。企业在确定最佳产品概念，进行产品和品牌的市场定位后，就应当对产品概念进行检验。所谓产品概念试验，就是用文字、图画描述或者用实物将产品概念展示于一群顾客面前，观察他们的反应。

每一个产品概念都要进行定位，以了解同类产品的竞争状况，优选最佳的产品概念。选择的依据是未来市场的潜在容量、投资收益率、销售成长率、生产能力以及对企业设备、资源的充分利用等，可采取问卷方式将产品概念提交目标市场上有代表性的消费者群进行测试、评估，问卷调查可帮助企业确立吸引力最强的产品概念。

4. 初拟营销规划

企业选择了最佳的产品概念之后，必须制定把这种产品引入市场的初步市场营销计划，并在未来的发展阶段中不断完善。初拟的营销计划包括三个部分：

1）描述目标市场的规模、结构、消费者的购买行为、产品的市场定位以及短期（如三个月）的销售量、市场占有率、利润率预期等；

2）概述产品预期价格、分配渠道以及第一年的市场营销预算；

3）分别阐述较长期（如3～5年）的销售额和投资收益率，以及不同时期的市场营销组合等。

5. 商业分析

商业分析即从经济效益分析新产品概念是否符合企业目标。包括两个具体步骤：预测销售额和推算成本与利润。

预测新产品销售额可参照市场上类似产品的销售发展历史，并考虑各种竞争因素，分析新产品的市场地位、市场占有率等。

6. 新产品研制

新产品研制主要是将通过商业分析后的新产品概念交送研究开发部门或技术工艺部门试制成为产品模型或样品，同时进行包装的研制和品牌的设计。这是新产品开发的一个重要步骤，只有通过产品试制，投入资金、设备和劳力，才能使产品概念实体化，发现不足与问题，改进设计，才能证明这种产品概念在技术、商业上的可行性如何。应当强调，新产品研制必须使模型或样品具有产品概念所规定的所有特征。

7. 市场试销

如果企业的高层管理者对某种新产品开发试验结果感到满意，就着手用品牌名称、包装和初步市场营销方案把这种新产品装扮起来，把产品推上市场进行销售。这是新产品开发的第七阶段。其目的在于了解消费者和经销商对于经营、使用和再购买这种新产品的实际情况以及市场的大小，然后再酌情采取适当对策。

新产品试销应对以下问题做出决策：

（1）试销的地区范围：试销市场应是企业目标市场的缩影。

（2）试销时间：试销时间的长短一般应根据该产品的平均重复购买率决定，再购率高的新产品，试销的时间应当长一些，因为只有重复购买才能真正说明消费者喜欢新产品。

（3）试销中所要取得的资料：一般应了解首次购买情况（试用率）和重复购买情况（再购率）。

（4）试销所需要的费用开支。

（5）试销的营销策略及试销成功后应进一步采取的战略行动。

8. 商业性投放

新产品试销成功后，就可以正式批量生产，全面推向市场。这时，企业要支付大量费用，而新产品投放市场的初期往往利润微小，甚至亏损，因此，企业在此阶段应对产品投放市场的时机、区域、目前市场的选择和最初的营销组合等方面做出慎重决策。

项目小结

在现代市场营销学中，产品概念具有极其宽广的外延和深刻的内涵。产品是指能够通过交换满足消费者或用户某一需求和欲望的任何有形物品和无形的服务，包括核心产品、形式产品、期望产品、延伸产品和潜在产品五个层次。

品牌是指是用以识别某个销售者或某群销售者的产品或服务，并使之与竞争对手的产品或服务区别开来的商业名称及标志。通常由文字、标记、符号、图案和颜色等要素或这些要素的组合构成。品牌策略是企业品牌从定位、确认、推广过程的一整套营销方法、技术及应用。在现代市场竞争中品牌竞争是提高企业核心竞争力的重要手段。品牌化策略是企业产品营销策略的重要组成部分，也是培育名牌的根本途径。

包装的作用表现在三个方面，即保护商品、方便使用和促进销售。包装设计中包装要素的不同使用与组合，形成了不同的包装策略。归纳起来，大致有以下六种：统一包装、配套包装、再使用包装、附赠品包装、改进包装、等级包装。

企业可以采取四种方法发展业务组合：开拓产品组合的宽度，扩展企业的经营领域，实行多样化经营，分散企业投资风险；增加产品组合的长度，使产品线丰满充裕，成为更全面的产品线公司；加强产品组合的深度，占领同类产品的更多细分市场，满足更广泛的市场需求，增强行业竞争力；加强产品组合的关联度，使企业在某一特定的市场领域内加强竞争和赢得良好的声誉。

典型的产品生命周期一般可分为四个阶段：介绍期（又称引入期）、成长期、成熟期和衰退期，不同阶段有不同的特点，应采取不同的营销策略。

产品只要在功能或形态上得到改进或与原有产品产生差异，并为顾客带来新的利益，营销上即视为新产品。

项目检测

1. 名称识记

产品整体概念	产品组合	产品线
产品项目	产品生命周期	新产品
品牌	品牌名称	品牌标志
生产者品牌	中间商品牌	统一品牌
个别品牌	商标	包装

2. 单项选择题

1）在产品整体概念中最基本最主要的部分是（　　）。

A. 核心产品　B. 形式产品　C. 潜在产品　D. 附加产品

2）按照整体产品的概念，产品被看作是（　　）。

A. 任何有形物品

B. 任何可以等价交换的服务

C. 任何可以等价交换的有形物品

D. 购买者需要得到的各种有形的利益和无形的满足感

3)( )是指产品线中的每一产品所包含的不同花色、规格、尺码、型号、功能和配方等数目的多少。

A. 产品组合的深度 B. 产品组合的长度

C. 产品组合的宽度 D. 产品组合的关联度

4)在原有产品大类中又增加新的产品项目,这种做法属于( )。

A. 扩大产品组合策略 B. 产品延伸策略

C. 产品差异化策略 D. 最佳产品组合策略

5)原定位于中档产品市场的企业掌握了市场优势之后,决定向产品大类的上下两个方向延伸,这种产品组合策略叫( )。

A. 向下延伸 B. 双向延伸 C. 向上延伸 D. 缩减产品组合

6)扩展产品组合的宽度和加强产品组合深度的决策叫做( )。

A. 产品延伸 B. 产品大类现代化

C. 扩大产品组合 D. 缩减产品组合

7)在原有产品的基础上,采用或部分采用新技术、新材料、新工艺研制出来的新产品叫( )。

A. 换代产品 B. 改进产品 C. 仿制产品 D. 全新产品

8)一个企业产品组合中所包含的产品项目总数,称为( )。

A. 产品组合的密度 B. 产品组合的长度

C. 产品组合的深度 D. 关联性

9)在产品生命周期的( )阶段,促销显得十分重要。

A. 成熟期 B. 引入期 C. 引入期和成熟期 D. 成长期

10)产品销售增长成慢,利润增长值接近于0时,此产品已进入产品生命周期的( )。

A. 导入期 B. 成长期 C. 成熟期 D. 衰退期

11)在产品处于成熟期后期及衰退期阶段应采用的是( )。

A. 劝说性广告策略 B. 提醒性广告策略

C. 说明性广告策略 D. 告知性广告策略

12)以高价格、低促销费用的形式进行经营,以求得到更多利润的决策是( )。

A. 快速掠取 B. 缓慢掠取 C. 快速渗透 D. 缓慢渗透

13)美国桂格麦片公司成功地推出桂格超脆麦片后,又利用这一品牌及其图样特征,推出雪糕、运动衫等产品,其使用了( )。

A. 品牌质量决策 B. 品牌延伸策略

C. 家庭品牌策略 D. 品牌重新定位策略

14)商品包装的最基本功能是( )。

A. 保护商品,便于运输 B. 美化商品,促进销售

C. 提供方便,易于使用 D. 辨别商品,刺激需求

15)品牌中可以被认出但不能用语言称呼的部分叫做( )。

A. 品牌标志 B. 商标 C. 品牌名称 D. 品牌延伸

16）有些大公司在一个市场上往往有多个品牌，比如宝洁公司的洗发精有“飘柔”、“潘婷”、“海飞丝”等，这种做法属于（　　）。

A. 品牌扩展决策　　B. 多品牌决策

C. 统一品牌决策　　D. 品牌更新定位决策

17）某企业的各种产品都有自己独特的包装，在设计上采用不同的风格、色调和材料，这种包装策略属于（　　）。

A. 分类包装策略　　B. 改变包装策略

C. 相关包装策略　　D. 差异包装策略

18）企业在考虑营销组合策略时，首先需要确定生产经营什么产品来满足（　　）的需要。

A. 消费者　　B. 顾客　　C. 社会　　D. 目标市场

19）每种产品实质上是为满足市场需要而提供的（　　）。

A. 服务　　B. 质量　　C. 效用　　D. 功能

20）产品组合的宽度是指产品组合中所拥有（　　）的数目。

A. 产品项目　　B. 产品线　　C. 产品种类　　D. 产品品牌

21）产品组合的长度是指（　　）的总数。

A. 产品项目　　B. 产品品种　　C. 产品规格　　D. 产品品牌

22）产品组合的（　　）是指一个产品线中所含产品项目的多少。

A. 宽度　　B. 长度　　C. 关联度　　D. 深度

23）产品生命周期由（　　）的生命周期决定。

A. 企业与市场　　B. 需求与技术

C. 质量与价格　　D. 促销与服务

24）导入期选择快速掠取策略是针对目标顾客的（　　）。

A. 求名心理　　B. 求实心理　　C. 求新心理　　D. 求美心理

25）成长期营销人员的促销策略主要目标是在消费者心目中建立（　　）争取新的顾客。

A. 产品外观　　B. 产品质量　　C. 产品信誉　　D. 品牌偏好

26）大多数企业开发新产品是改进现有产品而非创造（　　）。

A. 换代产品　　B. 全新产品　　C. 仿制产品　　D. 最新产品

27）期望产品，是指购买者在购买产品时，期望得到与（　　）密切相关的一整套属性和条件。

A. 服务　　B. 质量　　C. 产品　　D. 用途

28）非渴求商品，指消费者不了解或即便了解也（　　）的产品。

A. 很想购买　　B. 不想购买　　C. 渴求购买　　D. 即刻购买

29）包装有几个主要构成要素，其中（　　）是最具有刺激销售作用的要素。

A. 商标　　B. 品牌　　C. 图案　　D. 颜色

30）对于拥有良好声誉且生产质量水平相近产品的企业，宜采用的包装策略应是（　　）策略。

A. 等级包装　　B. 类似包装　　C. 分类包装　　D. 配套包装

3. 多项选择题

1）产品组合包括的变数是（　　）。

A. 适应度　　B. 长度　　C. 相关性

D. 宽度　　E. 深度

2）企业针对成熟期的产品所采取的市场营销策略，具体包括的途径是（　　）。

A. 开发新市场　　B. 开发新产品　　C. 寻求新用户

D. 巩固老用户　　E. 改进老产品

3）对于产品生命周期衰退阶段的产品，可供选择的营销策略是（　　）。

A. 集中策略　　B. 扩张策略　　C. 维持策略

D. 竞争策略　　E. 榨取策略

4）产品包装按其在流通过程中作用的不同，可以分为（　　）。

A. 统一包装　　B. 运输包装　　C. 分类包装

D. 销售包装　　E. 等级包装

5）配套包装不是配套搭配，企业采用配套包装策略时，应着重考虑的因素是（　　）。

A. 购买者年龄　　B. 市场需求特点　　C. 便于消费者识别

D. 消费者购买能力　　E. 产品的关联性

6）再使用包装策略的突出作用是（　　）。

A. 增加包装的用途　　B. 刺激购买欲望

C. 增加产品销售　　D. 起到营业推广的效果

E. 延伸宣传

4. 判断题

1）即便内在质量符合标准的产品，倘若没有完善的服务，实际上是不合格的产品。（　　）

2）企业高层领导人员，如果没有产品整体概念，就不可能有现代市场营销观念。（　　）

3）产品项目是指产品线中不同的品种、规格、品牌、价格的特定产品，例如：某商店经营的服装、食品、化妆品等。（　　）

4）实行多角化经营的企业，其产品组合中各条产品线在最终用途、生产条件、分配渠道或其他方面相互关联的程度高。（　　）

5）在买方市场条件下，能源供应紧张，缩减产品线对企业有利。（　　）

6）产品生命周期的长短，主要取决于企业的人才、资金、技术等实力。（　　）

7）不同的产品种类，其产品生命周期曲线的形态亦不相同。（　　）

8）新产品处于导入期时，竞争形势并不严峻，而企业承担的市场风险却最大。（　　）

9）产品生命周期不同阶段的市场特点与新产品的市场扩散过程密切相关。（　　）

10）继续生产已处于衰退期的产品，企业无利可图。（　　）

11）一旦新产品在市场试销成功，则意味着新产品能迅速被消费者接受，企业能获得丰厚的利润。（　　）

12）分类包装是根据消费者购买目的的差异，对不同质量等级的产品采用不同的包装。（　　）

13）更新包装只是改变包装的形式、材料、颜色、图案等，并没有改变产品内在的质量和功能。（　　）

5. 填空题

1）产品组合的相关性是指各条产品线在最终用途、________、分配渠道或其他方面相互关联的程度。

2）产品线延伸策略，具体有________、向下延伸和双向延伸三种实现方式。

3）企业开展市场营销活动的思维视角不是从产品开始，而是从________出发的。

4）新产品的________过程，从创新采用者——早期采用者——早期大众——晚期大众——落后的购买者，形成类似正态分布的曲线。

5）附赠品包装策略是指在包装物内附有赠品，以诱发消费者________的做法。

6）更新包装策略是指企业包装策略随着________的变化而改变的做法。

知识巩固

1. 简答题

1）简述产品整体概念的涵义。

2）产品组合有哪几种主要策略？

3）简述成熟期的市场特点及营销策略。

4）简述包装策略的主要类型。

2. 论述题

1）试述产品生命周期理论对企业开展营销活动的启示。

2）试述企业成功开发新产品应注意哪几个方面的问题。

实例训练

训练一

选择自己感兴趣的产品，收集相关产品信息，特别注意观察产品的包装与品牌，画出这个产品商标，并查阅收集产品品牌故事。

要求：建立营销小组，收集产品信息，要求尽量完整，并以小组形式对收集的资料进行补充完善。

分析：该产品整体概念应如何分析？评价企业采取的定位、品牌与包装策略。

考核标准：

1. 理论知识的理解与运用正确(30 分)
2. 内容完整(30 分)
3. 表达清楚、连贯，仪表大方得体(20 分)
4. 团队协作(20 分)

训练二　新产品上市与推广

目的：1. 感知企业经营与营销技巧。

2. 熟悉新产品开发的流程。

3. 灵活掌握新产品上市推广策略。

背景：近几周你的小组已通过制作蛋糕并在学校食堂出售赚了一笔钱。学校允许你们在学校和社区扩展生意。你们可能考虑在学校开店，从社区接收订单，或使你们的产品多样化。

要求：为你们扩展生意呈上一份商业计划，包括以下部分：

1. 执行概况：写关于该项目的描述。
2. 简述：主要产品、服务；信息的来源；提供建议者所从事工作的描述。
3. 商业情况的分析：描述经营区域、细分市场和消费者购买行为。
4. 提议方案的运行计划：组织建设、产品或服务、营销策略和此项目的预算。

综合实训

联想乐 Phone 的产品策略分析

实训时间：180 分钟

实训场地：网络机房，电脑接入国际互联网，可以使用国内外主要搜索引擎，浏览网页。

实训目的：使学生掌握产品的整体概念、产品组合决策，提高品牌与包装策划能力；感知企业经营与营销技巧；培养学生与人沟通、团队协作的能力。

实训内容：通过查阅相关资料，结合所学理论知识分析联想乐 Phone 的产品策略。

实训步骤：

1. 学生分组，小组成员进行角色定位及工作分工；
2. 小组成员根据实训目的，利用各种资源各自完成分析报告；
3. 小组成员讨论分析各自的成果，组长带领成员分析各自成果的优缺点，整合成小组最后的成果；
4. 小组派代表发言并展示成果；
5. 其他小组提问、建议并打分；
6. 教师点评；
7. 各小组修改完善。

评价标准：

考核项目	比重	考核标准
表一	10%	分工合理，每个人的工作都进行了准确地说明，确保每一名成员在规定的时间内完成了实训内容
联想乐 Phone 产品策略分析报告	20%	产品的整体概念分析完整、具体
	20%	产品线与产品组合描述清晰，产品组合的广度、深度和相关度分析完整
	20%	准确画出联想乐 Phone 的产品商标，能对产品标志的设计进行评价
	20%	描述联想乐 Phone 的品牌及包装策略，并进行分析
演说与展示成果	10%	熟悉方案的整体内容，表达清楚流利，充分体现团队的合作性

实训成果：

一、完成下列表格

表一　小组成员分工表(列出具体角色)

序号	成员	角色	任务
1			
2			
3			
……			

二、形成联想乐 Phone 产品策略分析报告，内容包括：

1. 分析联想乐 Phone 产品的整体概念；
2. 分析联想乐 Phone 的产品线与产品组合；
3. 观察产品的包装与品牌，画出商标，并查阅收集产品品牌故事；
4. 分析并评价联想乐 Phone 的品牌策略和包装策略。

三、形成演示报告

项目五　价格策略

工作描述

当一个公司开发了一种新产品,将一个常规产品推入一个新的分销渠道或者一个地理区域,正式地就一项承包工程投标时,公司的定价过程开始了。一个公司必须对其产品在质量和价格上的定位做出决策,而且对于已经制定的基本价格还需要根据市场的变化进行调整。价格是市场营销组合因素中最活泼的因素,它直接关系到市场对产品的接受程度,营销市场需求和企业利润,涉及生产者、经营者、消费者三方面的利益,是企业市场营销组合策略中一个极其重要的组成部分。

通过本项目的学习与实践,我们要了解影响产品定价的因素以及产品定价的一般过程,掌握为企业产品制定价格的方法,并能针对企业不同产品的具体情况制定相应的定价策略和价格调整策略。

任务一　了解定价

【任务目标】

1. 能熟练陈述营销角度价格的含义,了解企业定价的目标;
2. 能识别具体产品的定价目标;
3. 理解企业定价的依据和影响因素。

【任务方法】

1. 在课前通过互联网查询我国目前市场上几种常见手机的定价状况;
2. 以小组为单位分析不同手机厂家的定价目标及定价依据并形成分析报告;
3. 课堂学习中以分析报告作为讨论依据。

【任务分析】

影响定价的因素主要有成本、需求和竞争三个方面。产品的最高价格取决于产品的市场需求,最低价格取决于产品的成本费用,企业对产品价格制定的高低取决于企业的定价目标和竞争对手同种产品的价格水平,对于手机行业来说,产品更新快,竞争激烈,因此价格制定与调整的难度和频率会更大。

所以,对于企业而言,要准确分析其定价目标并找到合适的定价依据,就必须从熟悉企业产品入手,深入分析影响产品定价的因素,才能灵活的运用各种定价方法和策略。

【案例导入】

影响联想乐 Phone 的定价因素

联想在推出乐 Phone 时，就强调乐 Phone 在国内的销售数量上要超过 iPhone，所以，受这种“市场份额”思想的影响，结合乐 Phone 的自身配置及其他竞争者的价格，以及目标市场，品牌形象的要求，乐 Phone 裸机采用通行价格定价法，大打价格战。基于中国用户的最佳心理价位，乐 Phone 裸机定价为 2899 元。同时，由于它与中国电信和中国联通合作，运用产品组合定价法，进行捆绑销售。例如：联想和中国电信合作，推出新一代天翼乐 Phone，像素提至 500 万，并且在 3G 服务、3G 应用、渠道协同、联合营销方面实施战略合作。新一代天翼乐 Phone 集成了“爱音乐”、“天翼视讯”、“天翼 live”等中国电信 3G 业务，有相应的套餐优惠。又例如：联想集团和中国联通在北京举办主题为“精彩在沃，乐自由我”的战略合作暨乐 Phone 上市启动仪式，宣布实施包括 3G 服务、3G 应用、渠道协同、联合营销方面实施战略合作。消费者可以在联通营业厅选择“预存话费送手机”的合约计划，根据所选套餐标准，预存相应的话费，即可以优惠价格购买手机，最高可享受到“0 元购机”的优惠，消费者也可以在联通营业厅和联想店面选择“购手机入网送话费”合约计划，用户签约在网两年，即可享受双重优惠，首先以 2 499 元优惠价购买到乐 Phone，并获赠一定额度的话费。也就是说，乐 Phone 的价格在 2 500～3 000 元之间，非常符合中国用户的最佳心理价位。

案例提示：

在一般情况下，我们给商品确定价格，主要参考竞争、需求、成本状况，但在具体的价格确定过程中，其他因素也是不容忽视的，例如：本企业产品的特点、消费者心理等，否则，定出来的价格可能并不适应市场。

【理论基础】

一、价格的概念和企业定价的依据

（一）价格的概念

价格对于企业来说是最重要的市场营销要素之一。购买产品的基本标准中有产品的品质、性能、价格、服务等，但在产品的品质、性能几乎都标准化的当今经济社会里，价格便形成了决定购买产品最重要的标准之一。从卖主看来，这意味着在产品、价格、渠道、促销等市场营销组合因素中，价格已成为市场营销的关键所在。也就是说，无论价格以外的市场营销组合因素多么好，如果价格得不到购买者的认可，产品还是不能卖，至少很难卖。况且，价格在市场营销组合诸因素中，最具“变更”的灵活性。

究竟什么是价格呢？价格是产品和服务价值的货币表现。如果市场营销是在市场中通过交换来创造和实现价值的活动，产品策略是创造满足顾客需求的价值的活动，那么，价格策略就是面对市场明确表现产品和服务价值的活动。

（二）企业定价的依据

1. 产品价值是企业定价的基础

价值是价格的基础，价格是价值的货币表现。价格是随价值的变化而变化的。价值是指凝结于产品中一般的人类劳动或物化劳动。价值不能表现自己，只能通过价格来表现。价值规律的客观要求：社会必要劳动时间决定产品的价值，产品交换要按照等价原则来进行。

2. 价格围绕价值上下波动

在现实经济活动中，由于市场供求关系、竞争状况和国家经济政策等多种因素的影响，不可避免地会出现产品价格偏离价值的现象。价格围绕价值上下波动，是价值规律起作用的表现形式。

二、影响企业定价的主要因素

(一) 影响企业定价的内部因素

影响企业定价的内部因素包括：定价目标、产品成本、产品差异性和企业的销售能力。

1. 定价目标

定价目标是指企业在对其生产或经营的产品制定价格时，有意识地要求达到的目的和标准。它是指导企业进行价格决策的依据。企业的定价目标规定了其定价的水平和目的，某一个产品的定价目标最终取决于企业的经营目标。一般说来，企业定价目标越清晰，价格越容易确定。而价格的设定，又影响到利润、销售收入以及市场占有率的实现。因此，确定定价目标是制定价格的前提。

不同行业的企业，同一行业的不同企业，以及同一企业在不同时期、不同市场的条件下，都可能有不同的定价目标。企业应根据自身的性质和特点，权衡各种定价目标的利弊而加以取舍。

(1) 以获取利润为目标。

获取利润是企业从事生产经营活动的最终目标，具体可通过产品定价来实现。获取利润目标一般分为以下三种。

1) 以获取投资收益为定价目标。投资收益定价目标是指使企业实现在一定时期内能够收回投资并能获取预期的投资报酬的一种定价目标。采用这种定价目标的企业，一般是根据投资额规定的收益率，计算出单位产品的利润额，加上产品成本作为销售价格。但必须注意两个问题：第一，要确定适度的投资收益率。一般来说，投资收益率应该高于同期的银行存款利息率。但不可过高，否则消费者难以接受。第二，企业生产经营的必须是畅销产品。与竞争对手相比，产品具有明显的优势。不然，产品卖不出去，预期的投资收益也就不能实现。

2) 以获取合理利润为定价目标。合理利润定价目标是指企业为避免不必要的价格竞争，以适中、稳定的价格获得长期利润的一种定价目标。采用这种定价目标的企业，往往是为了减少风险，保护自己，或限于力量不足，只能在补偿正常情况下的平均成本的基础上，加上适度利润作为产品价格。条件是：企业必须拥有充分的后备资源，并打算长期经营。临时性的企业一般不宜采用这种定价目标。

3) 以获取最大利润为定价目标。最大利润定价目标是指企业追求在一定时期内获得最高利润额的一种定价目标。利润额最大化取决于合理价格所推动的销售规模，因而追求最大利润的定价目标并不意味着企业要制定最高单价。

最大利润有长期和短期之分，又有企业全部产品和单个产品之别。有远见的企业经营者,都着眼于追求长期利润的最大化。当然并不排除在某种特定时期及情况下,对其产品制定高价以获取短期最大利润。还有一些多品种经营的企业,经常使用组合定价策略,即有些产品的价格定得比较低,有时甚至低于成本以招徕顾客,借以带动其他产品的销售,从而使企业利润最大化。

(2) 以提高市场占有率为目标。

市场占有率是一个企业经营状况和企业产品在市场上竞争能力的直接反映,关系到企业的兴衰存亡。较高的市场占有率,可以保证企业产品的销路,巩固企业的市场地位,从而使企业稳步增长。

企业以提高市场占有率为目标定价的方法通常有两种:即定价由低到高和由高到低。定价由低到高,就是在保证产品质量和降低成本的前提下,企业入市产品的定价低于市场上主要竞争者的价格,以低价争取消费者,打开产品销路,挤占市场,从而提高企业产品的市场占有率。待占领市场后,企业再通过增加产品的某些功能,或提高产品的质量等措施来逐步提高产品的价格,旨在维持一定市场占有率的同时获取更多的利润。定价由高到低,就是企业对一些竞争尚未激烈的产品,入市时定价可高于竞争者的价格,利用消费者的求新心理,在短期内获取较高利润。待竞争激烈时,企业可适当调低价格,赢得主动,扩大销量,提高市场占有率。

(3) 以应付和防止竞争为目标。

企业对竞争者的行为都十分敏感,尤其是价格的变动情况更甚。事实上,在市场竞争日趋激烈的形势下,在定价前,都要广泛收集资料,仔细研究竞争对手的产品和价格情况,然后有意识地通过自己的定价目标去对付竞争对手。根据企业的不同条件,一般有以下四种决策可选择。

1) 实力较弱的企业,应采用与竞争者相同或略低的价格出售产品。

2) 实力较强的企业,同时又想扩大市场占有率,可采用低于竞争者的价格出售产品。

3) 实力雄厚并拥有特殊技术或产品品质优良或能为消费者提供更多服务的企业,可采用高于竞争者的价格出售产品。

4) 为了防止其他竞争者加入同类产品的竞争行列,在一定条件下,往往采用低价入市的方法,迫使弱小企业无利可图而退出市场或阻止竞争对手进入市场。

(4) 以树立和维护企业形象为目标。

良好的企业形象是企业的无形资产和宝贵财富,也是企业经过长期努力后,在消费者中具有一定声望和地位的结果。因此,企业对此不可小视。企业形象同样也体现在定价决策中。以树立和维护企业形象的定价目标,首先,要考虑价格水平能否被目标消费者群所接受,是否有利于企业整体策略的有效实施。其次,产品价格要使人感到质价相称,货真价实。从定价整体而言,应具有一定特色,或以价廉物美著称,或以价格稳定见长。还有,企业定价要依照社会和职业道德规范,不能贪图企业一时的蝇头小利而损害消费者的利益,自损信誉,自毁形象。另外,企业定价还要符合国家宏观经济发展目标,自觉遵守政策指导和法律约束。

2. 产品成本

成本核算是定价行为的基础。企业要保证生产经营活动,就必须通过市场销售收回成本,并在此基础上形成盈利。产品成本是企业制定价格时的最低界限,即所谓成本价格。低于成本出售产品，企业不可避免地要产生亏损，时间一长，企业的营销就难以为继。在市场竞争中，产品成本低的企业拥有制定价格和调整价格的主动权和较好的经济效益；反之，就会在市场竞争中处于不利地位。

3. 产品差异性

所谓产品差异性是指产品具有独特的个性，拥有竞争者不具备的特殊优点，从而与竞争者形成差异。产品差异性不仅指实体本身，而且包括产品设计、商标品牌、款式和销售服务方式的特点。拥有差异性的产品，其定价灵活性较大，可以使企业在行业中获得较高的利润。这是因为：一方面，产品差异性容易培养重视的顾客（客户），使顾客（客户）产生对品牌的偏爱而接受企业定价；另一方面，产品差异性可抗衡替代品的冲击，从而保持企业有利地位，使价格敏感性相对减弱。

4. 企业的销售能力

可以从两方面来衡量企业的销售能力对定价的影响。一方面，企业销售能力差，对中间商依赖程度大，那么企业最终价格决定权所受的约束就大；另一方面，企业独立开展促销活动的能力强，对中间商依赖程度小，那么企业对最终价格的决定所受约束就小。

（二）影响企业定价的外部因素

影响企业定价的外部因素主要包括：消费者需求、政府力量和竞争者。

1. 消费者需求

消费者需求对企业产品定价的影响可以从以下三方面反映出来：第一，需求能力（即实际支付能力）。企业的产品定价应充分考虑消费者愿意并且能够支付的价格水平下，它决定企业产品在市场中的价格上限。第二，需求强度。需求强度指消费者想获取某种商品的欲望程度。消费者对某一产品的需求强度大，则对其价格的敏感差，反之亦然。第三，需求层次。不同需求层次的消费者对同产品的需求强度不一样，因而对其价格的敏感亦有不同，一般来讲，高需求层次的消费者对价格的敏感差，反之亦然。而对于高需求层次的市场定位，则应采取高价格政策与之相适应。

2. 政府力量

在当今市场经济舞台上，政府扮演着越来越重要的角色。作为国家与消费者利益的维护者和代表者，政府力量渗透到企业市场行为的每一个角落。在企业定价方面的政府干预，表现为一系列的经济法规，如西方国家的《反托拉斯法》、《反倾销法》等等，在不同方面和不同程度上制约着企业的定价行为。这种制约具体地表现在企业的定价种类、价格水平等几个方面。因此，企业的价格政策必须遵循政府的经济法规。

3. 竞争者力量

企业的定价无疑要考虑竞争者的价格水平。在市场经济中，企业间的竞争日益激烈，竞争方式多种多样。其中最原始、最残酷的就是价格竞争，即价格大战。竞争的结果可能是整个行业平均利润率的降低。尽管如此，处于竞争优势的企业往往拥有较大的定价自由，而对于竞争劣势的企业则更多地采用追随性价格政策。所以，企业产品的定价无时不受到其竞争者定价行为的影响和约束。

小案例 5-1

波音公司定价策略的改变

1995 年小型民航飞机售价为 5 000 万美元，大型喷气式客机售价 1.75 亿美元。到了 1997 年，100 座波音 737 客机仅以 2000 万美元卖给国际租赁公司 41 架，比标价低了 38%。为什么仅仅两年时间就会出现这种变动？原因在于：

∢政府政策。美国取消了航空业的管制，航空市场竞争日趋激烈。

∢供求关系。航空运输市场竞争日趋激烈，各家航空公司都在拼命降低成本；许多航空公司推迟购买新飞机，导致市场需求下降。

∢定价目标。波音公司改变了定价目标，从“公道价”观念转变为以航空公司愿意支付的价格来提供飞机，即按“顾客愿意支付的成本”来定价。

∢产品成本。波音公司开始裁减生产和管理人员，达上万人；缩短制造周期，原来的周期为 2～3 年，现在减少了 40%，计划再减少 20%；实行飞机部件的标准化，大概能节省成本 20 亿～50 亿美元。

∢满足航空公司的需要。它们希望飞机油料利用效率更高，座椅构造更合理，降低飞机噪声。

∢购买批量。国际飞机租赁公司的购买批量大。

∢市场竞争。考虑与麦道、空中客车公司争夺客户。

任务二　掌握定价方法

【任务目标】

1. 知晓定价的基本程序；
2. 熟练陈述几种定价方法；
3. 掌握成本导向、需求导向及竞争导向定价的主要方法。

【任务方法】

1. 从理论上讲授定价方法；
2. 教师引导学生进行案例分析；
3. 根据课后提供的实例训练材料，要求学生分组完成维维豆奶价格制订方案。

【任务分析】

企业明确定价目标后，营销工作者接下来要做的就是采取合理的方法为企业定价，使之为顾客接受。作为营销工作人员，应结合企业定价的目标，以及影响企业定价的因素，为产品制定合理的价格，协助整体营销策略的顺利实施，达成顾客与企业双方满意的效果。本任务就是要通过开展相关教学活动，使学生能够运用合理的方法为企业产品制定价格。

【案例导入】

联想乐Phone的定价方法

联想乐Phone手机的价格基本上是同类配置机型定价的一半。根据乐Phone的功能及特点来看，相对于市场上的其他机型，它的性价比是很高的。联想手机的竞争策略就是低成本战略，低成本战略也称为成本领先战略，联想集团在全球建立了很多制造基地，这意味着联想不需要和代工厂分享利润，尽管这一利润比较单薄。此外，联想的出货量决定了这家公司在产品采购上的机会要多于其他公司，它能得到更多的优惠。所以联想采取低价策略有优势。在一定参数条件下，通过淘宝、京东、太平洋手机网等各大网站搜索发现，联想智能手机性价比同三星、LG等国外品牌相比具有明显的优势。以千元智能机为例，联想很多机型都能达到触屏4.0寸及以上、CPU双核IG、RAM为512M、ROM为4G、系统安卓4.0、支持WIFI、支持GPS、像素达500万、双卡双模、重力感应、光线感应、距离感应等，三星同等配置的机型价位要高。

案例提示：

需求、成本和竞争是决定产品价格的重要因素。根据这三种不同因素，定价方法也分为三种，即成本导向定价、需求导向定价和竞争导向定价法。联想乐Phone手机的价格基本上是同类配置机型定价的一半，其主要原因可能在于其有效的成本管理方式，成本要素在乐Phone手机定价的过程中起着不可忽视的作用。

【理论基础】

一、企业定价步骤

一般企业的定价程序可以分为如图5-1所示的七个步骤。

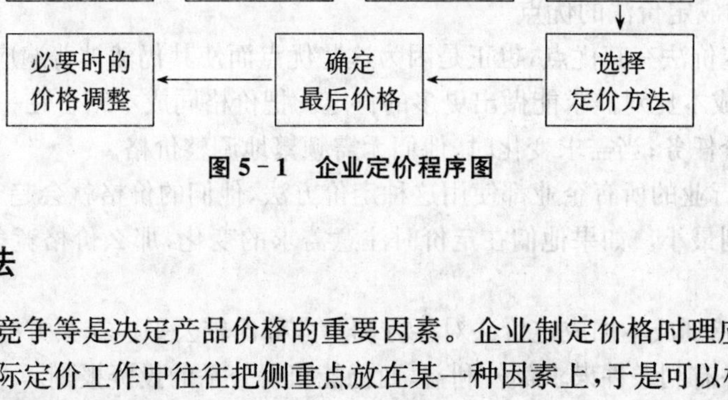

图5-1　企业定价程序图

二、定价方法

需求、成本和竞争等是决定产品价格的重要因素。企业制定价格时理应全面考虑这些因素。但是，在实际定价工作中往往把侧重点放在某一种因素上，于是可以根据三种不同因素分为三种方法，即成本导向定价、需求导向定价和竞争导向定价法。

（一）成本导向定价法

成本导向定价法，是指一种主要以成本为依据的定价方法。其特点是简便、易用。成本导向主要包括成本加成定价法、目标利润定价法。

1. 成本加成定价法

成本加成定价，是指按照单位成本加上一定百分比的加成来制定产品价格，加成即一定比率的利润。

建筑公司提出的承包工程投标价格就是通过结算总项目成本，再加上一个能获利的标准加成。律师和其他专业人员典型的定价方法也是在他们的成本上加上一个标准的加成。有些卖主告诉顾客，他们的收费将是他们的成本，加一个特定的加成。

(1) 成本加成定价法的运用

假设一家电烤箱制造商制造电烤箱各种费用和销量如下：

平均变动成本	100 元
固定成本	3 000 000 元
预计销量	50 000 个

烤箱单位成本：

单位成本＝变动成本＋固定成本/销量＝100＋3 000 000/50 000＝160 元

假设该制造商获取成本的 20%的利润，其加成价格为：

加成价格＝单位成本×(1＋期望利润率)＝160×(1＋20%)＝192 元

假设该制造商想获取销售价的 20%的利润，其加成价格为：

加成价格＝单位成本/(1－期望利润率)＝160/(1－20%)＝200 元

假设零售商按 200 元的单价从制造商购进电烤箱，并期望获取销售价的 20%的利润。按上述计算方法计算出最终零售价为 250 元/个。

(2) 成本加成定价法的注意事项

① 不同产品的加成变化较大。一般来说，季节性强的产品的加成往往较高，特殊品、周转慢的产品、储存和搬运费用高的产品以及需求弹性低的产品也需加成较高。另外，公司有时采用高加成是因为它有隐含成本或高变动成本。

② 加成与价格弹性成反比。如果某品牌的价格弹性大，其加成就应相对低些；如果某品牌的价格弹性低，其加成则应相对高些；如果价格弹性保持不变时，其加成也应保持相对稳定，以制定出最适价格。

(3) 成本加成定价法的优点

成本加成定价法有其优点，也正是因为这些优点而使其仍然被普遍应用。

① 卖方对成本比对需求能做出更多的肯定。把价格同成本结合在一起，卖方可以简化他们自己的定价任务；当需求变化时，他们无需频繁地调整价格。

② 在这个行业的所有企业都使用这种定价方法，他们的价格就会趋于相似。因而价格竞争就会减少到最小。如果他们在定价时注意需求的变化，那么价格竞争就不可能减少到最低。

③ 许多人感到成本加成定价法对买方和卖方都比较公平。在买方的需求变得急迫时，卖方不利用这一有利条件谋求额外利益，而仍能获得公平的投资报酬。

(4) 成本加成定价法的缺点

① 忽视需求和竞争状态，有可能与市场需求脱节，并难以适应竞争的变化。例如，当公司引进新产品时，经常定高价以快速回收成本。但若竞争者价格很低，则高加成策略行不

通。例如，飞利浦的电视游戏机，飞利浦希望每台电视游戏机能赚钱，而日本竞争者定价很低，日本产品很快占领了市场份额，反过来又导致生产成本实质性地下降。

② 固定成本的分摊事先很难确定，因为事先很难准确预测在该价格水平上的销售量。例如，电烤箱制造商定价为 200 元，仅销售 3 万台而非 5 万台，其固定成本分摊的比例将较高，从而使单位成本提高，其利润加成值降低。因此，成本加成定价法在达到一定销量时使用较为适宜。

2. 目标利润定价法

目标利润定价，是指根据总成本、预计销量和所确定的目标利润来决定价格。美国通用汽车公司常使用这种定价法，把汽车价格定得能使它的投资取得 15%～20%的利润。目标利润定价法还被运用于公用事业单位。它们投资大，业务具有垄断性，又和公众利益息息相关，往往受到政府部门对其价格的限制，所以只好按投资额确定一定比例的目标利润来计算收费标准。目标利润定价的步骤如下：

① 确定固定成本，这种成本与年销量无关，即不会随销量的变化而变化。

② 确定总成本，即固定成本与变动成本的总和。当销量为零时，总成本等于固定成本。

③ 确定生产能力及其未来时期的实际运行比例。

④ 确定企业目标利润率。

⑤ 用公式计算出目标利润价格。其公式为：

目标利润价格＝(总成本＋目标利润)/销量

例如，某计算器制造商制造计算器，其生产能力为 100 万台；固定成本为 6 000 万元，单位变动成本为 50 元；预期销售为生产能力的 80%，即 80 万台；生产 80 万台计算器的总成本为 1 亿元；企业期望从其投资中获取 20%的利润，即目标利润为 2 000 万元，其总收入要达到 12 000 万元。用上述公式求出目标利润价格。

目标利润价格＝(1000 000 000＋20 000 000)/800 000＝150 元

如果公司的成本和预测的销量都计算得很准确，这家制造商就能实现 20%的投资收益率。但是，销量如果达不到 80 万台怎么办？这家制造商可用盈亏平衡图或保本图来了解在其他销售水平上会发生什么情况。不论销量是多少，固定成本是 6 000 万元。在固定成本上附加上变动成本，变动成本随着销量成直线上升趋势。总收入曲线从零开始，每销售一个单位，它就直线上升。总收入曲线的斜率反映出单位价格应是 20 元。

如图 5－2 所示，总收入曲线和总成本曲线在 600 000 单位处相交，这就是盈亏平衡点，盈亏平衡销量计算公式如下：

盈亏平衡销量＝固定成本/(价格－变动成本)＝60 000 000/(150－50)＝600 000(单位)

(二) 需求导向定价法

需求导向定价法，是指首先不考虑成本，而是以市场需求强度及消费者知觉为主要依据来制定价格的一种方法。成本导向和需求导向这两种定价法，其程序完全不同，即：

成本导向的程序是：产品→成本→价格→价值→顾客。

需求导向的程序则如下：顾客→价值→价格→成本→产品。需求导向定价法分为两种：价值定价法和需求差异定价法。

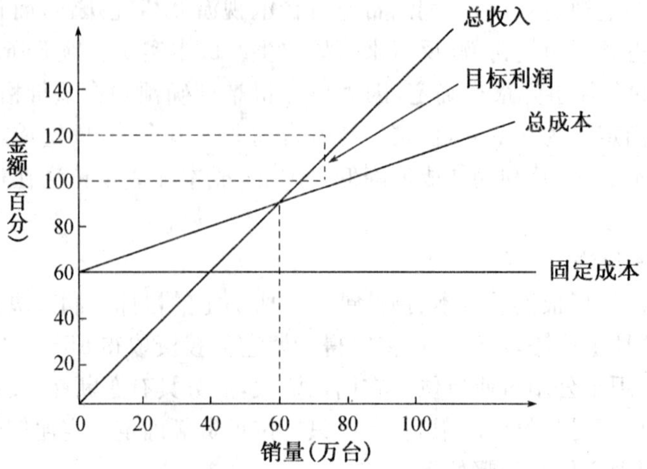

图 5-2　目标利润定价与盈亏平衡点

1. 价值定价法

价值定价法以消费者对产品价值的感受及理解程度作为定价的基本依据。它强调把买方的价值判断与卖方的成本费用相比较，定价时更应侧重考虑前者。因为消费者购买产品时总会在同类产品之间进行比较，选购那些既能满足其消费需求，又符合其支付标准的产品。消费者对产品价值的理解不同，会形成不同的价格限度。这个限度就是消费者宁愿付出货款也不愿失去这次购买机会的价格。如果价格刚好定在这一限度内，消费者就会顺利购买。

例如，美国的卡特匹勒工程机械公司就是应用理解价值定价法为其产品定价的。该公司所产的拖拉机定价 10 万美元，虽然竞争者的同类产品定价只有 9 万美元，但卡特匹勒公司的拖拉机却比竞争者具有更大的销量。为什么顾客愿意多付 1 万美元来购买该公司的产品呢？因为根据市场调查，该公司发现所产拖拉机的市场理解价值如下：

90 000 美元所产拖拉机与竞争产品质量相同所值的金额

7 000 美元更长的使用寿命所值的金额

6 000 美元更佳的可靠性所值的金额

5 000 美元提供更优良的服务所值的金额

2 000 美元更长的零件保用期所值的金额

110 000 美元该公司所产拖拉机的市场理解价值

因此，该公司所产拖拉机售价 10 万美元对买主来说不是比竞争产品贵 1 万美元，而是比应有价值便宜 1 万美元。这就是销量反而增大的原因。

由此可见，采用这种定价法，企业必须做好以下几点：

① 拉开本企业产品与市场上同类产品的差异，突出产品特色，如产品质量、包装、式样、品牌、服务等。

② 运用各种促销手段影响消费者对产品的价值观，加强消费者对产品价值的理解程度，使消费者感到购买该产品能获得更多的相对利益，从而提高其愿意支付的价格限度。

③ 通过调查研究，估计消费者对产品的价值观，确定消费者能接受的价格。

2. 需求差异定价法

需求差异定价，是指以销售对象、销售地点、销售时间等条件变化所产生的需求差异，尤其是需求强度差异作为定价的基本依据来制定价格，而不是以成本差异为基本依据。在实际生活中，不仅不同的消费者对同一产品的需求有差异，对同一产品的不同款式各有所好，即使同一消费者在不同的时间、不同的地点对同一产品的需求强度往往也是不同的，甚至有很大的差异。因此，即使产品的成本相同，企业也可以区分不同的顾客制定不同的价格；区分不同的款式制定不同的价格；区分不同的销售地点制定不同的价格；区分不同的销售时间制定不同的价格。当然，采用这种定价方法，其前提条件是市场能够根据需求强度的不同进行细分；细分后的市场在一定时期内相对独立，互不干扰；价格差异适度，不会引起消费者的反感。

(1) 因人差异定价。

同一产品和服务对不同顾客应制定不同的价格。例如，美国轮胎工业卖给汽车厂的产品价格便宜，因为需求弹性大；卖给一般用户的价格贵，因为需求弹性小。火车票有学生票和普通票之分。

(2) 因地差异定价。

同一产品和服务处在不同地理位置，应分别制定出不同的价格。如地方市场、国内市场和国际市场，其定价应有区别；同一听可乐一般店铺只卖 2.5 元～3 元，可在五星级宾馆就卖 28 元～30 元；剧院座位票价可能因前排、后排、中排、边排等有很多种价格。

(3) 因时差异定价。

产品的生产和需求都会因时间变化而变化，对同一产品在不同的时间应制定出不同的价格。例如，服装、空调等的价格会因季节不同而异；电话费、电视广告费等因时间段不同而有明显差异；公园、旅游景点的门票会因是否是节假日而截然不同；电力有高峰期和低峰期之分。

(4) 因用途差异定价。

同一产品或服务可按其不同的用途制定不同的价格。如我国电力定价就分为民用、营业用和工业用。

(5) 因量差异定价。

同一产品或服务可按其不同的量来制定不同的价格，包括两种情况：一是产品购买或消费得越多越便宜，鼓励多买多消费；二是主张节约，越多就越贵。

(三) 竞争导向定价法

竞争导向定价法，是指主要依据竞争者的价格来制定价格的一种定价法。其主要特点是：只要竞争者价格不变，即使成本或需求发生变化，价格也不变；反之，亦然。通常有两种方法：

1. 随行就市定价法

随行就市定价法，是指企业按照行业的平均现行价格水平来定价。企业的价格主要基于竞争者的价格，很少注意自己的成本或需求。企业的价格可能与它主要竞争者的价格相同，也可能高于竞争者或低于竞争者。

(1) 随行就市定价法适用场合

随行就市定价法主要适用场合：① 难以估算成本的产品定价；② 消费者和竞争者难以

对另行定价作出反应的产品定价;③ 需求价格弹性小或供求平衡的产品定价。

(2) 随行就市定价法的优点

其优点有三,一是容易与同业者和平共处;二是易于集中本行业的智慧,获得合理的效益;三是少担风险,减少经济损失。

2. 投标定价法

投标定价法,又称密封投标定价法,是指由招标者(买方)公开招标,投标者(卖方)竞争投标,密封递价,买方择优选取,到期公布中标者名单,中标企业与买方签约成交的一种定价方法。投标定价法较适合:① 集团购买者大批量采购;② 大型机械设备或成套设备的购买;③ 建筑工程、矿产资源开发等的承包,等等。

企业定价的基点与其说是依赖对企业成本或需求的密切联系,不如说是取决于预期的竞争者将制定怎样的价格。某企业想要赢得某个合同,就需要制定比其他企业较低的价格。同时,公司不能将价格定得低于成本,以致恶化它的地位。

两个相反吸引力的净作用可以用某一特定投标的期望利润加以描述,如表 5－1 所示。假设出价 9 500 美元的投标额有得到某合同的机会,中标率为 0.81,但只能产生低利润 100 美元,因而这个投标的期望是 81 美元。如果这个企业出价为 11 000 美元,它的利润将是 1 600 美元,但它得到这个合同的机会可能降低,如果降低为 0.01,期望利润将仅仅是 16 美元。一个符合逻辑的出价标准是定出一个能获取最大利润的递价。根据表 5－1,最好的出价将是 10 000 美元,因为这个出价的期望利润是 216 美元。

对经常参加投标的大企业来讲,利用期望利润作为一种出价标准来制定价格是有意义的。在竞争中给对方一些让步,从长远看,企业将取得最大的利润。只是偶然出价的企业或者需要某一具体合同的企业就不会发现利润期望利润标准对它是有利的。例如,这个出价标准不能分辨以 0.10 中标率获得 1 000 美元的利润和以 0.80 中标率获得 125 美元利润之间有什么不同。然而那些想保持继续生产的企业将宁可要第二个合同而不愿接受第一个合同。

表 5－1　不同递价对于期望利润的影响

公司递价	公司利润	递价中标率(假定)	期望利润
9 500	100	0.81	81
10 000	600	0.36	216
10 500	1 100	0.09	99
11 000	1 600	0.01	16

小案例 5－2

凯特比勒公司奇特的定价方法

凯特比勒公司是生产和销售牵引机的企业,它的计价方法十分奇特,一般牵引机的价格均在 2 万美元,然而该公司却卖 2.4 万美元,虽然一台高 4 000 美元,却卖得更多。

当顾客上门，询问为何该公司的牵引机要贵 4 000 美元时，该公司的经销人员给他算以下一笔账：

(1) 20 000 美元是与竞争者同一型号的机器价格；

(2) 3 000 美元是产品更耐用多付的价格；

(3) 2 000 美元是产品可靠性更好多付的价格；

(4) 2 000 美元是公司服务更佳多付的价格。任何地方的用户买了该公司的产品，需要换零件时，不管他在世界任何地方，保证在 48 小时内把零件送到他的手里；

(5) 1 000 美元是保修期更长多付的价格。

由此可得，28 000 美元是上述总和的应付价格。其中，4 000 美元是折扣。所以，24 000 美元是最后价格。

任务三　制定价格策略

【任务目标】

1. 理解定价策略的具体内容；
2. 熟练陈述定价策略的内容；
3. 合理运用定价策略进行营销策划。

【任务方法】

1. 教师进行理论讲解；
2. 教师提供定价策略策划的模拟技能实训情景；
3. 学生分组讨论并派代表陈述发言；
4. 每组提交一份书面的分析材料。

【任务分析】

定价策略是为实现企业定价目标在特定的经营环境下采取的定价方针和价格竞争方式。企业必须根据市场状况、产品特点、消费者心理和营销组合等因素准确选择定价策略，保持价格的适应性。本任务的完成，就是为了实现既能让学生熟练陈述定价策略的内容，又能合理地运用定价策略实施营销活动。

【案例导入】

联想乐 Phone 的定价策略

联想集团和中国联通在北京举办主题为“精彩在沃，乐自由我”的战略合作暨乐 Phone 上市启动仪式，宣布实施包括 3G 服务，3G 应用，渠道协同，联合营销方面实施战略合作。消费者可以在联通营业厅选择“预存话费送手机”的合约计划，根据所选套餐标准，预存相应的话费，即可以优惠价格购买手机，最高可享受到“0 元购机”的优惠，消费者也可以在联通营业厅和联想店面选择“购手机入网送话费”合约计划，用户签约在网两年，即可享受双重优惠，首先以 2 499 元优惠价购买到乐 Phone，并获赠一定额度的话费。

表 5－2　联想乐 Phone“预存话费送手机”24 个月合约计划

套餐月费（元、月）	66	96	126	156	186	226	286	386	586	886
手机零售价格	2 899									
补交手机差价款	2 199	1 999	1 299	1 099	0	0	0	0	0	0
预存款	700	900	1 600	1 800	2 899	2 899	2 899	2 899	2 899	2 899
分月返还金额	29	37	66	75	120	120	120	120	120	120

案例提示：

对于手机产品而言，要实施正确的定价策略，企业必须根据市场状况、产品特点、消费者心理和营销组合等因素准确选择定价策略，联想乐 Phone 在准确地分析市场和自身产品特点的基础上，所实施的价格折让策略，应该说具有较高的市场适应性。

【理论基础】

一、几种常见的定价策略

（一）价格折让策略

企业为了鼓励顾客及早付清货款、大量购买、淡季购买，还可以酌情降低其基本价格。这种价格调整叫做价格折扣和折让。价格折扣和折让有五种：

1. 现金折扣

这是企业给那些当场付清货款顾客的一种闰价。例如，顾客在 30 天必须付清货款，如果 10 天内付清货款，则给以 2%的折扣。

2. 数量折扣

这种折扣是企业给那些大量购买某种产品的顾客一种减价，以鼓励顾客购买更多的货物。因为大量购买能使企业降低生产、销售、储运、记账等环节的成本费用。例如，顾客购买某种商品 100 单位以下，每单位 10 元；购买 100 单位以上，每单位 9 元。这就是数量折扣。数量折扣可按每次购买量计算，也可按一定时间的累计购买量计算。在我国通常称为“批量差价”。

3. 功能折扣

这种价格折扣又叫贸易折扣，功能折扣是制造商给某些批发商或零售商的一种额外折扣，促使他们愿意执行某种市场营销功能（如推销、储存、服务）。

4. 季节折扣

也称季节差价。制造商为保持均衡生产、加速资金周转和节省费用，鼓励客户淡季购买。例如，雪橇制造商在春夏季给零售商以季节折扣，以鼓励零售商提前订货；旅馆、航空公司等在营业下降时给旅客以季节折扣。

5. **折让**

这是另一种类型的减价。例如，一辆小汽车标价为 4 000 元，顾客以旧车折价 500 元购买，只需付 3 500 元。这叫作以旧换新折让。如果经销商同意参加制造商的促销活动，则制造商卖给经销商的货物可以打折扣。这叫做促销折让。

（二）心理定价策略

1. **声望定价**

所谓声望定价，是指企业利用消费者仰慕名牌商品或名店的心理来制定商品的价格，故意把价格定成整数或高价。质量不易鉴别的商品的定价最适宜采用此法，因为消费者有崇尚名牌的心理，往往以价格判断质量，认为高价代表高质量。但也不能高得离谱，使消费者不能接受。有报道称，在美国市场上，手工做的鞋很受欢迎。但质量好、价格低的中国货却竞争不过质量相对差、价格却高的韩国货，其原因是由于在美国人眼里，低价就意味着低档次。现在人们提到领带，都会想到金利来；提到旅游鞋，会想到阿迪达斯、耐克、双星；而提到服装，又会想到皮尔·卡丹。这些名牌产品不仅以质优高档而闻名于世，更以其价格昂贵而引人注目。

2. **尾数定价**

定价时保留小数点后的尾数，使消费者产生价格较廉的感觉，还能使消费者留下定价认真的印象。从而使消费者对定价产生信任感。这种方法多用于需求弹性较大的中低档商品。如 9.95 元，而不是 10 元。

3. **招徕定价**

利用部分顾客求廉的心理，特意将某几种商品的价格定得较低以吸引顾客。某些商店随机推出降价商品，每天、每时都有一至两种商品降价出售，吸引顾客经常来采购廉价商品，也因此推动正常价格商品的销售。

（三）差别定价策略

所谓差别定价，就是根据交易对象、交易时间、地点等方面的不同，定出两种或多种不同价格，以适应顾客的不同需要，从而扩大销售，增加收益。但这种价格上的差异并非以成本的差别为基础。差别定价有四种形式：

1. **按不同顾客差别定价**

按不同顾客差别定价即企业按照不同的价格把同一种产品或劳务卖给不同的顾客群。例如，某汽车经销商按照价目表价格把某种型号汽车卖给顾客 A，同时按照较低价格把同一种型号汽车卖给顾客 B。这种差别定价在有些国家要受到法律限制，即限制"价格歧视"。

2. **按产品不同形式差别定价**

按产品不同形式差别定价即企业对不同型号或形式的产品分别制定不同的价格，但是，不同型号或形式产品的价格之间的差额和成本费用之间的差额并不成比例。

3. **按产品不同部位差别定价**

按产品不同部位差别定价即企业对于处在不同位置的产品或服务分别制定不同的价格，即使这产品或服务的成本费用没有任何差异。例如剧院，虽然不同座位的成本费用都一样，但是不同座位的票价有所不同，火车卧铺的上下铺票价不同等等。

4. 按不同销售时间差别定价

按不同销售时间差别定价即企业对于不同季节、不同时期甚至不同钟点的产品或服务也分别制定不同的价格，例如旅游经营者在淡季和旺季分别制定不同的价格。长途电话在不同时间收费不等。企业采取需求差别的定价必须具备以下条件：① 市场必须是可以细分的，而且各个市场部分须表现出不同的需求程度。② 以较低价格购买某种产品的顾客没有可能以较高价格把这种产品倒卖给别人。③ 竞争者没有可能在企业以较高价格销售产品的市场上以低价竞销。④ 细分市场和控制市场的成本费用不得超过因实行价格差别所得额外收入，这就是说，不能得不偿失。⑤ 价格差别不会引起顾客反感，放弃购买，影响销售。⑥ 采取的价格差别形式不能违法。

二、新产品定价策略

一般来讲，新产品定价有两种策略可供选择：

1. 撇脂定价，即高价策略

撇脂定价是指在新产品投入市场时，将其价格尽可能定高，以攫取最大利润。企业所以能这样做，是因为有些购买者主观认为某些商品具有很高的价值。从市场营销实践看，在以下条件下企业可以采取撇脂定价：① 市场有足够的购买者，他们的需求缺乏弹性，即使把价格定得很高，市场需求也不会大量减少。② 产品的质量与高价格相符；③ 竞争者在短期内不易打入该产品市场。

2. 渗透定价，即低价策略

渗透定价与撇脂策略相反，是将投入市场的新产品价格定得尽量低，使新产品迅速为顾客接受，以迅速打开和扩大市场，在价格上取得竞争优势。从市场营销实践看，企业采取渗透定价需具备以下条件：① 市场需求显得对价格较为敏感。因此，低价会刺激市场需求迅速增长；② 企业的生产成本和经营费用会随着生产经营经验的增加而下降。

三、产品组合定价策略

当产品只是某一产品组合中的一部分时，企业必须对定价方法进行调整，这时候企业要研究出一系列价格，使整个产品组合的利润实现最大化。因为各种产品之间存在需求和成本的相互联系，而且会带来不同程度的竞争，所以定价有时很困难。

1. 产品线定价

企业通常开发出来的是产品线，而不是单一产品。当企业生产的系列产品存在需求和成本的内在关联性时，为了充分发挥这种内在关联性的积极效应，企业可采用产品线定价策略。在定价时，首先确定某种产品线中的其他产品；其次，确定产品线中某种商品的最高价格，它在产品线中充当品牌质量和收回投资的角色；再者，产品线中的其他产品也分别依据其在产品线中的角色不同而制定不同的价格。例如松下公司设计出五种不同的彩色立体声摄像机，简单型的只有 4.6 磅，复杂型的有 6.3 磅。包括自动聚焦、明暗控制、双速移动目标镜头等。产品线上的摄像机依次增加新功能，来获取高价。管理部门要确定各种摄像机之间的价格差距。制定价格差距时要考虑摄像机之间的成本差额，顾客对不同特征的评价以及竞争对手的价格。如果价格差额很大，顾客就会购买价格低的摄像机。在许多行业，营销者都为产品线中的某一种产品事先确定好价格点。例如男士服装店可能经营三种价格档次的男士服装：300 元、600 元和 1 000 元。顾客会从三个价格点上联系到高、中、低三种质量水平的服装。即使这三种价格同时提高，男士们仍然会按照自己贪爱的价格点来购买服装。营销者的任务就是确立认知质量差别，来使价格差别合理化。

2. 非必需附带产品定价

许多企业在提供主要产品的同时，还会提供一些与主要产品密切相关的附带产品，如汽车用户可以订购电子开窗控制器、扫雾器和减光器等。但是，对非必需附带产品的定价却是一件棘手的事，例如，汽车公司就必须考虑把哪些附带产品计入汽车的价格中，哪些另行计价。这就需要根据市场的环境、购买者的偏好等因素认真分析。例如，有的汽车制造商只对其简单便宜的汽车做广告，以吸引人们来汽车展示厅参观，而将展示厅的大部分空间用于展示昂贵的特征齐全的汽车；而有些饭店的酒价很高，食品的价格相对较低。食品收入可以弥补食品的成本和其他的饭店成本，而酒类则可以带来利润，这就是为什么服务人员极力要求顾客买酒水的原因。有的饭店会将酒水价定得较低，而将食品价格定高，来吸引消费酒水的顾客。

3. 必需附带产品定价

必需附带产品又称连带产品，指必须与主要产品一同使用的产品。例如照相机和胶卷、计算机软件和硬件等都是不可分开的连带产品。生产主要产品（计算机和照相机）的制造商经常为产品制定较低的价格，同时对附属产品制定较高的价格。例如，柯达照相机的价格很低，原来它从销售胶卷上盈利。而那些不生产胶卷的照相机生产商为了获取同样的总利润，而不得不对照相机制定高价。但如果补充产品的定价过高，就会出现危机。例如，卡特匹勒公司对其部件和服务制定了高价格，以便在售后市场中获取高额利润。该公司设备的加成率为 30%，而部件的加成率有时会到 300%。这就给“非法仿制者”带来了机会，他们仿制这些部件，然后将他们销售给那些不老实的负责安装的技师。这些技师仍以原价计算，而不把节省的成本转让给顾客。这样，卡特匹勒公司的销售额下降了很多。卡特匹勒公司为了控制这种情况，劝说设备所有者只从被许可的经销商处购买部件，以保证设备的性能。但是，很显然，该问题是由于制造商对售后市场的产品定价过高造成的。

4. 分部定价

服务性企业经常收取一笔固定费用，再加上可变的使用费。例如，电话用户每月都要支付一笔最少的使用费，如果使用次数超过规定，还要再交费。游乐园一般先收门票，如果游玩的地方超过规定，就再交费。一般而言，固定收费部分应较低，以推动人们购买，而收益则可以从使用费中获取。

5. 副产品定价

在生产、加工肉类、石油产品和其他化工产品的过程中，经常有副产品。如果副产品价值很低，处理费用昂贵，就会影响到主产品定价。制造商确定的价格必须能够弥补副产品的处理费用。如果副产品对某一顾客群有价值，就应该按其价值定价。副产品如果能带来收入，将有助于公司在迫于竞争压力时制定较低的价格。

6. 产品群定价

为了促进销售，有时营销者不是销售单一产品，而是将相关联的产品组成一个群体，一并销售。例如，化妆品、计算机、假期旅游公司为顾客提供的一系列活动方案。这一组产品的价格低于单独购买其中产品的费用总和。因为顾客可能并不打算购买其中所有的产品，所以这一组合的价格必须有较大的降幅，来推动顾客购买。假设一家医疗设备公司免费提供送货上门和培训服务。某一顾客要求免去送货和培训服务，以获取较低的价格。有时，顾客要求将产品系列拆开。在这种情况下，如果企业节约的成本大于向顾客提供其所需商品的价格损失，则公司的利润会上升。例如，供应商不提供送货上门可节省100美元，这时向顾客提供的价格减少80美元，则他的利润就增加20美元。

四、地区定价策略

地区定价策略，是根据买卖双方地理位置的差异，考虑双方分担运输、装卸、仓储、保险等费用而分别制定不同价格的策略。主要有以下几种形式。

1. 产地交货价格

产地交货价格是卖方按出厂价格交货或将货物送到买方指定的某种运输工具上交货的价格。在国际贸易术语中，这种价格称为离岸价格或船上交货价格。交货后的产品所有权归买方所有，运输过程中的一切费用和保险费均由买方承担。产地交货价格对卖方来说较为便利，费用最少，风险最小，但对扩大销售有一定影响。

2. 目的地交货价格

目的地交货价格，是由卖方承担从产地到目的地的运费及保险费的价格。在国际贸易术语中，这种价格称为到岸价格或成本加运费和保险费价格。还可分为目的地船上交货价格、目的地码头交货价格以及买方指定地点交货价格。目的地交货价格由出厂价格加上产地至目的地的手续费、运费和保险费等构成，虽然手续较繁琐，卖方承担的费用和风险较大，但有利于扩大产品销售，提高市场占有率。

3. 统一交货价格

统一交货价格，也称送货制价格，即卖方将产品送到买方所在地，不分路途远近，统一制定同样的价格。这种价格类似于到岸价格，其运费按平均运输成本核算，这样，可减轻较远地区顾客的价格负担，使买方认为运送产品是一项免费的附加广告价，易于管理。该策略适用于体积小、重量轻、运费低或运费占成本比例较小的产品。

4. 分区运送价格

分区运送价格，也称区域价格，指卖方根据顾客所在地区距离的远近，将产品覆盖的整个市场分成若干个区域，在每个区域内实行统一价格。这种价格介于产地交货价格和统一交货价格之间。实行这种办法，处于同一价格区域内的顾客，就得不到来自卖方的价格优惠；而处于两个价格区域交界地的顾客之间就得承受不同的价格负担。

5. 运费津贴价格

运费津贴价格，是指为弥补产地交货价格策略的不足，减轻买方的运输费、保险费等负担，由卖方补贴其部分或全部运费。该策略有利于减轻偏远地区顾客的运费负担，使企业保持市场占有率，并不断开拓新市场。

小案例5-3

“天天平价”沃尔玛

世界最大的零售商沃尔玛在全球拥有4 000多家连锁店，员工总数达100多万人，其中国际员工25万多人,其在零售业辉煌的业绩有目共睹。1996年,沃尔玛在深圳开设第一家购物广场和山姆会员店,引起当地业界一片震动,“狼来了”的呼声不绝于耳。当时有十几家企业联手,希望政府干预。是什么造就了沃尔玛如此大的威力,能够让竞争者谈其色变?

沃尔玛能够迅速发展,除了正确的战略定位以外,也得益于其首创的“天天平价”策略。每家沃尔玛商店都贴有“天天平价”的大标语。同一种商品在沃尔玛的售价比其他商店要便宜。在沃尔玛里,我们很少见到2.99元或者5.95元等接近整数的标价,更多看到的是诸如2.73元或5.22元的价格牌。沃尔玛提倡的是低成本、低费用结构、低价格的经营思想,主张把更多的利益让给消费者,“为顾客节省每一美元”是他们的目标。沃尔玛的利润率通常在30%左右,而其他零售商的利润率都在45%左右。沃尔玛公司每星期六早上举行经理人员会议,如果有分店报告某商品价格在其他商店比沃尔玛低,可立即决定降价。沃尔玛之所以能够始终保持“天天平价”的低价策略,是因为其采取了一系列的措施来尽可能地降低自己的成本。

采购本土化。“采购中国”是沃尔玛中国发展战略的一部分。沃尔玛商店销售的95%商品都是“中国造”,这样,既节约成本,又适应当地顾客的消费习惯。本土化采购还能促进与当地政府、商界的关系,可谓一举多得。2000年,沃尔玛在中国直接采购和通过供应商间接采购的中国产品总额,超过了任何一家外贸出口企业的业绩。如果按照每个工业职工年均产品销售收入10万人民币计算,沃尔玛公司的采购额相当于解决了我国80多万人的就业问题。

尽可能降低产品的进价。在阿肯色州本特维拉市沃尔玛的总部,各个部门的采购人员每天都在与供货商口干舌燥地谈判,艰难地砍价。有时换来的结果只是比竞争对手的定价少了几分钱。但对消费者来说,每一分钱的差价决定了消费者是在沃尔玛购物而不是到其他商店购物。

降低营业成本。沃尔玛明文规定,职员因公外出时,需两人住一间汽车游客旅馆;而商店里诸如照明设施、空调设备等出于节约能源和降低成本的考虑,也实行统一管理。大型削减成本的措施和上百条削减成本的小技巧相辅相成,使得沃尔玛的经营成本大大低于其他同行业竞争者。

运用先进的信息技术。沃尔玛的信息系统是最先进的,其主要特点是:投入大、功能全、速度快、智能化和全球联网。沃尔玛在信息技术方面的投资不遗余力,公司专门负责软件设计的工程师就有2000多名。沃尔玛投资4亿美元由美国休斯公司发射了一颗商用卫星,实现了全球联网。目前,沃尔玛中国公司与美国总部之间的联系都是通过卫星来传送的。先进的信息技术使得沃尔玛拥有先进的存货管理系统、物流配送系统、决策支持系统、管理报告工具以及扫描销售点记录系统等,从而大大降低了沃尔玛的运营成本。

任务四　选择合适的价格调整方式

【任务目标】

1. 熟悉价格调整方式；
2. 学会正确使用价格调整手段；
3. 能预测价格变动后顾客、竞争者的反应，提前做好应对准备。

【任务方法】

1. 教师引导学生熟悉价格调整理论；
2. 教师提供生产情景；
3. 学生分组讨论价格调整方案；
4. 每组形式一份书面价格调整方案。

【任务分析】

前面任务中所讲的通过定价方法和策略形成的产品价格是依据成本、需求、竞争等因素得出的基础价格，但在市场经济条件下，随着企业的增加和竞争的加剧，现实中的产品市场往往是处于动态变化中的，为了适应这种市场的变化，在市场营销中，企业还需依据市场变化修正或调整产品的基础价格，从而扩大销售、增加收益、应对竞争。本任务的学习，就是要求学生在了解价格调整方式的基础上，能灵活的使用价格调整手段并能预测价格变动后顾客、竞争者的反应，提前做好应对准备。

【案例导入】

联想乐 Phone 的价格趋势

市场上几种手机的价格变化趋势：NOKIA：上市贵，降价快；HTC：上市贵，降价慢，若货源少时有升价；SUMSUNG：上市便宜，降价速度一般；MOTO：上市贵，降价快；BLACKBERRY：价格坚挺，较贵；APPLE：价格昂贵，降价慢，较为保值；Sony Erdison：低端机降价慢，高端机降价快。

从乐 Phone2010 年 5 月上市以来，价格基本上没有什么下降，现在网上最低价格为 1980 元，基本市场上的价格还是维持在 2500 元左右的比较多，况且，乐 Phone 的生产成本相对于售价而言也限制了它不会在上市之后短时间内降价很多，所以到目前为止，乐 Phone 是没有怎么降价的，现在市场上的降价更多的是促销的一种手段，而不是乐 Phone 的减值。

案例提示：

企业产品的基础价格由成本、需求、竞争决定，但在具体的市场营销过程中，产品的销售价格可能还要根据市场的变化不断修正与调整。

【理论基础】

一、价格变动的形式

由于市场形势和营销环境不断变化，企业常常面临价格变动的问题。有时候需要主动降价或提价，而对竞争者的价格变动又要做出适当的反应。

（一）降低价格

在现代市场经济条件下，产品降价的主要原因有：① 企业生产能力过剩，因而需要扩大销售，但又无法通过产品改进和加强销售工作来达到。在这种情况下，企业就须考虑降价。② 在强大竞争者的压力之下，产品的市场占有率下降。例如，美国的汽车、消费者用的电子产品、照相机、钟表等行业，由于日本竞争者的产品质量较高，价格较低，已经丧失了一些市场阵地。在这种情况下，美国一些公司不得不削价竞销。③ 企业的成本费用比竞争者低，企业通过降价来掌握市场或提高市场占有率，从而扩大生产和销售量，降低成本费用。在这种情况下，企业也往往主动降价。

（二）提高价格

虽然提价会引起消费者、经销商和企业推销人员的不满，但是一个成功的提价措施可以使企业的利润大大增加。引起企业提价的主要原因有：① 由于通货膨胀，物价上涨，企业的成本费用提高，因此许多企业不得不提高产品价格。② 企业的产品供不应求，不能满足其所有顾客的需要。在这种情况下，企业就必须提价。提价方式包括：取消价格折扣，在产品大类中增加价格较高的项目。为了减少顾客不满，企业提价时应向顾客说明提价的原因，并帮助顾客寻找节约途径。

二、顾客对价格变动的反应

企业对产品的提价或降价，都必然影响购买者、竞争者、经销商和供应商。这里首先分析购买者对企业变价的反应。顾客对于企业的某种产品的降价可能会这样理解：① 这种产品的式样老了，将被新型产品所代替；② 这种产品有某些缺点，销售不畅；③ 企业财务困难，难继续经营下去；④ 价格还要进一步下跌；⑤ 这种产品的质量下降了。降价本应带来销售增加，但在上述情况下往往是适得其反。

企业提价通常会影响销售，但是购买者对企业的某种产品提价也可能会这样理解；① 这种产品很畅销，不赶快买就买不到了；② 这种产品很有价值；③ 卖主想尽量取得更多利润。一般地说，购买者对于价值高低不同的产品价格的反应有所不同。购买者对于那些价值高、经常购买的产品价格的反应有所不同。购买者对于那些价值高、经常购买的产品的价格变动较敏感，而对于那些价值低、不经常购买的小商品，即使单位价格较高，购买者也不大注意。此外，购买者虽然关心产品价格变动，但是通常更为关心取得、使用和维修产品的总费用。因此，如果卖主能使顾客相信某种产品取得、使用和维修的总费用较低，那么，也就可以把这种产品的价格定得比竞争者高，取得较多的利润。

三、竞争者对价格变动的反应

企业在对竞争者价格变动做出适当反应之前，须调查研究和考虑以下问题：① 为什么竞争者变价？② 竞争者打算暂时变价还是永久变价？③ 如果对竞争者的变价置之不理，将对企业的市场占有率和利润有何影响？其他企业是否会做出反应？④ 竞争者和其他企业对于本企业的每一个可能的反应又会有什么反应？

在现代市场经济条件下，市场领导者往往遭到一些较小的企业进攻。这些较小企业的产品比得上市场领导者的产品，它们往往通过“侵略性的降价”和市场领先者争夺市场阵地，提高市场占有率。在这种情况下，市场领导者有以下几种选择：

1. 维持价格。因为市场领先者认为：如果降价就会使利润减少过多；保持价格不变，市场占有率不会下降太多；以后能恢复市场阵地。

2. 保持价格不变，同时改进产品、服务、沟通等，运用非价格手段来反攻。采取这种战略比削价和低价经营更合算。

3. 降价市场。领先者之所以采取这种战略，那是因为他认为：第一，降价可以使销售量和产量增加，从而使成本费用下降；第二，市场对价格很敏感，降价就会使市场利润率下降；第三，市场占有率下降，以后就难恢复。但是企业降价后，应当尽力保持产品质量和服务水平，而不应降低产品质量和服务水平。

4. 提价，同时推出某些新品牌，以围攻竞争对手的品牌。受到竞争对手进攻的企业必须考虑：产品在其生命周期中所处的阶段；它在企业产品投资组合中的重要性；竞争者的意图和资源；市场对价格和价值的敏感性；成本费用随销售量和产量的变化的情况。

在变动价格时，花很多时间分析企业的选择是不可能的。竞争者可能花了大量时间来准备变价，而企业可能必须在数小时或几天内明确果断地做出适当的反应。缩短价格反应决策时间的唯一途径是：预计竞争者的可能价格变动，并预先准备适当的对策。一些西方企业为了对付竞争者降价，通常拟定一个反应程序，按此程度可及时做出反应，避免临时仓皇失措。

小案例 5－4

英特尔公司的定价策略

一个分析师曾这样形容英特尔公司的定价政策：“这个集成电路巨人每12个月就要推出一种新的、具有更高盈利的微处理器，并把旧的微处理器的价格定在更低的价位上以满足需求。”当英特尔公司推出一种新的计算机集成电路时，它的定价是1 000美元，这个价格使它刚好能占有市场的一定份额。这些新的集成电路能够增加高能级个人电脑和服务器的性能。如果顾客等不及，他们就会在价格较高时去购买。随着销售额的下降及竞争对手推出相似的集成电路对其构成威胁时，英特尔公司就会降低其产品的价格来吸引下一层次对价格敏感的顾客。最终价格跌落到最低水平，每个集成电路仅售200美元多一点，使该集成电路成为一个热心大众市场的处理器。通过这种方式，英特尔公司从各个不同的市场中获取了最大量的收入。

项目小结

价格是现代市场营销中的重要策略。应综合考虑市场、消费者、竞争对手、产品成本等诸多因素加以确定。

在为产品考虑定价时，公司首先要认真确定自己的市场营销目标，目标越明确，定价越明晰。市场营销目标可以是为了生存，为了实现当期利润最大化，为了市场份额最大化，或为了产品质量领先地位等。在制定具体价格时，公司应选择一种定价方法：主要有成本加成定价法、目标定价法、认知价值定价法、随行就市定价法和密封投标定价法。公司选定最后价格时，应与其他营销组合要素配合使用，检查其是否与公司的定价政策相一致，确保分销商和经销商、公司销售人员、供应商和政府能接受该价格。

公司要根据市场条件的变化来调整价格。第一种是新产品定价，可以采取撇脂定价和渗透定价二种方式；第二种是价格折扣和折让，公司可提供现金折扣、数量折扣、功能折扣、季节折扣和折让；第三种是差别定价，公司针对不同的顾客细分市场、产品类型、品牌形象、地址和时间来制定不同的价格；第四种是产品组合定价，公司可为一种产品大类中的几种确定价格范围，也可为选择品、补充品、副产品和产品群定价；第五种是心理定价。整数、尾数、奇数、偶数的运用都成为价格影响消费者心理的有效定价技巧。

当公司考虑改变价格时，必须认真分析顾客和竞争对手的反应。当竞争对手发动变价时，公司必须尽力理解对手的意图以及变价延续的可能时间。如果必须做出迅速反应，公司就应事先计划好对付竞争对手各种可能的变价的反应。

项目检测

1. 名词识记

成本导向定价	撇脂定价	招徕定价
认知价值定价法	集团定价法	竞争导向定价

2. 单项选择题

1）下列哪一项是市场营销组织中唯一能产生收入的因素（　　）。

A. 产品　　B. 渠道　　C. 价格　　D. 促销

2）企业提高价格的原因是（　　）。

A. 企业生产能力过剩　　B. 成本膨胀

C. 企业市场占有率下降　　D. 库存积压

3）企业的产品供不应求，不能满足所有顾客的需要。在这种情况下，企业就必须（　　）。

A. 降价　　B. 提价

C. 维持价格不变　　D. 降低产品质量

4）企业因竞争对手率先降价而做出跟随竞争对手相应降价的策略主要适用于（　　）市场。

A. 寡头　　B. 差别产品　　C. 完全竞争　　D. 同质产品

5）成本加成定价是在下列哪一项的基础上加一定百分比来制定产品的销售价格（　　）。

A. 边际成本　　B. 边际可变成本
C. 平均成本　　D. 单位成本

6）在（　　）市场结构中，卖主和买主只能是价格的接受者。

A. 垄断竞争　　B. 寡头垄断　　C. 完全竞争　　D. 纯粹垄断

7）在企业定价方法中，差别定价法属于（　　）。

A. 成本导向定价　　B. 需求导向定价
C. 竞争导向定价　　D. 市场导向定价

8）（　　）是指企业的定价低于利润最大化的价格，以达到限制其他企业进入的目的，是垄断和寡头垄断企业经常采用的一种定价方法。

A. 投标竞争定价法　　B. 随行就市定价法
C. 限制进入定价法　　D. 差别定价法

9）企业很难准确估算产品成本，而流行价格水准是同行共同采用的，此时企业应采用的定价方法是（　　）。

A. 成本导向定价法　　B. 需求导向定价法
C. 随行就市定价法　　D. 投标定价法

10）某服装店售货员把相同的服装以800元卖给顾客A，以600元卖给顾客B，该服装店的定价属于（　　）。

A. 顾客差别定价　　B. 产品形式差别定价
C. 产品部位差别定价　　D. 销售时间差别定价

11）按照单位成本加上一定百分比的加成来制定产品销售价格的定价方法称之为（　　）定价法。

A. 成本加成　　B. 目标　　C. 认知价值　　D. 诊断

12）体育馆对于不同座位制定不同的票价，采用的是（　　）策略。

A. 产品形式差别定价　　B. 产品部位差别定价
C. 顾客差别定价　　D. 销售时间差别定价

13）（　　）是制造商给某些批发商或零售商的一种额外折扣，促使他们愿意执行某种市场营销职能（如推销、储存、服务）。

A. 现金折扣　　B. 数量折扣　　C. 职能折扣　　D. 季节折扣

14）（　　）是指企业对按预定日期付款或现金购买的顾客的一种折扣。

A. 现金折扣　　B. 数量折扣　　C. 功能折扣　　D. 季节性折扣

15）（　　）是指企业以高价将新产品投入市场，以便在产品市场生命周期的开始阶段取得较大利润，尽快收回成本，然后再逐渐降低价格的策略。

A. 渗透定价　　B. 取脂定价　　C. 心理定价　　D. 声望定价

16）（　　）是指对那些有较高声誉的名牌高档商品或在名店销售的是商品制定较高的价格，以满足消费者求名和炫耀的心理。

A. 声望定价　　B. 招徕定价　　C. 尾数定价　　D. 心理定价

17）为鼓励顾客购买更多物品，企业给那些大量购买产品的顾客的一种减价称为

(　　)。

A. 功能折扣　B. 数量折扣　C. 季节折扣　D. 现金折扣

18) 如果企业按 FOB 价出售产品，那么产品从产地到目的地发生的一切短损都将由(　　)承担。

A. 企业　B. 顾客　C. 承运人　D. 保险公司

19) 在订货合同中不明确价格，而是在产品制成以后或者交货时才进行定价的方法是对付(　　)的一种价格策略。

A. 通货膨胀　B. 经济紧缩　C. 经济疲软　D. 经济制裁

20) 在产品系列定价中，企业出售一组产品的价格应(　　)单独购买其中每一产品的费用总和。

A. 高于　B. 等于　C. 低于　D. 不低于

21) 招徕定价指(　　)利用部分顾客求廉的心理，特意将某几种商品的价格定得较低以吸引顾客。

A. 生产者　B. 竞争者　C. 批发商　D. 零售商

22) 在强大竞争者的压力之下，企业的市场占有率(　　)，在这种情况下，企业就需考虑降价。

A. 下降　B. 上升　C. 波动　D. 不变

3. 多项选择题

1) 影响企业定价的主要因素有(　　)等。

A. 定价目标　B. 产品成本
C. 市场需求　D. 经营者意志
E. 竞争者的产品和价格

2) 企业定价目标主要有(　　)等。

A. 维持生存　B. 当期利润最大化
C. 市场占有率最大化　D. 产品质量最优化
E. 成本最小化

3) 企业为产品扩大市场份额，可采用(　　)等营销策略。

A. 价格不变，提高产量　B. 价格不变，提高质量
C. 质量不变，降低价格　D. 价格提高，质量提高
E. 价格降低，质量降低

4) 地区定价的形式有(　　)等。

A. FOB 原产地定价　B. 分区定价
C. 补充产品定价　D. 基点定价
E. 运费免收定价

5) 价格折扣主要有(　　)等类型。

A. 现金折扣　B. 数量折扣
C. 功能折扣　D. 季节折扣
E. 价格折让

6) 引起企业提价主要有(　　)等原因。

A. 通货膨胀,物价上涨
B. 企业市场占有率下降
C. 产品供不应求
D. 企业成本费用比竞争者低
E. 产品生产能力过剩

7) 心理定价的策略主要有(　　)。

A. 声望定价
B. 分区定价
C. 尾数定价
D. 基点定价
E. 招徕定价

8) 产品组合定价策略主要有(　　)。

A. 统一交货定价
B. 选择品定价
C. 产品大类定价
D. 分部定价
E. 副产品定价

9) 市场领导者在遭到其他企业的进攻后,有(　　)策略可供选择。

A. 提高产品质量
B. 提价
C. 维持价格不变
D. 降价
E. 降低服务水平

10) 一般说来,顾客对于企业提价可能会这样理解(　　)。

A. 产品有某些缺点,销售不畅
B. 价格会进一步下跌
C. 卖主想尽量取得更多利润
D. 产品很有价值
E. 产品很畅销,不赶快买就买不到了

4. 判断题

1) 企业对价格的承受程度,就是企业所能定出的最高价格。(　　)

2) 从总体上看,只要价格的下降没有导致总利润的减少,则此价格即被认为是顾客所能接受的。(　　)

3) 按顾客的接受程度来定价,也就是制定一个能使企业得到最大利润的价格。(　　)

4) 企业对价格的承受程度,从短期看是指企业产品单位可变成本,从长期看,其价格的极限应是产品的单位总成本。(　　)

5) 把新产品推向市场时,利用消费者的求新心理,订一个高价,取得一部分高额利润,然后再把价格降下来,以适应大众的需求水平,这就是取脂定价策略。(　　)

5. 填空

1) 企业的定价导向可以划分为三大基本类型,即________、________和________。

2) ________定价法是指在新产品上市初期,将新产品价格定得较高,以便在较短的时间内获取丰厚利润,尽快收回投资,减少投资风险。

3) ________是为了鼓励顾客尽早付款,加速资金周转,降低销售费用,减少企业风险,而给购买者的一种价格折扣。

4) ________定价策略是指根据消费者的求名心理,企业有意将名牌产品的价格制定得比市场中同类商品的价格高。

5) 价格调整策略主要有________、________两种。

知识巩固

1. 生产经营企业定价的影响因素主要有哪些?
2. 企业定价目标有哪些?
3. 心理定价策略有哪些?
4. 简述竞争者对企业调价的反应。
5. 提价的技巧有哪些?
6. 新产品定价包括几种定价方法?

实例训练

维维豆奶定价方案的设计

以下是维维豆奶财务部门提供的成本信息,维维豆奶的成本构成如下:

1. 厂部生产线提供上海地区30%的生产能力,可提供1 667万盒(250 ml/盒)。

2. 所分摊的固定费用为:(1) 月折旧费20万元;年折旧费240万元;(2) 月管理费用13.33万元;年管理费用159.96万元。

3. 单位产品的变动费用为:(按目前市场价格计算)(1) 豆浆、牛奶配方原料:1 000 ml为0.40元;(2) 辅料费用:1 000 ml为0.24元;(3) 包装费用:每盒0.10元;(4) 人工费用:每盒0.10元;(5) 储运费用:每盒0.07元;(6) 销售费用:每盒0.08元;(7) 考虑税金:每盒0.06元。

4. 经预测2003年市场需求为1 400万盒,总公司要求上海地区的"维维利乐包豆奶"净利润目标为150万。企业成本加成率是20%,商业加成率上33%。

以下是维维豆奶市场部提供的竞争产品的市场价格情况,如表5-3所示:

表5-3　维维豆奶竞争产品市场价格表

品牌	品种	容量	市场零售价
维他奶	维他奶	100 ml	0.80元
维他奶	维他命奶	250 ml	1.30元
维他奶	麦精朱古力	250 ml	1.30元
正广和	都市奶	250 ml	1.50元
杨协成	豆奶	250 ml	2.00元
上海光明	巧克力牛奶	200 ml	2.00元
上海光明	纯鲜牛奶	200 ml	2.00元
上海光明	纯鲜牛奶	250 ml	2.30元

问题

根据上述财务、市场有关资料,对"维维"利乐包豆奶设计以下定价方案。

1. “目标利润”价格方案
2. “应对竞争”价格方案
3. “维持生存”价格方案

综合实训

联想手机价格策略分析

实训时间:180 分钟

实训场地:网络机房,电脑接入国际互联网,可以使用国内外主要搜索引擎,浏览网页。

实训目标:通过查阅联想手机有关定价策略与定价方法的相关资料,让学生学会分析影响企业产品定价的因素。在熟练掌握定价方法的基础上,能够结合产品特点和当时的市场环境因素,选择合适的定价策略,制定具体的定价方案。以培养学生的分析能力和判断能力,训练学生立足产品特点,选择合适营销策略和制订营销方案的能力,并学会撰写价格策略分析报告。

实训内容:通过互联网查阅相关资料,分析联想手机定价策略,并完成价格策略分析报告。

实训步骤:

1. 了解实训目的和要求。
2. 熟悉定价方法和定价策略的相关理论知识。
3. 每组进行明确分工并将分工情况汇报到老师处。
4. 选择联想手机作为研究对象,通过互联网查阅它的最新资料,掌握联想手机定价的具体信息。
5. 整理、分析联想手机定价的各类资料,分析联想手机的特点及竞争产品市场定价情况。
6. 各小组派代表上台做初步分析汇报。
7. 学生完成书面的联想手机价格策略分析报告,可课后完成上交。

评分标准

考核项目	比重	考核标准
表一	10%	分工合理,每个人的工作都进行了准确地说明,确保每一名成员在规定的时间内完成了实训内容
表二	10%	表格全部完成,影响手机定价的因素分析结果准确
表三	10%	表格全部完成,分析结果精准
初步分析汇报	30%	内容完整,条理清楚,举止得体,吐词清晰
定价策略分析报告	40%	熟悉方案的整体内容,表达清楚流利,充分体现团队的合作性

实训成果

一、完成下列表格

表一　小组成员分工表

序号	成员	角色	任务
1			
2			
3			
……			

表二　影响产品定价的主要因素

主要因素	影响产品定价的因素
定价目标	
产品成本	
产品差异性	
企业的 销售能力	
消费者需求	
政府力量	
竞争者力量	

二、形成联想手机定价策略分析报告

三、形成演示报告

项目六　渠道策略

工作描述

市场营销的真谛是要以顾客能接受的价格，在其需要的时候、需要的地点提供其需要数量的所需产品和服务。那么，如何使顾客能在需要的时候、需要的地点轻而易举地获得其产品和劳务呢？这就是渠道策略要研究并解决的问题。

通过本项目的学习与实践掌握对分销渠道中的各类成员进行分析、研究的方法，并能科学地进行分销渠道的决策，以帮助企业加快产品流转，提高流通效率，降低流通费用，取得整体市场营销上的成功。

任务一　认识分销渠道

【任务目标】

1. 掌握分销渠道的含义；
2. 理解分销渠道的职能；
3. 掌握分销渠道的类型。

【任务方法】

1. 以小组为单位进行讨论，分销渠道对企业各流程的影响体现在哪些方面，并安排一位同学做好记录；
2. 选择一家企业，然后运用所学知识与方法讨论该企业分销渠道的类型。

【任务分析】

分销渠道是指某种产品或服务从生产者向消费者移动时取得这种产品和服务所有权或帮助转移其所有权的所有企业和个人。它主要包括代理商、批发商、零售商等中间商以及处于渠道起点的生产者和终点的消费者。各种社会产品不同的供求关系导致了不同类型的销售环节和通道的组合，这种参与市场营销活动的产、供、销各方所形成的颇具复杂性的矛盾决定了销售渠道模式的多样化。

【案例导入】

联想手机分销渠道类型的改变

联想手机在2008年1月18日出售之前，依赖的是一种人海战术，通过大量地在终端设立驻店员工来进行客户销售，规模最大的时候，曾达到上万人。从营销费用中支付这样一大笔人力成本，对管理造成了很大压力，刚性成本下不来，再加上销售业绩下滑，联想手机业务自然会出现问题。弘毅接手之后，通过减少大量的驻店人员降低成本、并提高工作效率。到目前为止全国的驻店销售只有2 000多人，而且主要集中在核心的大型连锁卖场。在其他地方，联想移动主要交给当地的代理商去经营管理，这样就把一部分管理成本转移给了渠道商，让他们根据自己的经营状况来决定招聘销售的人数。而联想移动则专注做好产品、市场，只兼顾小部分品牌管理。把终端交给合作伙伴，让彼此拥有更多共同利益，在为自己创造更广阔发展空间的同时，也形成真正的共赢。这也符合手机作为消费类电子产品的特点，手机是面向大众消费者的产品，所以分销渠道的层次就比较多。

案例提示：

渠道建设是营销的重要组成，良好的渠道网络是营销策划及实施的有力保障。在以上情境中联想选择多层次的分销渠道正是考虑了产品的特点和企业的营销目标，对企业而言不管选择何种渠道类型都要以满足市场需求，适应市场竞争和提高分销的效率为前提。

【理论基础】

一、分销渠道的含义

分销渠道是指产品在其所有权转移过程中，由生产者手中到达消费者手中所经过的途径和环节。在现代市场条件下，生产企业生产的产品，不是为了自己的消费，而是为了满足市场的需要；而且，大部分企业并不直接向最终用户和消费者销售产品，而是借助于一系列的中间商转卖。从生产者到最终消费者，任何一组相关联的市场营销机构都叫做一条分销渠道。分销渠道是由直接卷入商品流通过程的各种类型的机构组成的，包括制造商、代理商、批发商、零售商及其他买主和卖主，他们都可称之为“渠道成员”。一种商品的分销渠道的起点是该商品的生产者，终点是该商品的消费者或用户。

二、分销渠道的职能

在社会大规模复杂化的今天，必然出现各种经济上的不一致现象，在生产和消费之间，在产品、服务和其使用者之间，会出现时间、数量、地点和持有权等的缺口。分销渠道将承担起除去、调整经济上不一致现象和弥补各种缺口的重要职能。

1. 收集、提供信息

分销渠道构成成员的中间商或者直接接触市场和消费者，或者处在离其更近之处，最能了解市场的动向和消费者实际状况。这些信息都是企业产品开发、促销等创造需求和经营全盘必不可缺的。在信息化社会，由渠道系统承担的这一职能越来越重要。尤其对那些信息收集能力较弱的生产企业来说，流通业者提供的信息便成为经营的耳目。

2. 刺激需求，开拓市场

市场营销的本质在于创造需求。分销渠道系统通过其分销行为和各种促销活动来创造需求，扩展市场。分销渠道所采用的促销手段与制造商是相同的，主要包括人员推销、广告、营业推广、公共关系等。分销渠道协助、配合制造商或者独自开展促销活动。

3. **减少交易次数**

中间商存在的理论根据之一就是在分销过程中介入中间商可以减少卖方和买方之间的交易次数。例如:以安全胡须刀而闻名的吉列公司通过约 4 000 家批发商向 50 万家零售商,再由 50 万家零售商向 1 亿消费者出售其产品。由于其中间商的存在,大大减少了吉列公司的交易次数,也降低了成本和节约了时间。

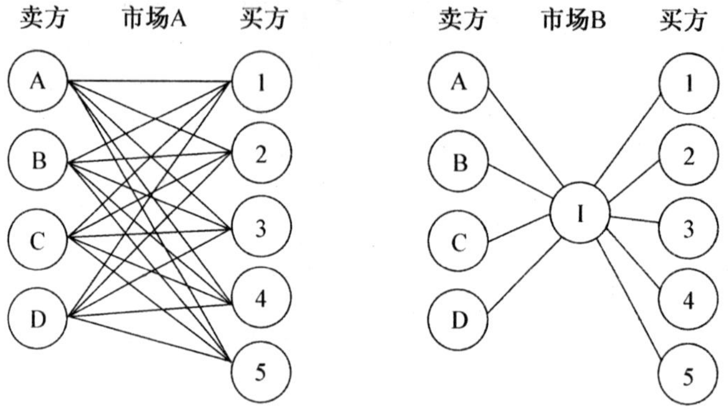

图 6-1 中间商的交易次数减少职能

从上图可以看出,市场 A 卖方和买方直接交易,其次数为 20 次,而在市场 B 介入中间商 I,一共只需 9 次便可完成交易。

4. **调整**

分销渠道所进行的调整活动主要包括集中、选择、标准、规格化、编配分装、备齐产品等。这些职能可以调整生产者和消费者之间的各种利害关系,使产品得以顺利流通。

(1) 集中产品。从众多的生产者中把产品集中起来,尤其是中小规模生产者的产品和农产品都是通过中间商集中起来后再统一向市场提供。这样,既可实现大量交易又能节约运输费用等。

(2) 编配分装。集中或大量生产的产品在接近消费者或用户的过程中,为了方便批发、零售和消费以及适合目标市场的需要必须将其小批量化,要按一定的标准、规格进行分类、编配和分装。

(3) 扩散。产品集中起来通过编配分装后尽可能通过较多的途径销售出去,使其最终实现消费。

(4) 备齐产品,满足目标市场的需求。备齐并提供目标市场所需的各类产品。通常这是由距最终消费者和使用者最近的零售商和批发商来承担。其中尤为重要的是百货商店和专卖店等商场。这种职能存在的决定性意义在于消费者方便购买,即能在需要的时候,需要的地点获得所需产品。

5. **物流**

物流又称实体分配。要使产品从生产者转移到消费者或用户就需要储存和运输。承担这种职能的便是物流。

6. **洽谈生意**

洽谈生意应包括双向洽谈,一是前向性洽谈,寻找可能的购买者并与其进行沟通;二是后向性洽谈,即渠道成员向生产者进行反向沟通并订购产品。

7. 承担风险

在产品分销过程中承担有关风险。

8. 融资

为补偿渠道工作的成本费用而对资金的获取与支用。

任务二　设计和管理分销渠道

【任务目标】

1. 掌握营销分销渠道选择的因素；
2. 了解中间商的主要形式，培养管理中间商的能力；
3. 在熟悉分销渠道的影响因素基础上，培养分销渠道的设计能力；
4. 了解什么是分销渠道的冲突；
5. 掌握如何对渠道成员进行管理。

【任务方法】

1. 课前先查阅相关资料，运用自己掌握的知识分析哪些因素会影响分销渠道的设计，并在课堂上举例说明；
2. 以小组为单位讨论中间商的存在对分销渠道的影响，以及生活中常见的中间商类型；
3. 在完成任务的过程中掌握设计分销渠道的过程中应该注意的问题；
4. 对国内几大手机公司的渠道管理策略进行分析评价。

【任务分析】

企业为了使产品或服务尽快销售出去，并取得良好的经济效益，就必须在产品或服务进入销售阶段之前对其分销渠道进行精心设计。分销渠道设计是指对各种备选的渠道类型进行评估，创建全新的分销渠道或改进现有渠道，从而实现营销目标的活动。企业在设计分销渠道是会受到多方面因素的综合影响。影响企业分销渠道设计的因素有产品、市场、消费者、企业本身和营销环境五个方面。企业还要正确认识渠道中间商的作用和类型，通过充分利用中间商来达到营销目标。企业进行渠道设计并选定了渠道策略后，还要加强对渠道的管理。企业要认识分销渠道冲突的类型，以有效的方法来处理冲突。渠道管理的主要工作是选择渠道成员，在分销渠道投入运行后对成员进行激励、评估。

【案例导入】

联想乐 Phone 手机的分销渠道策略

乐 Phone 是联想公司为中国联通公司量身定制的 3G 智能手机，联想是传统的 PC 厂商，加之联想集团将乐 Phone 定位为移动互联网智能终端。因此在渠道规划上与非定制手机有着很大的不同，宏观划分为联通公司自有渠道和联想公司社会渠道，根据双方达成的协议，联通公司自有渠道承载销量计划的三分之一，社会渠道承载三分之二。社会渠道由联想公司亲自负责拓展和销售。

1. 联通公司自有渠道规划

联通公司自有渠道是指中国联通公司掌控的自有营业厅零售渠道、直销团队销售渠道、集团大客户销售渠道以及电子渠道。

(1) 联通公司自有营业厅：根据双方协议规定，自有 iPhone 售点全部开放销售乐 Phone 手机，自有营业厅及外包的自有营业厅少于 1 600 家，其他营业厅开放由各省自己决定。外包的自有营业厅视同为自有营业厅，进行供货及佣金结算管理。联通公司负责对自有营业厅及外包的自有营业厅的销售人员进行乐 Phone 手机产品知识培训。

(2) 直销团队销售渠道：联通各市分公司根据实际情况对所拥有的直销团队提供一定的奖励政策，通过直销团队进行高端客户一对一销售。

(3) 集团大客户销售渠道：集团大客户都是运营公司内部一个部门，主要的工作职责是针对各大、中、小企事业单位、政府机关进行用户发展，是每家运营公司提升用户规模的重要途径。这也成为乐 Phone 手机销售的重要渠道，联想公司将为集团用户提供所需的行业应用软件开发和植入。

(4) 网上销售渠道：是联通公司建立的网上销售渠道，主要针对没有时间逛街购物的上班一族，这也成为乐 Phone 手机的销售渠道之一。

2. 联想公司社会渠道规划

社会渠道主要分为三类：联想公司 PC 销售渠道、联想手机传统渠道、大客户销售渠道。

(1) 联想公司 PC 销售渠道：由于联想公司是传统的 PC 制造商，在 PC 行业，尤其在中国占据了 28.7%的市场份额。其所属的 PC 专卖店成为联想和中国联通共同认可并看中的乐 Phone 手机销售渠道。上市初期，联想甄选全国 3 600 家 PC 店作为乐 Phone 手机的销售渠道。

PC 渠道之所以成为联想公司销售乐 Phone 的最重要的途径，是因为联想公司认为乐 Phone 不是普遍的移动电话，而是一款互联网手机，许多功能让它更像一台电脑。众所周知联想 PC 渠道从 1994 年搭建，现在已经成为中国市场上覆盖度最广、信任度最高、执行力最强的 PC 销售网络，这个销售网络去年为联想创造了 30%的 PC 市场份额。这个销售网络还覆盖了中国一到六级市场以及大半个乡镇市场，包括 2 000 多个县市，包括一万个镇。这便是联想集团将其定位为乐 Phone 销售主战场的主要原因。

(2) 联想传统手机渠道：自 2005 年以来，在国产手机市场中，联想手机一直以近 30%的市场份额占据着国产手机市场上的第一把交椅，其广阔的销售渠道也成为联想公司认可的乐 Phone 销售渠道之一，并在上市初期规划了 600 家传统手机的销售渠道。

(3) 大客户销售渠道：大客户销售渠道分为联想公司大客户销售渠道和连锁大卖场销售渠道。联想公司大客户销售渠道：由于联想公司是国内 PC 业的翘楚，其销售额中很大一部分是通过类似运营商集团大客户的销售模式销售给政府机关及各企事业单位的。因此这便成为联想公司销售乐 Phone 的另一条重要途径。连锁大卖场销售渠道：为了拓宽乐 Phone 销售渠道，联想公司还同国内各大连锁卖场进行了合作。其中宏图三胞、国美、苏宁都被联想公司规划为乐 Phone 的销售渠道。

案例提示：

因为乐Phone是联想公司为中国联通量身定制的3G智能手机，所以它的销售渠道充分体现了联想与联通的战略联盟。联通公司作为渠道中间商能提供成熟而完善的自有渠道，再加上联想公司本身的社会渠道，使得乐Phone迅速的在全国各个地区展开销售。

【理论基础】

一、影响分销渠道选择的因素

制造商在分销渠道选择上采用何种模式为好？是走长渠道还是短渠道？是用宽渠道还是窄渠道？选择什么方式构筑紧密型渠道？这些问题的决策必须系统地、综合地考虑多种因素，才能做出决断。渠道选择决策主要考虑以下几方面因素：

(一) 产品因素

1. 产品价格。一般来说，产品单价越高，越应注意减少流通环节，否则会造成销售价格的提高，从而影响销路，这对生产企业和消费者都不利。而单价较低、市场较广的产品，通常采用多环节的间接分销渠道。

2. 产品的体积和重量。产品的体积大小和轻重直接影响运输和储存等销售费用，过重或体积大的产品，应尽可能选择最短的分销渠道。对于那些按运输部门规定的起限(超高、超宽、超长、集重)的产品，尤应组织直达供应。小而轻且数量大的产品，可考虑采取间接分销渠道。

3. 产品的易毁性或易腐性。产品有效期短，储存条件要求高或不易多次搬运者，应采取较短的分销途径，尽快送到消费者手中，如鲜活品、危险品。

4. 产品的技术性。有些产品具有很高的技术性，或需要经常的技术服务与维修，应以生产企业直接销售给用户为好，这样，可以保证向用户提供及时良好的销售技术服务。

5. 定制品和标准品。定制品一般由产需双方直接商讨规格、质量、式样等技术条件，不宜经由中间商销售。标准品具有明确的质量标准、规格和式样，分销渠道可长可短，有的用户分散，宜由中间商间接销售；有的可按样本或产品目录直接销售。

6. 新产品。为尽快地把新产品投入市场，扩大销路，生产企业一般重视组织自己的推销队伍，直接与消费者见面，推介新产品和收集用户意见。如能取得中间商的良好合作，也可考虑采用间接销售形式。

(二) 市场因素

市场是分销渠道设计时最重要的影响因素之一，影响渠道的市场特征主要包括如下几个方面。

1. 市场类型。不同类型的市场，要求不同的渠道与之相适应。例如，消费者市场与生产者市场的购买特点不同，所以需要不同的分销渠道。

2. 市场规模。一个产品的潜在顾客比较少，企业可以自己派销售人员进行推销；如果市场面大，分销渠道就应该长些、宽些。

3. 顾客集中度。在顾客数量一定的条件下，如果顾客集中在某一地区，则可由企业派人直接销售；如果顾客比较分散，可以通过中间商将产品转移到顾客手中。

4. 用户购买数量。如果用户每次购买的数量大，购买频率低，可采用直接分销渠道；如果用户每次购买数量小、购买频率高时，宜采用长而宽的渠道。一家食品生产企业会向一家大型超市直接销售，因为其订购数量庞大。但是，同样是这家企业会通过批发商向小型食品店供货，因为这些小商店的订购量太小，不宜采取过短的渠道。

5. 竞争者的分销渠道。在选择分销渠道时，应考虑竞争者的分销渠道。如果自己的产品比竞争者有优势，可选择同样的渠道；反之，则应尽量避开。

（三）消费者的因素

由于消费者对不同的消费品有不同的购买习惯，这也会影响分销渠道的选择。消费品中的便利品，如肥皂、牙膏等，消费者很多，市场很大，购买次数很频繁，消费者就会希望随时随地买到这种消费品，因此，生产者需通过批发商和众多的零售商转卖给广大消费者。这样，便利品分销渠道是"较长而宽"的。

消费品中的特殊品，如名牌男西服等，因为消费者愿意多花时间和精力去选择这种特殊的消费品，所以特殊品的生产者一般只通过少数几个精心挑选的零售商去经销其产品，甚至在一个地区只通过一家零售商经销其产品，因此特殊品的分销渠道是"较短而窄"的。

工业消费品用户一般都是购买次数少，如设备要若干年才买一次，生产者所需要的原材料、零件等都是根据合同一年购买一次或几年购买一次，每次购买量大。这就决定了生产者可以把产品直接销售给工业用户，而一般不能将产品直接销售给消费者，因为生产者多次、小批量销售会增加成本，不合算。

（四）企业因素

企业自身因素是分销渠道选择和设计的根本立足点。

1. 企业的规模、实力和声誉。企业规模大、实力强、往往有能力担负起部分商业流通的职能，如仓储、运输、设立销售机构等，从而有条件采取短渠道。而规模小、实力弱的企业无力销售自己的产品，只能采用长渠道。声誉好的企业，希望为他们推销产品的中间商多，生产者容易找到理想的中间商进行合作；反之则不然。

2. 产品组合。企业产品组合的宽度越宽，越倾向于采用较短渠道；产品组合的深度越大，则宜采取短渠道。反之，如果生产者产品组合的宽度和深度都较小，生产者只能通过批发商、零售商来转卖产品，其渠道较长而宽。产品组合的关联性越强，则越应使用性质相同或相似的渠道。

3. 企业的营销管理能力和经验。管理能力和经验较强的企业往往可以选择较短的渠道，甚至直销；而管理能力和经验较差的企业一般将产品的分销工作交给中间商去完成，自己则专心于产品的生产。

4. 对分销渠道的控制能力。生产者为了实现其战略目标，往往要求对分销渠道实行不同程度的控制。如果这种愿望强，就会采取短渠道；反之，渠道可适当长些。

（五）营销环境因素

营销环境涉及的因素极其广泛，如一个国家的政治、法律、经济、人口、技术、社会文化等环境因素及其变化，都会不同程度地影响分销渠道的选择。譬如说，国家实行计划控制或专卖的产品，其分销渠道往往是长而单一的。随着市场经济的发展和经济管理体制的改革，原先实行统一购销或计划收购的商品放开经营后，生产企业可以直接销售或多渠道销售。经济形势直接影响分销渠道的选择，如通货紧缩，市场疲软，企业通常会尽量缩减不必要的环节，降低流通费用，以便降低售价。国家有关法令的制定，对分销渠道也会造成影响，如反垄断法的制定与实施，会限制垄断性分销渠道的发展。科学技术引起售货方式的革新，使某些日用品能够采用短渠道分销。另外，自然资源的分布与变化，交通条件的改善，环境保护的需要，也会引起某种产品的生产与销售规模的改变，从而引起分销渠道长度与宽度的改革。诸如此类，难以胜举。从事国际营销的企业，尤其要注意研究各目标国营销环境的特点，方能制定针对性的分销渠道策略。

二、分销渠道中的中间商

(一) 中间商的概念

中间商是指介于生产者与消费者之间，专门从事组织或参与商品流通业务，促进交易行为实现的企业和个人。在商品经济条件下，商品交换一般是以中间商为媒介进行的。以中间商为媒介的商品交换活动，是从生产者出售商品开始的。生产者出售商品，表现为中间商购买商品，是交换的第一阶段，此时中间商获得了商品的所有权，但交换还没有结束，中间商载着从生产者传递过来的商品继续向交换的终点——消费者运动，最终将商品出售给消费者，完成交换的第二阶段，实现商品交换，消费者成为商品的所有者，商品从生产领域进入消费领域，完成“惊险的一跳”。

(二) 中间商的作用

1. 简化交易联系，扩大交换范围，加速商品流转，保证市场供应。如果没有中间商的介入，生产者直接销售，这就意味着每个生产者要同许多消费者发生交易关系，生产者就要投入大量的人力、物力、财力来承担流通任务，对生产者来说使交易变得复杂，而且由于生产者自身条件所限，交换范围和市场供应受到很大限制，供求矛盾突出。中间商的介入，由于其专业性强，联系面广，熟悉市场，掌握供求规律，能加快商品转化，调节供求矛盾，减少商品占压资金，增加生产的资金，简化生产者的交易联系，为生产者节约时间、人力、物力、财力，使生产者为社会创造更多的价值。

2. 集中、平衡和扩散商品，均衡地按照消费者的需要组织商品实体转移。中间商发挥其组织商品流通的技能和特长，把若干个生产企业所生产的商品集中采购，进行分类，根据不同的市场需求，从品种、数量和时间上加以平衡分配，然后推销扩散到各地，以满足不同地区广大消费者的需要。中间商从收购商品开始，到向消费者出售商品为止，始终伴随着商品实体的位移，且这种位移能均衡地按照消费者的需求进行。

3. 沟通信息，促进产需更好地结合。中间商联系面广，承担着商品的购、销、调、存的具体业务，沟通生产者和消费者之间的经济联系，能及时收集和掌握来自生产者和市场的信息，传递给消费者，并把市场和消费者的信息反馈给生产企业，促进产需结合。

(三) 中间商的类型

中间商是介于生产者与消费者之间专门从事商品流通活动的组织和个人。中间商可从多种角度进行划分，中间商按其在流通过程中所处的环节分为批发商和零售商，按中间商是否拥有所经营商品所有权划分，可分为经销商和代理商。

1. 批发商和零售商

(1) 批发商

批发商是指供进一步转售或进行加工而买卖大宗商品的经济行为(交易行为)，专门从事这种经济活动的商业企业叫批发商业企业(国外均称批发商)。从市场学角度看，衡量其是否属于批发商，关键看其购买动机和目的。一般说，凡是其购买行为是为了进一步转卖或供其他商业用途都是批发交易。供进一步转卖一般是对零售商而言，供进一步加工生产是对加工生产企业出售所需要的生产资料，原材料、零配件等而言，所以凡是经营批发交易的组织和个人就统称为批发商。一般说来，批发商处于商品流通的起点和中间环节。批发商在商品流通过程中始终表现为中间环节，批发交易行为结束了，商品流通并没有结束。当批发商的购买对象是商业企业(不管是批发还是零售)，商品还要继续流通，当购买者是生产企业时，商品的使用价值虽被消耗，但商品的价值却依赖于生产者的劳动转移到新产品中去，并随着新产品的诞生重新出现在流通领域。批发商与零售商相比具有交易频率低而每次交易数量大的特点。

(2) 零售商

零售商是指将所经营的商品直接出卖给最终消费者的个人或组织。作为生产和消费的中介，零售商处在中介地位靠近最终消费者的一端；在流通领域内，零售商处在商品运动的终点，商品经过零售便进入消费领域，实现商品价值。因此，其销售活动是在营业员和最终消费者之间单独、分散进行的，一般有特定的交易场所，各种商品与消费者直接见面，并随着商品的出售向消费者提供服务。

零售商的销售对象是最终消费者。主要包括：消费者个人、家庭、从零售商购买商品用作消费的机关团体等。商品经过零售，便离开流通领域进入消费领域，实现商品价值。零售商的交易较批发商频繁，且每次交易的量小。由于零售商的销售对象是最终消费者，所以作为个人和家庭的消费需要量较小，而购买次数却较为频繁。零售商的地区分布较批发商广，一般分散在全国各地广大最终消费者中间。这是由零售商所处的地位决定的，零售商是专门从事零售贸易，直接为广大最终消费者服务的单位，而各种商品的最终消费者分散在全国各地。

2. 经销商和代理商

(1) 经销商

经销商泛指拥有商品所有权的批发商和零售商。其特点是：① 拥有商品的所有权和经营权，独立自主地开展商品购销活动，独立核算、自负盈亏。② 一般都有一定的营业场所和各种经营设施。③ 有独立的购买商品的流动资金。④ 承担商品的经营风险。

(2) 代理商

代理商即商品代理商，不拥有所经营商品的所有权，受委托人委托、代理商品采购或销售业务，从代办业务中取得一定数量的佣金。其特点是：本身不发生独立的购销行为，对产品不具所有权、不承担市场风险、有广泛的社会关系、信息灵通等。

三、分销渠道的设计决策

分销渠道的设计决策，就是根据影响分销渠道选择的种种因素，解决三个方面的问题：确定渠道长度；确定渠道宽度；选择中间商。

(一) 确定渠道长度

这个问题主要是对直接分销还是间接分销进行决策。有中间商介入的间接分销渠道可以大大简化企业的销售工作，节约流通过程中的人、财、物力，缩短流通时间，加速资金周转和企业再生产过程。但是，在有些情况下，生产企业采用直接分销渠道，也有诸多好处。

1. 销售及时。简化商品流通过程，减少仓储和中转时间。

2. 减少损耗，节约费用。由于减少了中间环节，商品损耗和中转费用都可以降低。

3. 加强促销，扩大销售。销售自己的产品，会加强促销工作，推销努力程度会高于中间商。而且中间商要取得一定的利润，可以用较高价格，而不是较大的销售量来取得，这对生产企业不利，企业自销则可以合理定价，带动销售量的提高。

4. 提供服务。有的产品，对服务的要求很高，而技术服务的优势在生产企业而不是中间商。高质量的服务有利于密切与用户的关系。

5. 控制价格。通过中间商的销售，企业对产品的最终售价控制较弱，渠道越长，控制的难度就越大。显然，直接销售使定价权完全控制在生产企业手中。

6. 了解市场。由于直接销售使供应者与用户直接见面，从而对顾客的意见能及时准确的了解和反馈，有利于改进企业的工作，开发适销对路的产品。

直接销售与间接销售各有利弊，各有其适用的条件和范围。企业在决策时，必须对产品、市场、企业销售能力、控制渠道的要求、财务状况及经济效益等方面综合分析，才能做出决策。一般来讲，大多数工业用品，有的产品技术复杂，价格高，需要安装和日常维修服务；有的用户对产品规格、配套、需要时间、技术性能有严格要求，交易谈判较长时间；有的大宗原材料用户购买量很大，购买次数少，用户数量有限，以上情况均宜采用直接销售。生活用品中一些易变质的和时尚产品，以及价格昂贵的高档消费品，也可采用直接销售。除此之外，大多数生活资料以及一部分应用面广、而且购买量小的生产资料，宜采用间接销售。另外，营销能力、财力、控制渠道的要求也必须考虑。例如，有的企业从产品与市场来分析，应该采用直接销售。然而，因为销售能力太弱，或因财力困难，不得不选用间接销售渠道。经济效益也是一个很重要的标准，企业必须对两类销售渠道对利润的影响程度进行分析比较，选择获利大的渠道类型作为企业的分销渠道。

（二）确定渠道宽度

渠道宽度是指在分销渠道中的不同层次使用中间商数目的多少。企业确定渠道宽度，一般有三种策略可供选择，如图 6-2 所示。

1. 广泛分销策略

广泛分销策略又称密集性分销策略，是指生产企业尽可能多的利用批发商、零售商推销其产品。只要具备一定条件的中间商都可以经销其产品。采用此策略的产品往往是价格低廉、产品差异很小、购买量少而购买频率高的日常消费品，如牙膏、洗衣粉等。广泛分销策略的优点是商品的销售供应点多，方便消费者购买，商品流通快。由于是广泛利用中间商，所以生产者与中间商的关系很松散，中间商一般不愿为生产者负担广告费、技术维修费等促销费用。

2. 选择性分销策略

选择性分销策略是指只选择那些有支付能力、有经营经验、有产品知识及推销知识的中间商在某一区域推销本企业产品的策略。它适用于顾客需要在价格、质量、花色、款式等方面精心比较和挑选后才决定购买的产品。例如服装、手表等。工业用品中专用性强、用户对品牌商标比较忠实的产品也多采用这种策略。因为这些产品的销售需要较多的专业知识和较高的服务水平，顾客对所光顾商店的名声也很看重，需要中间商在顾客中有较高的信誉。所以，能被选上的中间商自然有限。这种策略的优点是减少了生产企业与中间商的接触，每

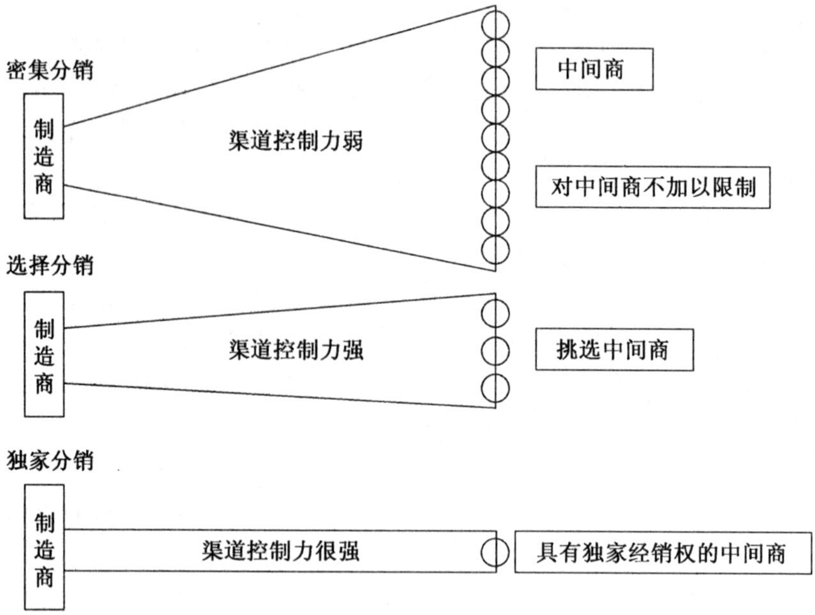

图 6－2　不同宽度的分销渠道策略

个中间商可获得较大的销售量，有利于培植工商企业之间的合作关系，提高渠道的运转效率。而且有利于保持产品在用户中的信誉，生产企业对渠道也能有适度的控制。

3. 独家分销策略

独家分销策略是指在一定的市场区域内仅选用一家经验丰富、信誉卓著的零售商或批发商推销企业商品。双方一般要签订合同，规定双方的销售权限、利润分配比例、销售费用和广告宣传费用的分摊比例等。这种策略主要适用于顾客选购水平很高，十分重视品牌商标的产品。如名牌家用电器、名牌时装、高档家具等。工业品中的专用机器设备，由于用户与生产厂家在技术和服务上的特殊关系也常采用这种策略。这种策略的优点是生产企业与中间商关系非常密切，独家经销的中间商工作努力，积极性高，有利于提高产品的信誉，生产企业能有效地控制分销渠道。但这种策略灵活性小，不利于消费者的选择购买。

(三) 选择中间商

确定了中间商的类型和数目后，就可以选定具体的中间商作为渠道成员，从而建立企业的分销渠道系统。选择中间商首先要确定判断其能力的标准，并综合考察中间商各方面的情况，然后进行取舍。判断标准及应考察的基本情况主要包括以下几个方面：

1. 经营能力。包括中间商是否拥有一支训练有素的销售队伍；是否有足够的支付能力；是否有足够的仓储、运输能力；是否向顾客提供必要的售后服务项目。这些问题直接关系到生产企业产品的销售量、销售成本、利润和市场占有率等。

2. 中间商的信誉。包括该中间商是否为本企业的目标顾客所信任和尊敬；是否愿意与生产厂家真诚合作；与相关企业的关系是否融洽；资信程度如何等等。

3. 中间商的销售对象。即中间商的销售对象及其分布范围应与本企业的目标顾客及其分布范围一致；中间商所处的地理位置应能方便订货或方便企业目标顾客的购买。

4. 竞争情况。中间商是否经销竞争对手的产品；本企业的产品能否与竞争者的产品相抗衡。当中间商已经经销竞争对手的产品时，若本企业产品竞争力弱，需要避开强者的锋芒，就不应考虑这种中间商；若本企业产品竞争力较强时，则应努力争取竞争对手的中间商，以加强本企业产品的声誉和市场竞争力。

要了解中间商的上述情况，企业必须进行广泛深入的市场调查；如果有必要，企业还可以派人对被选出的中间商进行直接调查。

四、认识分销渠道的冲突

分销渠道中渠道成员之间利益的暂时性矛盾称为冲突。一般而言，渠道冲突主要有垂直渠道冲突、水平渠道冲突和多渠道冲突。

垂直渠道冲突是指同一营销系统内不同渠道层次的各企业之间的利益冲突，又称为纵向冲突。它表现为中间商同时销售了竞争者的同类产品而引发的冲突。

水平渠道冲突是指同一营销系统内同一渠道层次的各企业之间的冲突，又称为横向冲突。如果同一层次上选择众多中间商分销，则可能造成中间商之间相互抢生意的情况。

多渠道冲突指的是企业建立网络化渠道系统后，不同渠道服务于同一目标市场时所产生的冲突。

解决渠道冲突的办法多种多样，如建立共同目标、建立协商谈判机制、法律诉讼途径、退出营销渠道等，大多数渠道中解决问题的方法或多或少地依赖于领导权。

小案例 6-1

分销渠道管理中的冲突处理

GL 小家电公司是一家拥有 10 多年历史，以生产电风扇、浴霸为核心业务的中型企业。然而，虽然 GL 空调家喻户晓，但 GL 小家电在全国市场仍处于鲜为人知的状态。几年来，GL 小家电的销售停滞不前，而竞争对手的小家电，如菲利浦、美的、嘉华、GOODWAY、GE、格兰氏等一批新老品牌正在中国市场迅速增长。

当今中国的大家电市场由于价格大战，使得企业利润已大不如从前。而小家电市场虽然竞争也日趋激烈，但仍处于春秋战国时代，在中国还没有真正的市场领导者，小家电的利润相对大家电来说也丰厚一些。随着中国市民可支配收入的逐年增加和生活质量的提高，对小家电的需求也进一步增加，这对小家电公司来说，无疑是着极好的机会，市场前景看好。GL 集团公司决定加大对小家电的生产投入，发展小家电市场。

小家电品种多，规格复杂，企业很难利用其大家电的分销渠道资源，必须有建立自己独立的销售渠道体系。通过几年来的努力，GL 小家电已在全国建立了除西藏、台湾以外的销售点，与数百家中间商建立了经销关系。近年来虽然市场销售虽有气色，但仍与公司的期望值相差甚远。

为了改变这种状况，公司决定加大对经销商(批发商)的开发，完善对经销商的管理和指导，采用了较宽的选择式分销策略来利用众多经销商的资源来加大市场开发的力度。另外，随着 GL 小家电实力的增强和信誉的提高，公司改变了过去免费铺市和代理销售的做法，价格策略在对经销商的信贷支持方面降低了，力争采用现款现货的经销方式，以加快货币资金回笼的速度。然而，新的政策导致了分销渠道开发与管理过程中的冲突有增无减。

首先是公司营销部门人力资源供给和市场需求的冲突。市场的扩大和较宽的选择式分销策略的实施，要求公司有一大批素质较高、经验较丰富、懂得分销管理的营销人员。目前公司销售人员虽具有丰富的推销经验，但在分销管理上尚缺乏系统的知识和经验。

其次，公司销售部门与经销商的冲突主要体现在两个方面：一是利益冲突。经销商开发市场希望GL小家电能在当地多做些广告宣传，而同时又不希望将经销商的利润减少。作为成本支出广告投入必然会造成公司让给经销商的利润下降，“名利难以两全”矛盾十分突出。二是支付条件的冲突。公司的“现款现货”的做法在一些地区惹怒了不少经销商。

第三，经销商之间的冲突。这方面的冲突也主要体现在两个方面：一是不遵守游戏规则，经销商之间互相渗透，进行跨区域销售。二是不按公司规定的指导批发价，为抢占市场压价销售，形成一定程度的恶性竞争。

第四，经销商(批发商)与零售商之间的冲突，主要也体现在利益分配、结算方式等方面。除此，大型超市还有所谓进场费的要求，也引起了冲突，而经销商往往会把这种冲突向后转移至公司，要求公司解决(如要求公司出进场费)。

第五，GL小家电公司业务员与经销商之间的冲突。业务员的职责应该是帮助经销商开拓市场，但业务员为了扩大自己的业绩，背着经销商直接将产品卖给一些客户，如企事业集团用户。

案例提示：

在以上情景中体现了分销渠道的垂直冲突、水平冲突和多渠道冲突，渠道成员如何应对冲突？这要分两种情况，一种是在第一时间控制冲突，在冲突的低级层次上就能将冲突控制，防止其演化升级到更高层次的冲突，这通常是通过建立制度化机制来解决。在冲突的萌芽阶段，渠道成员通常会制定一些政策来处理冲突，最后这些政策就变成了制度。二是在显性冲突出现后，采取某种行为方式来解决冲突，比如迁就、回避、妥协、合作等行为。

五、分销渠道的管理

分销渠道建立以后，企业还必须对其进行管理，目的是加强渠道成员间的合作，调解渠道成员间的矛盾，从而提高整体的分销效率。对分销渠道的管理主要是对中间商进行管理，内容有选择、激励与定期评估三个方面。

(一) 选择渠道成员

在选择中间商时，生产企业必须明确该中间商的优劣特性。一般来讲，生产者要评估中间商经营时间的长短及其成长记录、清偿能力、合作态度和声望等。当中间商是销售代理商时，生产者还须评估其经销的其他产品大类的数量与性质、推销人员的素质与数量。当中间商打算授予某家百货公司独家分销时，则生产者尚须评估商店的位置、未来发展潜力和经常光顾的顾客类型。

(二) 激励渠道成员

生产者不仅要选择中间商，而且还要经常激励中间商使之尽职。促使中间商进入渠道的因素和条件已构成部分的激励因素，但仍需生产者不断地监督、指导与鼓励。生产者不仅利用中间商销售商品，而且把商品销售给中间商。这就使得激励中间商这一工作不仅十分必要而且非常复杂。

激励渠道成员，使其具有良好的表现，必须从了解各个中间商的心理状态与行为特征入手。许多中间商常受到如下批评：(1) 不能重视某些特定品牌的销售；(2) 缺乏产品知识；(3) 不认真使用供应商的广告资料；(4) 忽略了某些顾客；(5) 不能准确地保存销售记录，甚至有时遗漏品牌名称。

了解了中间商的心理状态后，在采取激励措施时，生产者尽量避免激励过当和激励不足两种情况。当生产者给予中间商的优惠条件超过他取得合作与努力水平所需条件时，就会出现激励过当的情况，其结果销售量提高，而利润下降。当生产者给予中间商的条件过于苛刻，以致不能激励中间商努力时，则会出现激励不足的情况，其结果是销售量下降，利润减少。所以，生产者必须确定应花费多少力量以及花费何种力量来鼓励中间商。生产者在处理他与经销商关系时，常依不同情况而采取三种方法：合作、合伙和分销规划。

1. 合作。激励的目的是设法取得中间商的合作。生产者多利用高利润、奖赏、津贴等积极手段激励中间商。如果这些不能奏效，他们就采取一些消极的惩罚手段，例如，威胁减少中间商的利润，减少为他们所提供的服务，甚至终止双方关系等。这些方法的根本问题，是生产者从未认真研究过经销商的需要、困难及优缺点。

2. 合伙。一些老于世故的企业往往试图与经销商建立长期合伙关系。这就要求制造商必须深入了解他能从经销商那里得到些什么，以及经销商可从制造商那里获得些什么。这些都可用市场涵盖程度、产品可得性、市场开发、寻找顾客、技术方法与服务、市场信息等各种因素来衡量。制造商希望经销商能同意上述有关政策，并根据其遵守程度的具体情况确定付酬办法。

3. 分销规划。分销规划是制造商与经销商可能进一步发展的一种更密切的关系。所谓分销规划，是指建立一个有计划的，实行专业化管理的垂直市场营销系统，把制造商的需要与经销商的需要结合起来。制造商可在市场营销部门下专设一个分销关系规划处，负责确认经销商的需要，制定交易计划及其他各种方案，以帮助经销商以最佳方式经营。该部门和经销商合作确定交易目标、存货水平、商品陈列计划、销售训练要求、广告与销售促进计划。借助该部门的上述活动，可以转变经销商对制造商的某些不利看法。如：过去经销商认为他之所以能赚钱，是与他和购买者站在一起共同对抗制造商的结果。现在，他可能转变这种看法，认为他之所以赚钱，是由于他与销售商站在一起，成为销售商精密规划的垂直市场营销系统的一个组成部分的缘故。

(三) 评估渠道成员

生产者除了选择和激励渠道成员外，还必须定期评估他们的绩效。如果某一渠道成员的绩效过分低于既定标准，则须找出主要原因，同时还应考虑可能的补救方法。绩效评估的具体措施有：

1. 生产者与中间商签订有关绩效标准与奖惩条件的契约。在契约中应明确经销商的责任，如销售强度；绩效与覆盖率；平均存货水平；送货时间；次品与遗失品的处理方法；对企业促销与训练方案的合作程度；中间商对顾客须提供的服务等。

2. 除针对中间商绩效责任签订契约外，生产者还须定期发布销售配额，以确定目前的预期绩效。生产者可以在一定时期内列出各中间商的销售额，并依据销售额大小排出先后名次。这样可促使后进中间商为了自己的荣誉而奋力上进，也可促进先进中间商努力保持已有的荣誉，百尺竿头，更进一步。

需要注意的是，在排名次时，不仅要看各中间商销售水平的绝对值，而且还须考虑到他们各自面临的各种不同的可控制程度的变化环境，考虑到生产者的产品大类在各中间商的全部产品组合中的相对重要程度。

3. 将每一中间商的销售绩效与上期的绩效进行比较，并以整个群体的升降百分比作为评价标准。对低于该群体平均水平以下的中间商，必须加强评估与激励措施。但对后进中间商中的因当地经济衰退，主力推销员的丧失或退休等因素造成绩效降低的，制造商就不应对其采取任何惩罚措施。

4. 将各中间商的绩效与该地区的销售潜量分析所设立的配额相比较。即在销售期过后，根据中间商的实际销售额与其潜在销售额的比率，将各中间商按先后名次进行排列。这样，企业的调查与激励措施可以集中于那些未达既定比率的中间商。

5. ABCDE分类管理法。按照销售额的高低和货款回笼的快慢可将中间商分为ABCDE五类。对他们实施不同的经销政策和管理策略，降低企业经营风险，培植企业分销网络的竞争力，如表6-1所示。

表6-1 中间商ABCDE分类管理表

分类	销售额	货款回笼	管理策略
A	高	快	给予奖励、扩大授权
B	中等以上	快	支持促销、向A转化
C	中等	慢	防范风险、向A转化
D	中等以下	快	支持促销、向B转化
E	中等以下	慢	逐步减少、最终放弃

项目小结

分销渠道是指产品在其所有权转移过程中，由生产者手中到达消费者手中所经过的途径和环节。也就是通常意义上的商品流通渠道。

分销渠道的重要职能包括：收集、提供信息；刺激需求，开拓市场；减少交易次数；调整；物流，又称实体分配；洽谈生意；承担风险；融资等。

分销渠道的类型可按照长度和宽度的不同来进行划分。按其长度的不同分为零层渠道、一层渠道、二层渠道和三层渠道，其中一层渠道至三层渠道与直接渠道相对应，可统称为间接渠道。按渠道的宽度分类通常分为三种分销策略：密集分销、选择分销和独家分销。

分销渠道并非一成不变，为了更好地满足市场需求，适应激烈的市场竞争，提高分销的效率，分销渠道必须不断改变自己，其发展趋势表现为：垂直分销系统、水平分销系统和多渠道分销系统。

企业在选择使用销售渠道之前，必须对影响销售渠道选择的各种因素进行认真分析。影响企业选择分销渠道的因素主要有五个方面：产品因素、市场因素、消费者因素、企业因素和营销环境因素。

中间商是指介于生产者与消费者之间，专门从事组织或参与商品流通业务，促进交易行为实现的企业和个人。在商品经济条件下，商品交换一般是以中间商为媒介进行的。中间商在商品由生产领域到消费领域的转移过程中，起着桥梁和纽带的作用。中间商可从多种角度进行划分，按其在流通过程中所处的环节分为批发商和零售商，按中间商是否拥有所经营商品所有权划分，可分为经销商和代理商。

分销渠道的设计决策，就是根据上述影响分销渠道选择的种种因素确定三个方面的问题：确定渠道长度；确定渠道宽度；选择中间商。确定渠道长度主要是对直接分销还是间接分销进行决策。确定渠道宽度，是指在分销渠道中的不同层次使用中间商数目的多少，一般有三种策略可供选择：广泛分销策略、选择性分销策略和独家分销策略。选择中间商首先要确定判断其能力的标准，并综合考察中间商各方面的情况，然后进行取舍。

分销渠道中渠道成员之间利益的暂时性矛盾称为冲突。一般而言，渠道冲突主要有垂直渠道冲突、水平渠道冲突和多渠道冲突。

分销渠道建立以后，企业还必须对其进行管理，目的是加强渠道成员间的合作，调解渠道成员间的矛盾，从而提高整体的分销效率。分销渠道管理主要是对中间商进行管理，内容有选择、激励与定期评估三个方面。

项目检测

1. 名词解释

分销渠道　　　　中间商　　　　广泛分销策略

选择性分销策略　　　　独家分销策略

2. 单项选择题

1）接受用户订货是一种（　　）。

A. 直接渠道　　B. 间接渠道　　C. 长渠道

2）分销渠道所涉及的是商品实体和商品（　　）从生产向消费转移的整个过程。

A. 使用权　　B. 支配权　　C. 所有权

3）生产企业的商品经过中间环节，利用中间商销售给消费者的，称为（　　）。

A. 直接渠道　　B. 间接渠道　　C. 短渠道

4）双向交流的流程为（　　）。

A. 实物流　　B. 付款流　　C. 信息流

5）按照经营范围分，买卖批发商可分为综合批发商产品线批发商和（　　）。

A. 专业商品批发商　　B. 进出口批发商　　C. 现购自运批发商

6）（　　）对商品没有所有权。

A. 买卖批发商　　B. 经纪人　　C. 邮购批发商

7）消费者在当当网上购物属于（　　）的范畴。

A. 直接推销　　B. 直复营销　　C. 购物服务

8）雅芳产品的销售属于（　　）。

A. 有店铺零售　　B. 无店铺零售　　C. 无店铺、有店铺相结合

9）廉价零售商有三种主要形式是工厂门市部、独立的廉价零售商和（　　）。

A. 样品目录陈列室　B. 折扣商店　C. 仓库俱乐部

10）不拥有产品的所有权，本身不从事商业活动的中间商是（　　）。

A. 批发商　B. 零售商　C. 代理商　D. 经销商

11）（　　）是以渠道层的数量衡量的。

A. 渠道宽度　B. 渠道密度　C. 渠道流程　D. 渠道长度

12）下列产品营销渠道中，属于短渠道的是（　　）。

A. 生产者→用户

B. 生产者→批发商→用户

C. 生产者→代理商→批发商→用户

D. 生产者→批发商→零售商→用户

13）营销渠道的宽度是指（　　）。

A. 中间商总数　B. 批发商总数　C. 零售商总数　D. 同一层次中间商数

14）老王养鸡场的鸡蛋，由某超市收购并出售给顾客，这种渠道为（　　）。

A. 零级渠道　B. 一级渠道　C. 二级渠道　D. 三级渠道

15）生产资料分销渠道中最重要的类型是（　　）。

A. 生产者→批发商→用户　B. 生产者→用户

C. 生产者→代理商→用户　D. 生产者→代理商→批发商→用户

16）渠道长度是指产品从生产领域流转到消费领域过程中所经过的（　　）的数量。

A. 渠道类型　B. 中间商类型　C. 中间商　D. 渠道层次

17）如果生产者要求严格控制产品的零售价格或产品的新鲜程度，宜采用（　　）。

A. 长渠道、窄渠道　B. 窄渠道、短渠道　C. 短渠道、宽渠道

18）工业用机械应该采用（　　）。

A. 长渠道　B. 短渠道　C. 宽渠道

19）渠道方案评估标准中，（　　）是衡量每种渠道方案在渠道运行过程中的应变能力的。

A. 经济性　B. 可控制性　C. 适应性

20）珠宝、金器等贵重物品多采用（　　）。

A. 选择性分销　B. 专营性分销　C. 密集型分销

21）某产品由于武汉、南京价格差额较大，引起地区间的串货，扰乱武汉市场产品的销售，属于（　　）。

A. 垂直渠道冲突　B. 水平渠道冲突吧　C. 多渠道冲突

22）宝洁产品多采用广告宣传，不进行过多的终端维护，然而经销商、零售商都钟爱宝洁的产品，宝洁的渠道控制属于（　　）。

A. 市场控制　B. 利益控制　C. 品牌控制

23）格力空调对于扰乱渠道次序的分销商，不论他的业绩多好，都一律解除合同。格力空调解决渠道冲突的策略是（　　）。

A. 共同管理的策略

B. 是协商、规劝和洽谈策略

C. 运用控制权，实行奖惩制度的策略

24）生活消费品最基本的分销渠道是（　　）。

A. 生产者→消费者

B. 生产者→零售商→消费者

C. 生产者→批发商→零售商→消费者

D. 生产者→代理商→批发商→零售商→消费者

25）主要使用于具有价值较大，流行性较强，易腐碎等特性的产品的流通渠道是（　　）。

A. 生产者→消费者

B. 生产者→批发商→零售商→消费者

C. 生产者→零售商→消费者

D. 生产者→代理商→批发商→零售商→消费者

26）那些品种繁多，生产和消费之间的时空距离较远的消费品一般适用于（　　）。

A. 生产者→批发商→零售商→消费者

B. 生产者→零售商→消费者

C. 生产者→代理商→批发商→零售商→消费者

D. 生产者→消费者

27）生产资料最基本的分销渠道有（　　）。

A. 生产者→用户

B. 生产者→批发商→用户

C. 生产者→代理商→用户

D. 生产者→代理商→批发商→用户

28）一些体大物重，技术性强的生产资料一般都使用（　　）。

A. 生产者→代理商→批发商→用户

B. 生产者→代理商→用户

C. 生产者→批发商→用户

D. 生产者→用户

29）当顾客人数多时，应采用（　　）渠道。

A. 长　　B. 短　　C. 宽　　D. 窄

30）企业过去的渠道经验和现行的市场营销政策也会影响渠道的设计，这一影响因素属于（　　）。

A. 顾客特性　　B. 产品特性　　C. 企业特性　　D. 环境特性

3. 判断题

1）产品营销渠道亦称分销渠道，它是指产品的实体从生产领域流转到消费领域能经过的通道。（　　）

2）渠道宽度是以渠道层次或中间环节的数量来衡量的。（　　）

3）技术性强，使用复杂的产品，宜用长渠道流通，相反则采用短渠道流通。（　　）

4）款式或式样经常变化的产品宜采用短渠道流通，而款式或式样相对稳定的产品宜采用长渠道流通。（　　）

5）处于投入期的产品宜采用短渠道流通，而成熟期的产品可根据需要采用长渠道流

通。 ( )

6）对于购买数量大的顾客可直接供货；对于购买数量小的顾客就宜采用长渠道供货。 ( )

7）选购品，特殊品需要有众多的中间商经销，而对于便利品则可采用短渠道流通。 ( )

8）影响渠道长度决策的因素主要可归纳为产品因素和市场因素两大类。 ( )

9）渠道长度决策就是企业要对每个渠道层次所使用中间商的数量做出决策。 ( )

10）相当数量的中间商的存在能减少在商品流通中的业务量，从而大大节省商品流通过程中的劳动耗费。 ( )

知识巩固

1. 什么是分销渠道？你如何理解分销渠道的含义？
2. 选择分销渠道应考虑的哪些因素？
3. 分销渠道的类型有哪些？
4. 简述生活消费品分销渠道的类型及适用范围？
5. 批发商渠道成员有什么特点？有几种类型？
6. 零售商渠道成员有什么特点？识别各种零售的经营方式对厂商的意义是什么？
7. 请说明指甲钳、纽扣、手绢等小百货与钢材分销渠道选择有什么不同？
8. 请你为下列生产厂商选择分销渠道提建议：

1）名贵手表生产企业；

2）国产汽车企业；

3）快时尚男女服装企业。

9. 如何选择和激励渠道成员？

实例训练

可口可乐新渠道营销宝典

百年品牌的成功最主要的是品牌的成功，但百年品牌在全球范围内仍是不止步地增长，应该说是与渠道构建与开发有很大的关系。可口可乐公司做了非常好的证明：公司主张的产品“无处不在”，实际上就是除了进行渠道深挖之外，不断地开发新渠道的结果。

一、可口可乐健怡 Esprit 专卖店

我们不但把可口可乐健怡产品放在高级女装 Espirit 专卖店叫作一条销售渠道，还称为一条很好的推广渠道，虽然更多同仁更喜欢叫它是一种推广方法，但无论如何，它真实地告诉了我们营销人开发新渠道的思路与方法。

很多营销人特喜欢将“定位”一词挂在嘴边，可口可乐公司却能将定位从嘴上、从文件上放到市场上去应用。定位应该是唯一的，不可仿冒不可跟进的，会给消费者独到、清晰、过目不忘的感觉与记忆。实际上，新渠道的选择，有利于定位的清晰化。可口可乐健怡产品放到了 Esprit 的专卖店里，将健怡产品的定位呈现得清晰透彻之极致：收入较高，新潮，品位，注重健康与个性的年轻白领。事实证明，绝大部分在 Esprit 店里看到健怡产品展示的都成了健怡的忠实消费者。

这种新渠道开发的基点就是能将产品与消费者市场细分进行对应，市场定位极具针对性，这种地方一定是好渠道。以前没开发出来，现在作为新渠道就顺理成章了。

我们现在许多企业开发新渠道，要么是招商去“套”渠道，要么是“有奶便是娘”，只要进货就是经销商，要么是贪大贪全，“只找大的，不找对的”……如果渠道是不适合企业的产品定位与市场定位，开发的新渠道是不能给企业带来利益反而是不好收场的。

二、可口可乐玻璃瓶装“小红帽”配送

“小红帽”是北京青年报下属的发行站。在北京地区，可口可乐玻璃瓶装已不是主要的销售包装，即饮包装产品逐渐被 500 ML～600 ML 的塑胶瓶所取代，但由于玻璃瓶装可口可乐系列产品进入市场较早，还是有一定的消费人群。很少有经销商愿意玻璃瓶装与塑胶瓶装一起销售与配送，可口可乐却还想保留该产品的销售，但又不花费太大的精力去自己做直销或者协销。

玻璃瓶装产品的消费者主要是一些消费该包装较早的“老”消费者、非年轻人的“老”消费者(可口可乐将塑胶瓶推广为年轻人主要消费包装)和当场即饮的社区便利型消费者。很明显，这些与可口可乐公司的其他产品的针对消费人群有点差别。那么，渠道肯定不一样，需要重新选取。

可口可乐公司分析到：这些消费群体更多的聚集在一些成熟的“老”社区，他们更多地在这些“老”社区里进行消费，而这些“老”社区中的居民有一个最大的特点就是看报来了解外界信息，而自办的报纸配送体系，能建立消费者与企业产品的沟通和情感的交流。

于是，可口可乐公司通过与《北京青年报》的“小红帽”配送体系建立合作关系，针对玻璃瓶装的主要消费人群，开发了这一独特的销售渠道。

在这里，只要将新渠道当作“出路”，那么，我们就会发现出路的接口是消费者，所以，从消费者角度出发建设渠道，开发新渠道就对了。

三、可口可乐酷儿小学商店

可口可乐酷儿产品上市，承载着“可口可乐公司—全方位饮料公司”头一炮的空前绝后的使命。由于是与可口可乐公司以前产品不同的消费者群体——五至十二岁的孩子，所以，新渠道建设摆在了市场人员的面前。可口可乐公司要在小学校区下工夫，而学校是不能有商业行为的，于是可口可乐公司将小学周围几百米都当作“渠道圈”或“终端圈”，这样，整个学校的学生，也就是酷儿的目标消费群体都被渠道囊括进去了，这也就打破了学校不能进行商品推广与销售的封锁，成就了一条必须要开发的新渠道。于是，可口可乐公司便称这方圆几百米的“渠道圈”为新渠道，从而可进行一切针对性的营销推广与销售了。

四、可口可乐冰露水小卖部

可口可乐冰露水本身并不是可口可乐公司“全方位饮料”公司的直接产物，它更深含战略目的。当竞争需要时，新渠道建设喷薄欲出。

可口可乐公司卖纯净水，看上去是产品多元化的目标，实现上是为了竞争。当竞争对手是以水为主业，但也想在可乐型饮料上夺一杯羹时，可口可乐公司不是采取直接打压对手可乐产品的打法，而是另一个高招——低价在对手的主要渠道推出竞争对手的主力产品，从而乱其军心，在对于应付主力产品的慌乱过程中，将对手的主力产品与可乐型产品都予以痛击，实现一箭双雕的效果。

2001年年末，可口可乐公司就已经开始在冰露水上筹划了。为了打击竞争对手，可口可乐公司采取的都是一些非常规手法。如冬季上市、包装颜色设计不同、销售队伍任务设计与安排重点、故意断货销售、特价审批、考核新方式等等。而在这里要讲到的渠道，就是可口可乐公司是新渠道设计上，砍掉所有其他渠道，集中一点在竞争对手的主力渠道——传统型终端上，不但集中火力，还紧贴对手渠道的陈列、生动化、位置等等。

五、可口可乐冰露冷藏品批发商

可口可乐冰露水不但专门针对竞争对手开辟小卖部渠道，还为了短时间内突破销量，而在很多城市开辟了“冷藏品批发商”渠道。这些批发商主要销售冰品等，一般有自己的冷库。

在夏天，我们都有这样的印象：很多非室内工作者都喜欢购买或自备内含“冰柱”的水瓶，这样可在烈日酷暑下仍能长时间保持冰凉。可口可乐公司的业务系统在讨论渠道计划时发现了这一值得关注的现象，从而与许多冷藏品批发商合作，使销量在夏天急剧上升，有些区域取得了高于原计划四五倍的可喜成绩。

六、可口可乐全品类网吧

在可口可乐公司原有的渠道体系里，网吧是作为“直营”的一部分，到现在，已经成为可口可乐新兴渠道中的主力军。从一般的直营渠道之一变成新兴的专门渠道，得益于可口可乐公司对合作共建新渠道的认识。

放眼可口可乐公司许多的营销手段、政策与行为，确实是“一流企业建标准”的高度体现，无论是在品牌上的品牌联合“可口可乐与雀巢”的BPW雀巢茶成为“CROSSOVWR”标准、明星代言上的互助相长相得益彰、渠道系统的“CSS”系统成为行业标准、酷儿产品的新儿童饮料标杆等等。而渠道共建也成了所有企业与企业共建渠道、与渠道共同发展的新的标准。

在渠道商中，除了被外企称为“MT”的现代渠道商如国际标准超市、大卖场与便利店，渠道商在企业面前更像一个弱者，这源于他们很多不是规范化运作与管理的组织，而大部分是个体组织。所以，在开发新渠道过程中，一是新渠道很难自己冒出来让企业选择与利用，二是在竞争社会能用的渠道基本上都已被用到了，很难再发现，三是企业没有耐性去自己培养新渠道而宁愿给现有渠道更多的政策去打价格战……企业浮躁与短视，使新渠道开发很难。

可口可乐公司首先是看到了网络的发展速度与未来，进而是看到了网吧聚集了大量的目标消费者，从而将网吧从原来的直营渠道中拨出来，并且破天荒地与国内相对而言的“小企业”“九城”进行了合作，开发网吧渠道。在共同培育这个渠道的过程中，可口可乐公司取得了成功的经验，从而大胆地将网吧渠道深入下去。

总之，开发新渠道的问题不在于我们的产品如何好，招商政策如何优惠，渠道模式如何新颖、企业决心如何大以及资金如何雄厚，更多的在于首先亲近消费者，然后发现消费者的消费需求，从而发现以前未发现的、独有的渠道资源，并且企业也要以与渠道共荣、共建、共应竞争为使命，才能使渠道为其所用，渠道资源为其所占有，新渠道也会层出不穷为企业的营销作出贡献。

由此可见，开发新渠道，不在于发现，更多的在于发掘与提升。

资料来源：商界再线论坛社区

问题

1. 举例说明影响可口可乐选择分销渠道的因素有哪些。
2. 请评价可口可乐公司的渠道策略。

综合实训

联想乐 Phone 的渠道决策

实训时间：45 分钟

实训场地：网络机房

实训目标：通过实训，要求学生掌握渠道决策的过程，能够为联想企业的乐 Phone 制定分销渠道策略。

实训内容：设计乐 Phone 的分销渠道方案。

实训步骤：

1. 确立渠道设计的目标
2. 为乐 Phone 选定中间商类型及数目
3. 决定渠道方案

评分标准

考核项目	比重	考核标准
表一	10%	分工合理，每个人的工作都进行了准确地说明，确保每一名成员在规定的时间内完成了实训内容
渠道决策分析报告	70%	渠道决策分析报告内容完整，分析合理准确，逻辑清晰，条理清楚，有理有据，有一定的应用价值
演说	20%	熟悉方案的整体内容，表达清楚流利，充分体现团队的合作性

实训成果

一、完成下列表格

表一　小组成员分工表(列出具体角色)

序号	成员	角色	任务
1			
2			
3			
4			

二、形成联想乐 Phone 渠道决策分析报告

三、形成演示报告

项目七　促销策略

工作描述

企业为取得营销活动的成功，不仅要以适当的价格，通过适当的渠道向市场提供适当的产品，而且需要采取适当的方法促进产品的销售。因此，促销在市场营销组合中具有重要的意义和作用。

通过本项目的学习与实践了解促销与促销组合的基本含义及其影响促销组合的各种因素，掌握各种促销策略的基本含义、特点、主要方法和手段，并能制定科学、合理的促销策略，以帮助企业促进销售，提升业绩，增加收益，取得整体市场营销上的成功。

任务一　分析影响促销组合选择的因素

【任务目标】

1. 理解促销的概念、作用；
2. 熟悉影响促销组合选择的因素。

【任务方法】

1. 在课前通过互联网了解手机行业；
2. 教师通过案例，精讲促销的概念，促销组合要素；
3. 结合已有知识引导学生归纳总结出影响促销组合选择的因素。

【任务分析】

促销是指企业利用各种有效的方法和手段，使消费者了解和注意企业的产品，激发消费者的购买欲望，并促使其实现最终的购买行为。促销的实质是信息沟通，企业为了促进销售，把信息传递的一般原理运用于促销活动中，使企业与中间商和消费者之间建立起稳定有效的联系，实现有效的信息沟通。本任务主要让大家学习有哪些有效的沟通方式。

【案例导入】

联想手机促销

联想采用的广告方式有电视广告、报刊广告和路牌广告。作为2008北京奥运会合作伙伴的联想集团，不断借助该形象在电视广告、平面广告、网络广告上出现，借奥运的宣传优势扩大自己的影响力，促进产品销售。作为中国少有的走向国际化的民族企业，联想集团也非常重视欧美市场的广告宣传，例如，在德国的慕尼黑国际机场候机大厅早就随处可见“lenovo”的广告牌。

2009年五一期间，联想手机掀起两大狂潮——狂送时尚家电和狂享贴心服务。凡节日期间购买“铂”、“锐”、S700、i60、i60s手机的用户，不仅能获赠时尚小家电，还能同时获得价值98元的服务代金券，凭此券及购机凭证可到服务站换取“一年延保卡”，独享长达2年的保修服务。同时，在服务站购买相关配件也将享受更多的优惠，优惠幅度最高可达6.6折。

通过公共关系树立良好的公司形象，寻求非价格竞争促销策略，已成为联想提高公司竞争力的有效途径。

2008年奥运期间，联想手机冠名“巅峰时刻”，与观众共享奥运激情。《巅峰时刻》以当日赛场的精彩场面和本届奥运会中国队员夺金场面为主，精心编辑成短片，每次3分钟左右，从8月14日一直持续到9月30日，每天在CCTV1晚间20:00前播出。每天晚上，“联想手机巅峰时刻”的字样都借助CCTV1的广阔平台传递给广大观众，节目片尾，联想手机还有5秒赞助标版出现，告诉观众“本节目由联想手机独家特约播出”。

此外，联想还重视促销组合的应用。每当新产品问世，联想总是综合运用上述手段进行促销宣传，甚至公司总裁亲自到联想的展台和卖场上进行促销。

案例提示：

市场的一体化和产品的同质化使得竞争加剧，企业把重头戏从“产”转到“销”上面来，如何取得消费者的认可将企业形象和产品信息传递给目标受众是企业营销的重点。手机的品牌很多，联想要在众多竞争者中保住自己的市场份额，不但需要制定适当的价格、选择合适的分销渠道向消费者提供满意的产品，而且更需要采取适当的方式进行促销。从本例中可以看出，联想正是根据具体情况综合使用广告、公共关系、营业推广、人员推销等各种促销方式，不断地吸引消费者的眼球，激发他们的购买欲望，以保障消费者的品牌忠诚度，从而取得满意的促销效果的。

【理论基础】

一、促销的概念

促销(Promotion)是指企业通过人员推销或非人员推销的方式，向目标顾客传递商品或劳务的存在及其性能、特征等信息，帮助消费者认识商品或劳务所带给购买者的利益，从而引起消费者的兴趣，激发消费者的购买欲望及购买行为的活动。

促销本质上是一种通知、说服和沟通活动。企业为了促进销售，把信息传递的一般原理运用于促销活动中，使企业与中间商和消费者之间建立起稳定有效的信息联系。

中国台湾著名营销学专家樊志育教授认为：“从广义而言，凡是以创造消费者需要或欲望为目的，企业可从事的所有活动均属促销的范畴。”这些活动包括企业营销过程中具有明显促销性的相关活动及职能，如销售促进、人员推销、广告、公共关系和其他具有潜在促销作用的营销战略，如促销性的产品策略、价格策略和服务策略等。

二、促销的作用

1. 传播与沟通信息。企业通过促销活动，可以及时地将商品和服务的有关信息传递给消费者和用户，引起他们的广泛注意，吸引消费者购买。通过传递和沟通信息，把众多分散的消费者和企业联系起来，扩大企业和产品的知名度。

2. 诱导和激发需求。消费需求具有可诱导性与伸缩性，既可以扩大，也可以缩小；既可以诱发，也可以抑制。有效的促销活动不仅能诱导与激发需求，而且在一定条件下甚至可以创造新的需求。当需求处于潜伏状态时，促销可以起到催化剂的作用；当需求波动时，促销能够力挽狂澜，使需求得到一定程度的恢复。

3. 突出产品特点，提高竞争力。激烈的市场竞争中，许多同类竞争产品之间，只存在着细微的差别，消费者面对琳琅满目的商品，很难做出选择。企业通过促销活动，可以突出展示自己产品的性能和特点，可以突出本企业产品区别于其他同类产品的独特之处以及带给消费者的特殊利益，使消费者对本企业产品产生偏爱，提高企业的竞争能力。

4. 强化企业形象，巩固市场地位。合适的促销活动可以树立良好的企业形象与产品形象，尤其是通过对名、特、优产品的宣传，更能使消费者和用户对产品和企业产生好感和信任感，培养与提高消费者对企业产品品牌的忠诚度，巩固和扩大企业的市场占有率。

三、促销方式和组合

(一) 促销方式

要想有效地与购买者沟通信息，必须通过一定的促销方式进行。促销作为一种沟通活动，其采取的方式一般来说包括两大类：一类是单向传递，即一方发出消息，另一方接受信息。如商业广告、橱窗陈列等。我们称之为非人员推销，此种方式又称为拉式策略，一般适用于单位价值低、市场需求量大、流通环节多，消费者对产品非常熟悉，市场比较成熟的产品。另一类是双向沟通，即买卖双方互相交流信息，如推销人员通过上门推销、现场推销等方式将产品直接介绍给消费者，同时消费者也将自己的需要与意见反映给推销人员，我们把这种方式称之为人员推销，或推式策略。

具体又可以分为人员推销、广告、公共关系和营业推广 4 种方式。除人员推销外，其他三种方式属于非人员促销。加强对促销方式研究，对企业制定促销策略，实现企业目标十分重要。这里仅对四种常见方式做简单比较介绍，下一任务中再作详细阐述。

1) 人员推销：就是企业利用推销人员推销产品。一种是派出推销人员与消费者或用户直接面谈交易；另一种是企业设立销售门市部，由营业员向购买者推销产品。这种方式具有直接、准确与双向沟通的特点。

2) 广告：是指企业通过大众传播媒体向消费者传递信息的宣传方式。采用广告宣传可以使广大消费者对企业及其产品和服务有所认识并产生好感。其特点是可以在推销人员到达之前或不能到达的地方宣传企业产品，传递信息。

3) 营业推广：是指人员推销、广告以外的用以增进消费者购买和交易效果的那些促销活动。例如商品陈列、商品展示会、赠送、免费试用等方式。其特点是用真实的方式有效吸引消费者，并刺激他们的购买欲望，能够起到短期内促进销售的显著效果。

4) 公共关系：是指企业为了向公众表示企业的经营方针和经营策略符合公众利益，也为有计划地加强与公众联系，建立和谐关系，树立企业信誉而举行的一系列活动。公共关系的核心是交流信息、促进相互了解，宣传企业，提高企业的知名度和社会声誉，为企业创造良好的外部环境，推动企业不断向前发展。

表 7-1　各种促销方式优缺点比较表

促销方式	优点	缺点
人员推销	直接沟通,反馈及时,可当面促成交易	占用人员多,费用高,接触面窄
广告	传播面广,形象生动,节省人力	只针对一般消费者,难以立即成交
公共关系	影响面广,信任度高,可提出高企业知名度	花费力量较大,效果难以控制
营业推广	吸引力大,激发购买欲望,可促成消费者及时冲动购买力行动	接触面窄,有局限性,有时会降低商品价格

(二) 促销组合

促销组合指企业在营销沟通过程的各个要素的选择、搭配及其运用。促销组合是一种组织促销活动的策略思路,它主张企业应把广告、公共关系、营业推广、人员推销四种基本促销方式组合为一个策略系统,使企业的全部促销活动互相配合、协调一致,最大限度地发挥整体效果,从而顺利实现促销目标。

促销组合体现了现代市场营销理论的核心思想——整体营销。促销组合是一种系统化的整体策略,四种基本促销方式则构成了这一整体策略的四个子系统。每个子系统都包括了一些可变因素,即具体的促销手段或工具,某一因素的改变意味着组合关系的变化,也就意味着一个新的促销策略。

四、影响促销组合选择的因素

如何优化促销组合?如何选择、搭配、有效地运用?这就要根据企业的促销目标、产品性质、产品生命周期、市场性质、促销预算等因素,将几种促销方式有机结合,综合运用。企业在组合促销方式时应考虑以下因素:

1) 促销目标。促销的总目标是通过向消费者宣传、诱导和提示,促进消费者产生购买动机,影响消费者的购买行为,实现产品由生产领域向消费领域的转移。不同企业在同一市场、同一企业在不同时期及不同市场环境下所进行的特定促销活动,都有其具体的促销目标。促销目标是影响促销组合决策的首要因素,促销目标不同,促销组合必然有差异。例如,若公司的促销目标是在短期内加快信息传递,所采用的促销组合方案应侧重广告,并配合营业推广;若公司的促销目标是树立品牌形象,培育顾客忠诚度,则促销组合方案应侧重广告和公共关系,辅以人员推销。

2) 产品性质。不同性质的产品,用户具有不同的购买行为和购买习惯,需要采用不同的促销组合策略。例如生活消费品和工业生产资料因其自身性质的不同,采取的组合方式就不同。消费品因为消费者数量众多,可以较多的使用广告和营业推广;而生产资料多为专门用户,则更适合采用人员推销方式。

3) 产品生命周期。产品在不同的生命周期,促销的重点和促销目标不同,促销组合的方式也有区别。在产品投入期,企业的促销目标是让消费者认识和了解产品,需要进行广泛的宣传以提高产品的知名度,所以广告与营业推广效果最好;在产品成长期,企业的营销目标是进一步激发消费者的兴趣,对产品产生偏爱,因此广告和营业推广仍需加强;在产品成熟期,企业营销目标是巩固老主顾,开发新客户,提高市场占有率,这时大多数人已了解了产品,如果没什么新特点,应当削弱广告,同时增加营业推广,开发新客户;进入衰退期,企业营销目标是促成持续的信任和刺激购买,所以应继续以营业推广方式促进销售。

4）市场性质。不同的地理位置、市场类型和顾客群决定了不同的市场性质,也决定了不同的促销组合策略。一般来说,小规模的本地市场应以人员推销为主,若是广泛的全国市场或国际市场,则应以广告宣传为主。市场集中、渠道短、销售力强,适合采用人员促销,而产品分散、渠道长而多,产品差异性大,消费趋势明显,则应选择非人员促销;消费者市场因买主多而分散,适合于广告宣传与营业推广,工业用户市场因买主少而集中则通常选用人员推销。

5）促销费用。促销费用多少直接影响促销方式的选择。一般说来,广告宣传的费用较高,人员推销次之,营业推广花费较少,公共关系费用最少,他们的促销效果也不一样。

6）其他营销因素。影响促销组合选择的因素是复杂的,除以上五种因素外,企业资源、渠道策略、销售人员素质、整体发展战略、社会和竞争环境等也不同程度地影响着促销组合的决策。

总之,企业在制定促销组合策略时,应审时度势,综合考虑促销目标,产品特性,企业财力,市场竞争及状况,在可能的情况下估计必要的促销费用,然后综合分析比较各种促销手段的成本与效果,以尽可能低的促销费用取得尽可能好的促销效果。

任务二　制定促销方案

【任务目标】

1. 掌握四种主要促销手段的相关基础知识;
2. 结合案例分析,制定企业的促销组合方案;
3. 结合情景模拟,提高对各种促销策略的认识。

【任务方法】

1. 通过网络收集好的广告,课堂评价分享;
2. 通过情景模拟熟悉人员推销流程与技巧;
3. 通过案例分析了解危机公关;
4. 以小组为单位撰写联想校园推广计划。

【任务分析】

开展促销活动是为了与目标市场进行有效的沟通,因此,企业必须选择发布信息的各种渠道,同时也要对目标市场进行定位,选择行之有效的促销方式。促销活动是一种综合性的活动,因此企业必须从整体上制订计划,以便有效实现预期的促销目标。本任务就是学习如何制定促销方案,在学习制订方案的步骤之前要求掌握四种主要的促销手段的特点、方式。

【案例导入】

联想乐 phone 手机圣诞促销活动策划书

手机行业有着很好的发展前景，业内预测，智能手机的需求增长速度在不断的攀升。而且发展前景非常广阔，在未来极有可能替代电脑。在手机功能高速发展市场的情况下，联想公司推出新产品乐 phone，迎合这一潮流趋势，有着极好的发展潜力。

为了迎合这一潮流趋势，联想公司特地在圣诞期间推出促销活动，提升乐 phone 手机品牌知名度，强化企业美誉度。

一、活动目的

1. 加强本公司的销售力度、提高营业收入；

2. 宣传企业文化、强化产品知名度、提升企业美誉度；

3. 庆祝圣诞节。

二、活动对象

面向所有社会人士，主要为在 20～30 岁阶段的消费者，及联想公司工作人员。

三、活动主题

浪漫圣诞，温情乐 phone。

现在在中国，圣诞节也是一个必备的节日，有家庭式的，朋友式的，情人式的等五彩缤纷的 PARTY。这是一种友情，亲情，爱情聚会的好时光。戴着圣诞帽，唱着圣诞歌，说说大家的圣诞愿望。作为一个隆重的节日，少不了的是圣诞礼物，在圣诞活动宣传期间，公司宣传企业文化，提升乐 phone 手机品牌知名度，强化企业美誉度。

四、活动方式

此次促销活动主要在清远市区，以通过网上购买乐 phone 手机或现场购机(有限)，及拿到幸运码到乐 phone 之家去兑换圣诞小礼品；与此同时在乐 phone 之家开展圣诞活动，活动期间公司将专门制作陈列、形象展示，现场活动用 pop 物料。除不可抗力影响外，本次促销的所有赠品，户外促销活动以及形象布置的宣传物料，需在 12 月 20 号之前到达各一级城市乐 phone 之家。赠品配送方式：赠品必须由促销员及现场工作人员控制，赠品的发放数量必须和活动开始之日到结束之日的实销量一一对应。

……

案例提示：

联想公司为了促进乐 phone 智能手机的销售在圣诞期间推出促销活动，能在短期内达到促进销售，提升业绩，增加收益。作为企业可以在促销的种类、形式、内容、主题、时间选择、促销的地点、资源的配置等方面，构成实实在在、差异化促销，形成自己独特的竞争优势，更好地发挥促销的推拉效果，成为企业有效撬动市场的引擎和利器。

【理论基础】

一、广告

小案例 7-1

一位教授对一个商人说："上个星期，我的伞在伦敦一所教堂里被人拿走了。因为伞是一位朋友作为礼物送给我的，所以我花了两把伞的价钱登报寻找，可是还没找回来。""您的广告是怎么写的？"商人问。"广告在这里。"教授一边说一边从口袋里拿出一张从报纸上剪下的纸片。商人接过来念到："上星期日傍晚于教堂遗失黑色绸伞一把，如有仁人君子拾得，烦请送到布罗德街 10 号，当以 10 先令酬谢。"商人说："我是常做广告的，登广告大有学问。我给您再写一个广告，肯定能找到您的伞。"商人写的广告见报了，次日一早，失主打开房门便大吃一惊。原来门前早已横七竖八堆放了十一二把伞。失主自己的那把伞也在其中。还有好几把上面还留了字条，说是没留心拿错了，恳请失主切勿将此事声张出去。你知道商人的广告是怎么写的吗？你先试着写写吧。

案例提示：

商人的广告是这么写的："上星期傍晚，有人曾见某君从教堂取走雨伞一把，取伞者如不愿招惹麻烦，还是将伞速送至布罗德街 10 号为好。此君为谁，尽人皆知。"

这个案例说明一则广告要达到良好的效果，创意是很重要的。

(一) 广告的定义及作用

1. 广告的定义

广告是为了某种特定的需要，通过一定形式的媒体，公开而广泛地向公众传递信息的宣传手段。广义广告包括非经济广告和经济广告。狭义广告仅指经济广告，又称商业广告。商业广告是指法人、公民和其他经济组织，为推销商品、服务或观念，以付费的方式，通过各种媒介和形式向公众发布有关信息的一种促销手段。

2. 广告的作用

有位大公司总裁曾说："人们是否喜欢广告，这并不是一个问题。广告是我们生活和现实社会政治经济制度中不可缺少的组成部分，他们喜欢不喜欢，都已毫无意义。"话虽偏颇，却道出了广告在现代经济生活中的重要性。它可以从市场、企业、消费者三个层次进行分析。

1) 从市场看，广告是传播市场商品信息的主要工具。市场的一般定义是指买卖双方相互联系、相互作用的总表现。商品流通中信息流是开拓市场的先锋。当今世界具有传播商品信息功能的行业或渠道很多，最主要的就是广告信息渠道。

2) 从企业层看，广告是企业竞争的有力武器。"没有广告就没有市场，没有广告就没有名牌"已成为企业家的共识。

有的企业利用广告定位，通过具有针对性的广告策略，为自己争取一定的市场份额。如七喜汽水面世之初，面临百事可乐、可口可乐两个超级大国，夹缝里如何求生存？七喜为自己的汽水精心设计了简短的广告词："七喜——非可乐"，一下子把饮料市场一分为二：一边是百事可乐、可口可乐等市场所有的可乐型饮料，另一边是刚刚面世的、非可乐的七喜，在众多的可乐饮料市场上为自己“创造”出了一个新的市场。这场非可乐广告宣传的结果是：七喜汽水在第一年的销售量提高了10%，而且以后每年都有所增加。

3）从消费层看，广告可以引导消费，刺激消费，甚至创造需求。张瑞敏说：“没有淡季的市场，只有淡季的思想”，有人说：“出售化妆品，实质出售的是美的希望；出售汽车，实质出售的是声望；出售衣服，实质出售的是个性。”

4）广告还起着美化环境，教育人们的作用。广告也是一种艺术，好的广告能给人以美的享受，能美化市容，美化环境。同时，广告内容设计得当，有利于树立消费者的道德观、人生观及优良的社会风尚。

小案例 7-2

利用广告增强企业的竞争力，不仅见于大的广告策划，也见于细微的广告文案设计。譬如，牙刷广告词：“一毛不拔”；打字机广告词：“不打不相识”；电话广告词：“以指代步”；电风扇广告词：“实不相瞒，×牌电风扇的名气是吹出来的”；摩丝广告词：“青春作伴，从头开始”；鞋子广告词：“千里之行，始于足下”；灭蚊器广告词：“默默无‘蚊’”；咖啡广告词：“味道好极了！”等等。

案例提示：

这些广告用语有什么共同之处？试着说出一些印象深刻的广告，与同学们分享。

“易懂，易背，易念，给人留下深刻的印象。”是这些广告用语的共同之处。

（二）如何制定广告策略

1. 确立广告目标

广告目标是指企业广告所要达到的目的。福特公司把它的汽车定位为“静悄悄的福特”，整个广告活动围绕“静悄悄”做文章，突出福特汽车的安静舒适、不受噪音干扰的特点。

一般来说，广告目标可分为三种类型：通知型，说服型，提醒型。

通知型广告主要用于一种新产品的入市阶段，目的在于树立品牌，推出新产品。××香波打入市场的广告就是：“还有半个月，一种全新型洗发水将与消费者见面”，然后依次递减天数，“还有10天……”，“还有一周……”，“还有一天……”，然后在预定的那天再打出全面介绍该种品牌香波的广告。

说服型广告的目的是培养消费者对某种品牌的需求，从而在同类商品中选择它。“达克宁”药膏通过“不但治标，还能治本”来暗示其同类产品只能治标，不能治本，从而劝说消费者进行选择。

提醒型广告在产品进入旺销后十分重要，目的是保持、提醒消费者对该种产品的记忆和连续购买，如饮料的广告词就是：“你今天喝了没有？”。

2. 确定广告预算

广告预算是企业界投入广告活动的资金费用使用计划，它包括广告计划期限内从事广告活动所需的经费总额、使用范围和使用方法，是企业广告活动得以顺利进行的保证。

3. 确定广告对象

广告对象是指广告信息的传播对象，即信息接收者，广告对象的策划是解决把“什么”向

"谁"传达的问题，这是广告活动中最极为重要的问题。没有对象，就是无的放矢。但一个广告不可能打动所有的人，而应当找准具有共同消费需求的消费者群。

4. 确定广告区域

针对广告区域的地方性，区域性，全国性，国际性的不同，选择不同的广告覆盖方法，如全面覆盖，渐进覆盖或轮番覆盖。

5. 确定广告信息

这里所指的广告信息是广告主题，即明确广告的中心思想。

6. 确定广告媒体

选择媒体不一定收费愈高愈好，要根据商品和媒体的特性。一则飞机公司的广告就很好地利用了电台媒体听觉效果：

（强烈的噪声中）男："坐飞机这轰鸣声真难受！"

（噪声消失）女："坐这架可安静了！"

——"欢迎您乘坐××公司的飞机。"

7. 评估广告效果

广告效果是指广告活动目的的实现程度，是广告信息在传播过程中所引起的直接或间接变化的总和，它包括广告的经济效益、心理效益和社会效益。

（三）广告媒体的选择

1. 广告媒体的种类

广告所发出的各种信息，必须通过一定的媒体才能传达到消费者。传统的广告媒体大致有：报刊、杂志、广播、电视、电影、户外招贴、广告牌、霓虹灯、传单、商品陈列等。随着互联网和移动互联网的发展，近年来网络成为承载广告的新媒体。

小案例 7-3

电影隐性广告的"双赢"效益

"如今的编剧不是考虑人物性格塑造，而是考虑怎么在电影中塞进更多的广告。"这是所有好莱坞编剧经常挂在嘴边的抱怨。比起好莱坞编剧，冯小刚毫不逊色，除了宝马汽车，惠普笔记本电脑、佳能数码摄像机和便携打印机、诺基亚手机、长城润滑油、《北京晨报》……各种不同领域不同类型的广告在《天下无贼》中的戏份已经超过了主演刘德华和刘若英。

通常，特写镜头是电影隐性广告最喜欢"栖身"的地方。当影片中的主人公和某赞助公司的产品同时出现的时候，往往会出现一个超过一秒的特写镜头。《天下无贼》将这一招数发挥到极致：影片开头，刘若英色诱傅彪，刘德华微笑着端着 DV 缓缓走近，镜头一直停留在 DV 屏幕的 LOGO 上；在寺庙中，刘德华偷了一大袋子手机，他拉开旅行袋，特写镜头：每一个都是诺基亚；甚至在影片结尾，刘德华为保护傻根的 6 万元死在火车夹层中，镜头也不忘缓缓地从刘德华的脸转到身旁的手机上。

《天下无贼》里实在没有什么情节能够让刘德华像《我，机器人》里的威尔·史密斯一样大声地说："我只穿 2004 年产的匡威鞋"，就只好让刘德华逼着傅彪写了一个宝马转让书，大声地把"宝马汽车"念了一遍。

《天下无贼》并不是一部动作戏，但是为了"长城润滑油"，冯小刚还是安排了一场惊险场面：刘若英和刘德华汽车上发生争执，争执中车在路上失控，对面一辆大卡车呼啸而来，近了，近了，卡车上写着五个大字：长城润滑油。而如果不是为了"惠普"笔记本电脑和打印机，《天下无贼》里的警察根本没必要采用画家身份来掩盖自己画下嫌疑人的行为——一个微型照相机就足够了。

案例提示：

在电影营销中，这类手法通常有一个正式的名称"电影隐性广告"，而商家则将之称为"植入式营销"。不同的称呼其实都在讲同一件事情。通俗地说，如果你看过一部电影之后说"007 戴'欧米茄'手表可真帅"，或者"奥迪跑车实在是太漂亮了"，那你就已经无意中成了电影隐性广告的受众了。电影中的广告植入其实是一种品牌与品牌之间的强强联合，是一种"双赢"。基本上，只要选对了合作影片，这是一场"双赢"甚至很难让你明白到底是谁搭了谁的顺风车，这恰恰反映了中国影片的商业化进程，左脚是艺术，右脚是商业。一部市场叫好的影片，左脚和右脚一定要搭配好，不能过度偏向哪一方。

2. 选择广告媒体要考虑的因素

不同的广告媒体，其特点和作用各有不同。在选择广告媒体时，要根据以下因素进行全面考虑，充分权衡各种媒体的优缺点，力求扬长避短。

(1) 消费者的媒体习惯。选择广告媒体要考虑消费者易于接触并乐于接触的媒体。

(2) 媒体的传播范围。不同媒体的传播范围有大有小，目标市场的范围关系到媒体的选择。例如，开拓区域市场，可选择地方报纸、电台、电视台。如果是行销全国的产品或想提高在全国的知名度，则宜选择全国性的媒体。

(3) 商品的特性。根据商品的性质、用途不同，宜选择不同的广告媒介体。例如，对于需要展示的商品，可用电视、电影媒体以强化视觉效果，增强吸引力。对于只需要通过听觉就能了解的商品，可先广播作为媒体。对于专业技术性强的产品，则宜利用专业性报刊或邮寄广告形式，也可直接展示样品。

(4) 媒体性质。主要是考虑媒体本身的流通性、时间性、覆盖和影响力等。

(5) 媒体成本。企业要根据自身财力和对效果的预期来选择适宜的媒体。

(四) 广告的创意制作

广告创意是广告设计制作者在酝酿广告时的构想。广告设计制作者根据广告主的要求，在详尽的市场调查后，经过精心思考和策划，最后完成一个商品、劳务、企业形象的综合广告方案。

国际广告协会对创意新颖的广告有五点要求：(1) 能体现愉快的感觉；(2) 能体现创新进步的精神；(3) 能解决某一实际问题；(4) 有明确的承诺；(5) 有潜力。

早在 19 世纪末，中国最早的报纸广告上，就出现了南洋兄弟烟草公司为其新产品"白金龙香烟"制作的广告词："饭后一支烟，胜过活神仙"。事实证明，当初的广告词已成为如今瘾君子的座右铭。

同是登在报刊上的香烟广告，国外××香烟的广告语言则是正话反说："吸烟有害健康，××香烟也不例外！"一正一反，一褒一贬，异曲同工，广告语言艺术的魅力由此可见一斑。

广告创意不仅是文案设计，还包括广告宣传所使用的媒体设计。如"西铁城"手表打入澳大利亚市场的广告创意，就是利用 POP 广告媒体，巧妙地宣传产品的质量。预告消费者某日某时某刻，该公司用飞机在堪培拉广场空投西铁城手表，谁捡到就归谁，届时飞机如期而至，数以万计的手表从天而降，……戴着高空落下、走时准确又不要钞票的手表，效果怎样？还需声嘶力竭地嚷嚷：“永不磨损，世界名表吗？”还愁在老百姓中没有知名度吗？

可口可乐(Coca-Cola)打入中国市场时，拟用四个谐音的汉字来称呼这种不含酒精的西方饮料，开始选译的是“蝌蚪嚼蜡”，又是动物又是蜡烛，无味加不干净的印象，使其无人问津，后转用“可口可乐”，美味可口，开心快乐，从此销路大增。

可见，广告创意不仅体现在内容构思上，还体现在语言艺术、媒体运用等方面。

小案例 7-4

精彩按捺不住

一家啤酒公司发布了一则消息，面向各大策划公司诚征宣传海报，开价是 50 万美元。消息一出，国内许多策划公司趋之若鹜。不到半个月时间，这家啤酒公司就收集了上千幅广告作品，但是，这些作品大都不尽如人意。最终，分管宣传的负责人从上千幅作品中选择了一件较为满意的作品。

这幅作品的内容大致是这样的：一只啤酒瓶内啤酒汹涌——在瓶颈处，紧握着一只手，拇指朝上，正欲顶起啤酒瓶的瓶盖。这幅海报的广告标语是：“挡不住的诱惑！”

但是，这幅作品交给啤酒公司的老总定夺时，老总仅仅看了两秒钟就给否决了，理由是：这种创意略显生硬，并且用拇指来开酒瓶盖的做法十分危险，若是用这则广告，可能因开盖而导致拇指受伤者会大幅度增加，如若那样的话，势必会有许多消费者来起诉我们，那就得不偿失了。

这无疑是一个完美的拒绝。既说出了拒绝的原因，又彰显了啤酒公司对消费者无微不至的关怀。

看到这家啤酒公司的老总如此挑剔，许多策划公司望而却步。这时候，一个艺术系的学生听说了这个消息，当即胸有成竹地拨通了该啤酒公司的电话，他打算试一试。啤酒公司的老总同意了他的要求，两天后，这位学生就拿着自己的作品走进了啤酒公司老总的办公室。

也同样是两秒钟左右，啤酒公司的老总从自己的座位上站了起来，然后激动地说：“太棒了，这才是我想要的！”这位艺术系的学生也如愿以偿地得到了 50 万美元稿酬。

第二天，啤酒公司的宣传海报就铺天盖地地见诸各大平面媒体。想知道这幅海报的内容吗？其实很简单：一只啤酒瓶的上半身，在瓶颈处，紧握着一只手，瓶内啤酒汹涌，几乎要冲破瓶盖冒出来，这时候，紧握瓶颈的那只手用拇指紧紧地压住瓶盖，尽管这样，啤酒还是如汩汩清泉溢了出来。这幅海报的广告标语是：“××啤酒，精彩按捺不住！”

案例提示：

同样是一只拇指，仅仅是变换了一下位置，向上位移了一厘米，转换了一下姿势，就赢得了 50 万美元！这在许多人看来未免也太投机取巧了，然而，你可曾想过这样短短一厘米的背后，创意的差距是多少呢。一个真正富有创意的人，就是能从废墟中发掘到金矿的人。

二、人员推销

人员推销是指企业派出推销人员直接与消费者或客户接触，直接进行产品推荐和介绍工作，目的在于达到销售商品或服务和宣传企业的促销活动。这是自商品交换出现后的一种最古老、最常用、最富技巧性的产品推销方式。在现代市场经济条件下，人员推销在多种推销方法中仍具有十分重要的作用。

（一）人员推销的特点

人员推销与非人员推销相比，具有不可替代的作用。它是最普遍、最直接、最有效的促销方式。它的特点突出表现在以下几个方面：

1. 信息传递的双向性。人员推销是一种双向沟通的促销方式。在推销过程中，一方面，推销人员向消费者宣传介绍商品质量、功能用途以及售后服务等，为消费者提供有关产品信息，促进产品销售；另一方面，在推销过程中通过与消费者交谈，了解消费者对企业及产品的态度、意见和要求，不断地收集和反馈顾客对商品的意见、要求等信息，为企业的经营决策提供依据。

2. 推销过程的灵活性。在人员推销过程中，推销人员与消费者当面洽谈，保持直接的联系，可以随时把握顾客心理，从对方感兴趣的角度介绍商品，吸引注意；还可以及时觉察对方态度的变化，迅速消除顾虑，激发购买欲望，抓住机会，促成交易。

3. 满足需求的多样性。人员推销可以满足多种多样的需求。如顾客对商品使用价值、商品信息、技术和服务以及心理上、精神上的需求。通过推销人员有针对性的宣传介绍，可以满足顾客对商品信息的需要；通过直接销售的方式，可以满足顾客方便购买的需要；通过为顾客提供售前、售中、售后服务，满足顾客在技术和服务方面的需要；通过推销人员真诚、热情的服务，满足顾客心理上、精神上的需要。

4. 推销目的的双重性。通过买卖双方的沟通，推销人员根据不同情况，灵活掌握，达到既推销商品又联系顾客的双重目的。推销人员直接将产品推给顾客，较具人情味，常能当场成交。同时，还可以把纯粹的买卖关系发展到建立长期合作的关系，从而密切企业与顾客之间的关系。

尽管人员推销有以上优点，但并不意味着在任何情况下都能采取人员推销。人员推销也存在一些不足之处：一是费用开支较大，当市场广阔目标分散时就不适合采用；二是对推销人员的素质要求较高，不仅要求了解产品性能、使用、保管、维修等技术问题，而且还要求推销人员不怕吃苦，善于交际等，人员推销的成效直接取决于推销人员素质的高低，尤其随着科技的发展，新产品层出不穷，对推销人员的要求也越来越高。

（二）人员推销的基本形式

一般说来，人员推销主要有上门推销、柜台推销、会议推销三种形式。

1. 上门推销。上门推销是指推销人员携带样品、说明书等走访顾客、推销商品的方式。这是最常见的也是被企业和公众所广泛认可和接受的一种推销方式。

2. 柜台推销。柜台推销是指营业员接待进入商店的顾客，销售商品的方式。各大商场、卖场的营业员为顾客介绍商品、回答问题，促成交易。与上门推销相比，这是一种“等客上门”式的推销方法。

3. 会议推销。会议推销是指利用各种会议的形式介绍和宣传商品，开展推销活动。如推销会、订货会、商品展示会等。这种推销形式方便了生产企业与消费者或用户的沟通，并能为双方提供广泛、深入的接触，具有接触面广、推销集中、成交额大的特点。特别适合于企业用户的商品销售。

（三）人员推销的步骤

一般来说，人员推销商品的步骤包括：

1. 寻找或识别顾客。人员推销不仅要提供商品，满足老顾客的需求，更重要的是在市场中寻找机会，挖掘和发现潜在顾客，开拓新的市场，创造新的需求。寻找顾客有很多种办法，可以电话访问，也可以查找电话名录，地毯式访问。

2. 推销准备。为了顺利完成推销任务，推销人员应首先具备一定的产品知识、本企业知识、竞争者知识、消费者心理知识等。推销人员应知道要推销的商品的使用、保管、特点以及技术参数等，还要掌握商品的价格、同类竞争产品价格及特点等；要熟悉自己企业的历史和现状；了解消费者购买过程中的心理特点，及时调整推销策略，实现销售目标。

3. 约见并接近顾客。推销人员应该事先征得顾客同意接见的情况下，访问顾客。一般来说，顾客都不大欢迎推销人员来访，推销人员贸然造访可能给双方带来不愉快。接近顾客指的是与潜在顾客初次或刚开始进行沟通，此时推销人员需要完成三个任务：首先给对方留下一个好印象；其次适当地了解顾客情况；第三要为以后的联系做好准备，比如留下自己的名片，索要对方名片。

超级链接

微笑着接近顾客

推销员接近顾客时，一定要信心十足，面带微笑。国外推销人员平时非常注意微笑训练，甚至有人发明了所谓“G字微笑练习法”，即每天早晨起床后对着镜子念英文字母G，以训练笑脸，把微笑变成一件十分自然的事情。

当你微笑着接近顾客时，你已经向前走了一大步了。不管采取什么方法接近，你的目标只有一个，那就是要给对方一个好印象，同时尽可能地引起顾客的注意和兴趣。下面这些方法也许对你有用：

（1）产品接近法：推销员直接利用推销的产品引起顾客注意，它适用于本身有吸引力、轻巧、质地优良的商品。

（2）利益接近法：利用商品给顾客可能带来的实惠引起顾客注意和兴趣。

（3）馈赠接近法：推销人员利用赠品来引起顾客注意和兴趣，进入面谈。

4. 应付和处理异议。对待商品和服务，有时会出现推销人员与顾客的意见相反，产生异议的情况。推销人员应随时准备应付不同意见。一个有经验的推销员应具有与持不同意见的顾客洽谈的技巧，随时准备好应对异议的措辞和理由。一般来说，常见的导致异议产生的是商品的价格、质量、服务等因素。如何处理异议，最能体现推销人员的水平与技巧。要妥善处理各种异议，必须事先对种种可能的异议做出估计，设计相应的对策。推销过程中，要镇定、冷静，表示出真诚和温和。要善于运用资料和数据来证明，实事求是的解释，消除顾客心中的疑虑，要尽可能为以后的推销留下余地。

5. 达成交易。推销人员在排除异议后，要抓住适当时机，最后促使买卖双方达成交易。一般来说，接近和成交是推销过程中两个最困难的步骤。在洽谈的过程中，推销人员要随时注意把握成交的机会。一旦发现顾客有购买意愿，应立即抓住时机，适当提供一些优惠条件或馈赠，促成交易。

6. 售后工作。双方达成交易并不意味着推销过程的终止，售后工作是推销人员确保顾客满意并重复购买的重要一环。推销人员应及时交货，为顾客做好安装调试工作。对一些技术含量高的设备、仪器、机械等商品，还要提供技术指导、培训使用人员等。跟踪访问的目的在于了解顾客是否对自己的选择满意，发现可能产生的各种问题，表明推销人员的诚意和关心，促使顾客做出对企业有利的购后行为。

小案例 7－5

推销故事

A. 一个乡下来的小伙子去应聘城里“世界最大”的“应有尽有”百货公司的销售员。老板问他：“你以前做过销售员吗？”他回答：“我以前是村里挨家挨户推销的小贩子。”老板喜欢他的机灵：“你明天可以来上班了。等下班的时候，我会来看一下。”

下班时间快到了，老板真的来了，问他：“你今天做了几单买卖？”“一单”年轻人回答。“只有一单？”老板很吃惊地说：“我们这儿的售货员一天基本上可以完成20到30单生意呢。你卖了多少钱？”“300 000美元”年轻人回答道。“你怎么卖到那么多钱的？”半晌才回过神来的老板问道。“是这样的，”乡下来的年轻人说，“一个男士进来买东西，我先卖给他一个小号的鱼钩，然后中号的鱼钩，最后大号的鱼钩。接着，我卖给他小号的渔线，中号的渔线，最后是大号的渔线。我问他上哪儿钓鱼，他说海边。我建议他买条船，所以我带他到卖船的专柜，卖给他长20米有两个发动机的纵帆船。然后他说他的大众牌汽车可能拖不动这么大的船，于是我带他去汽车销售区，卖给他一辆丰田新款豪华型‘巡洋舰’。”老板后退两步，几乎难以置信地问道：“一个顾客仅仅来买个鱼钩，你就能卖给他这么多东西？”“不是的”乡下来的年轻售货员回答道，“他是来给他妻子买发卡的。”我就告诉他：“你的周末算是毁了，干吗不去钓鱼呢？”

B. 你听说过有人带着闹钟去推销吗？这人就是齐滕竹之助。

据说，齐滕竹之助每次登门推销时总是随身带着闹钟，当会谈一开始，他便说：“我打扰您10分钟。”然后就将闹钟调到10分钟后的时间。时间一到，闹钟便自动发出声响，这时他便起身告辞：“对不起，10分钟到了，我该告辞了。”如果双方商谈顺利，对方会建议继续谈下去，他便说：“那好，我再打扰您10分钟。”于是，他又将闹钟调到10分钟后的时间。谈话就这样10分钟10分钟地继续下来。

齐滕给人一种说话算数的感觉，从而让对方对他产生很强烈的信任感。

案例提示：

消费者的需求是可以不断挖掘的，但不管是用独树一帜的方法还是采取直率的态度打动对方，推销首先要设法做成功的一件事就是取信对方。

三、营业推广

（一）营业推广的涵义

营业推广又称销售促进，是一种适宜于短期推销的促销方法，是企业为鼓励购买、销售商品和劳务而采取的除公关和人员推销之外的所有企业营销活动的总称。

(二) 营业推广的形式

1. 针对中间商的营业推广形式。对中间商的销售促进，目的是吸引他们经营本企业产品，维持较高水平的存货，抵制竞争对手的促销影响，获得他们更多的合作和支持。其主要方式有：

(1) 销售回扣：这是最具代表性的销售促进方式。这是为了感谢中间商而给予的一种津贴，如广告津贴、展销津贴、陈列津贴、宣传津贴等。

(2) 列名广告：企业在广告中列出经销商的名称和地址，告知消费者前去购买，提高经销商的知名度。

(3) 赠品：赠品包括赠送有关设备和广告赠品。前者是向中间商赠送陈列商品、销售商品、储存商品或计量商品所需要的设备，如货柜、冰柜、容器、电子秤等。后者是一些日常办公用品和日常生活用品，上面都印有企业的品牌或标志。

(4) 销售竞赛：这是为了推动中间商努力完成推销任务的一种促销方式，获胜者可以获得现金或实物奖励。像获胜者的海外旅游奖励等已被越来越多的企业所采用。

(5) 业务会议和展销会：企业一年举行几次业务会议或展销会，邀请中间商参加。

2. 针对消费者的营业推广形式。其目的主要是引导顾客购买，或培养顾客对本企业的偏爱行为等。其主要方式有：

(1) 赠送样品：免费赠送样品，促使消费者了解商品的性能与特点。可以派人上门赠送，也可以通过邮局寄送，可以在购物场所散发，也可以附在其他商品上赠送等。赠送样品是介绍一种新商品最有效的方法，费用也最高，因此，多用于新产品促销。

(2) 有奖销售：奖项可以是实物，也可以是现金。常见的有幸运抽奖，也可以采取附赠方式，即对每位购买者另赠纪念品。

(3) 现场示范：利用销售现场进行商品的操作表演，突出商品的优点，显示和证实产品的性能和质量，刺激消费者的购买欲望。

(4) 廉价包装：在产品质量不变的前提下，使用简单、廉价的包装，而售价则有一定削减，这是很受长期使用本产品的消费者欢迎的。

(5) 优惠券：这是可以以低于商品标价购买商品的一种凭证，也可以称为折价券、折扣券。消费者凭此券可以获得购买商品的价格优惠。

3. 针对销售人员的营业推广。其目的是鼓励推销人员热情推销产品或处理某些老产品，或促使他们积极开拓新市场。其方式可以采用：

(1) 销售竞赛：在推销人员内发起销售竞赛，奖优罚劣，调动推销人员的积极性。

(2) 销售额提成：根据推销人员完成的销售额或利润等指标，按事先签订的契约从销售额中提成，奖励推销人员。此外，还可以采取免费提供人员培训，技术指导等针对推销人员的营业推广。

(三) 营业推广方案应考虑的因素

制定营业推广方案除了确定推广目标、选择推广方式、定出实施和控制方案及评估方法，还应该考虑这样几个因素：

(1) 营业推广的规模：营业推广的规模并非越大就越好，一般以企业营销目标和自身财力物力等为依据进行适度规模的推广。

(2) 营业推广对象的范围:可以选择推广一部分消费者也可以把全部消费者作为营业推广的对象。但要针对他们不同的消费心理和购买特点,以便有的放矢。

(3) 营业推广的分配途径:采取何种途径和方法把营业推广的刺激物送达推广对象,这对营业推广的实际效果和费用有很大影响。

(4) 营业推广实施期限:若实施期限过短,不少有希望成为企业产品购买者的潜在顾客,不能及时购买;如实施期限过长,消费者可能误认为是商品存在某种缺陷,从而降低营业推广活动的声誉与效果。购买调查显示:最佳的频率是每季有三周的促销活动,最佳持续时间是产品平均购买周期的长度。

(5) 营业推广的总预算:进行预算的目的是比较营业推广的成本与效益。

四、公共关系

(一) 公共关系的含义与特点

1. 公共关系的含义

公共关系(Public Relation)是指某一组织为改善与社会公众的关系,促进公众对组织的认识,理解及支持,达到树立良好组织形象、促进商品销售的目的的一系列促销活动。作为促销组合的一部分,公共关系促销并不是推销某个具体的产品,而是利用公共关系,对外把企业的经营目标、经营理念、政策措施等传递给社会公众,使公众对企业及其产品有充分了解,扩大企业及其产品的知名度、信誉度、美誉度;对内则直辖各部门的关系,为企业营造一个和谐、亲善、友好的营销环境,从而间接地促进产品销售。

2. 公共关系的特点

公共关系虽然是一种社会关系,但又不同于一般的社会关系;虽然是一种促销策略,但又不同于其他的促销策略。公共关系有其独有的特点:

(1) 公共关系是一项长期性的促销活动。

(2) 公共关系的对象十分广泛,包括消费者,新闻媒体,政府,业务伙伴等。

(3) 公共关系是一种间接促销手段。不像其他的促销形式,是直接进行产销售,它是通过提升企业良好的社会形象和声誉,间接地达到产品销售的目的。

(4) 公共关系追求的是利益相关者的双赢。

总之,公共特点可以精辟地概括为八个字"内求团结,外求发展"。

(二) 公共关系的作用

公共关系作为一门经营管理的艺术,其功用、职能主要表现在以下几个方面。

1. 塑造企业和产品的良好形象。企业要赢得公众的支持,必须在公众心目中树立良好的形象。这种形象是企业巨大的无形资产。通过各种形式的公关活动在促销中的应用,诸如公益广告宣传、社会赞助活动等,特别是要善于运用新闻媒介,能够迅速提高企业知名度和美誉度,塑造企业良好的形象。

2. 收集信息,有效沟通。公共关系是企业决策者与公众之间沟通的重要手段,企业通过公共关系活动收集整理与企业形象、声誉有关的信息,了解公众对企业及其产品的反映与评价,检查企业环境,从而做出正确营销决策。

3. 开拓产品销路。企业开展各种公共关系活动,沟通企业与公众间的信息联系,对公众施加影响,为推销人员创造良好的环境与有利舆论,有利于他们更好地推销产品。

4. 化解危机矛盾，改善关系。公共关系的主要职能之一是正确处理和协调企业内外部公众的关系。企业公关部门要协调各方面的利益、解决各种矛盾，倡导、形成良好的、积极向上的人际关系、为企业的生存发展创造一个宽松、协调的环境。

超级链接

康泰克PPA事件

2000年11月16日，中美史克公司接到天津市卫生局传真，要求立即暂停使用含PPA成分的药物，康泰克和康得并列政府禁止令榜首。

中美史克公司在接到通知后，立即组织专门负责应对危机事件的危机管理小组，并执行政府暂停令，向政府部门表态，坚决执行政府法令，暂停康泰克和康得的生产和销售；通知经销商和客户立即停止康泰克和康得的销售，取消相关合同；停止广告宣传和市场推广活动。

17日中午，全体员工大会召开，总经理向员工通报了事情的来龙去脉，表示了公司不会裁员的决心，以《给全体员工的一封信》的书面形式将承诺予以公布给每一位员工。企业的推心置腹、坦诚相见和诚挚果断的决心打动了员工，很多人为之流泪，大会在全体员工高唱《团结就是力量》这首传统歌曲中结束。中美史克公司向员工传递了正确、及时的信息，通报了公司的举措和进展，以此赢得了员工空前一致的团结精神，在企业内部赢得积极公众。

20日，中美史克公司在北京召开了新闻媒介恳谈会，总经理回答了记者的提问，做出不停投资和“无论怎样，维护广大群众的健康是中美史克公司自始至终坚持的原则，将在国家药品监督部门得出关于PPA的研究论证结果后为广大消费者提供一个满意的解决办法”的立场态度和决心。同时，面对新闻媒体的不公正宣传，中美史克并没有做过多追究，只是尽力争取媒体的正面宣传以维系企业形象，其总经理频频接受国内知名媒体的专访，争取为中美史克公司说话的机会。

21日，15条消费者热线全面开通。为了更好的服务客户和消费者，公司专门培训了数十名专职接线员，负责接听来自客户、消费者的问讯电话，并做出准确专业回答，使之取消疑虑。

一番努力，终于取得了不凡的效果，中美史克并没有因为康泰克和康得的问题影响到其他产品的正常生产和销售。用《天津日报》记者的话说“面对危机，管理正常，生产正常，销售正常，一切都正常”。随着时间的推移，PPA风波的影响会渐渐远去，中美史克也会逐步走出阴影。

2001年9月，不含PPA的新康泰克上市。

(三) 公共关系的主要方法

1. 新闻宣传。企业应争取尽可能多的机会与新闻单位建立联系，利用各种新闻媒介对企业进行宣传。新闻宣传无须付费，而且具有客观性，能取得比广告更好的宣传效果。这方面的工作主要包括将企业重大活动、重要的政策以及各种创新的思路撰写成新闻稿件并借助媒体传播出去。公共关系的新闻宣传活动还包括对不良舆论的处理。

小案例 7-6

《死给你看》

公共关系在营销传播中常用的一个手段是利用媒介关系，其中比较有特色的一个做法是利用一些偶发事件和突发事件制造新闻事件，创造轰动效应。但制造的新闻事件一定要以事实为基础，而不是伪造，必须符合新闻传播规律，包涵新闻各个要素，有新闻价值；不是一篇新闻稿，而是一个活动或一个事件。新闻事件只有满足以上几个要求才能引起新闻界的关注或产生轰动效应。人们常说记者要有灵敏的新闻鼻，要能闻出哪里有新闻，公关人员则要有新闻脑，要能主动地制造新闻，或把有价值的新闻挖掘出来，并通过一个活动展现出来，在这方面公关人员在某种意义上比记者棋高一着。

制造新闻的思路很多。例如，广州有一家街道化工厂，几年前生产了一种质量很好的灭蟑药笔，他们为这种产品做了不少推销活动，但销售效果并不理想，因为当时市场上各种杀虫产品竞争激烈，这个产品很不起眼。后来这个厂用制造新闻的手段诱发了《羊城晚报》的一篇新闻报道。这一天，厂里的两个宣传人员来到羊城晚报编辑部，他们先在地板上放了一个纸盒，声称要为记者、编辑们做一个现场表演。只见他们掏出一个粉笔头，在纸盒周围划上一个白圈，然后小心谨慎地打开那个纸盒一抖，只见从纸盒里爬出十几只蟑螂，很快爬到桌子底下、柜子底下去了。这一举动可把记者、编辑们气坏了，但这两个人不慌不忙的给他们解释了事情的原因，并留下了二、三十盒带去的灭蟑药笔。第二天，记者、编辑们发现躲起来的那些蟑螂果然都爬出来死掉了。大家一看效果不错，就把厂家带去的灭蟑药笔分光了，用后都反映灭蟑效果很好。记者有感而发，写了一篇名为《死给你看》的新闻，新闻见报后，成千上万的订货单像雪片一样飞到厂家，为该产品打开了销售市场。该厂在巴黎、莫斯科举办的中国轻工产品展览会上也如法炮制，很快便打开了国际市场。

案例提示：

这个案例告诉我们，产品可以先不卖，但要让消费者先知道、了解并喜欢我们的产品，等需要时就会想到选择我们。精心策划出既具较高的新闻价值、容易吸引记者们的注意，又容易吸引公众的新闻事件，可以达到迅速突破公众心理障碍，打开市场的效果。

2. 公共关系广告。企业的公共关系活动也包括利用广告进行宣传，这就是公共关系广告。公共关系广告与商业性广告的区别在于：它是以宣传介绍企业的整体形象为内容，而不仅仅是宣传介绍企业的产品或劳务；它是以提高企业的知名度和美誉度为目的，而不仅仅是为了扩大销售；它是追求一种久远的，战略性的宣传效果，而不是像一般商业广告那样要求取得直接的、可度量的传播效果。

小案例 7-7

香港旅游业的成功

香港旅游业利用公共关系广告做宣传是非常成功的。香港政府旅游协会拍过一部题目叫《在神秘的大幕后面》的旅游宣传片，该片反映了香港的旅游资源、人文特色。西方的观众从片中得到的信息是，香港是一个充满东方神秘色彩的城市，你要领略东方的文化特色，不一定到中国大陆，也不一定到泰国、韩国，到香港就会一览无余。而东方的观众从片中得到的信息是：香港是一个充满了活力的现代化国际大都市，你要领略现代化国际大都市的风采，你不需要到巴黎、纽约，就到香港吧。一部片子成功的向东、西方不同文化背景的游客推销了香港的旅游形象。香港政府把这部片子赠送给各国电视台在旅游栏目里播放；每年暑假，香港政府把录像带赠送给留学生，让他们把录像带带到他们留学的国家。据香港旅游协会统计，投入一元港币的旅游宣传费，可以赢得200元港币的旅游综合收入。

案例提示：

我们见得最多的是仅宣传介绍企业产品的广告，但这则公共关系广告是以提高香港的知名度为目的，从而促进香港旅游业发展。这种广告给企业带来的无形资产更是不可估量的。

3. 企业自我宣传。这是企业运用所有自己能够控制的传播媒介进行宣传的形式。例如，企业通过各种印刷品举办展览会，用实物、图片、录像等向公众介绍企业的发展历程，展示企业的经营成果，以此扩大企业的影响，精心设计或选择一些有象征意义、有收藏价值的公关纪念品，加深公众对企业的记忆。

4. 与地方政府建立良好的关系。地方政府的支持是企业长远发展的重要保证，企业应努力与当地政府建立良好的关系，争取得到政府在各个方面的支持，包括资金扶持、场地优惠政策、客户开发及其他优惠政策扶持等。

5. 举行各种会议。企业可以举行产品和技术方面的展览会、研讨会和演讲会，以及各种有奖比赛、纪念会等。这是提高企业和产品知名度的另一种方法。如美国克莱斯勒公司曾举行大规模的演讲会，促进该公司汽车的销售，并刺激了投资者购买该公司的股票。

6. 参与社会活动。企业是社会的一分子，在主要从事生产经营的过程中，也应积极参加广泛的社会活动，以赢得社会公众的爱戴。如参与上级和社会组织的各类文化、娱乐、体育活动；参与免费产品咨询、维修、保养等服务活动；参与赞助办学、扶贫、救灾等公益性的活动等。

五、制定促销方案的步骤

在制订促销方案时，企业应遵循以下7个步骤：

1. 确定目标市场。其实就是确定产品或服务所针对的消费者。只有认准了潜在客户，企业才能采取最有效的促销手段，与他们进行营销沟通，并在沟通过程中传达最适合于他们的营销信息。

2. 确定促销目标。促销目标可以是短期的，也可以是长期的。企业在确定具体的目标时，要综合考虑其产品所处的生命周期以及目标市场的特征。

3. 设计促销信息。促销信息是企业在与目标市场沟通进，用以吸引目标市场所采用的文字和形象设计。企业必须在促销信息中以充足的理由向潜在的客户表明：为什么他们应该对该促销信息做出反应；企业所提供的产品能够给用户带来的最大益处是什么。

4. 选择促销方式。即选择四种促销方式中的哪种或如何采用促销组合。

5. 制定促销预算。企业可以先将计划内采用的促销手段列出一份清单，然后根据各个项目的收费标准，对清单列出所有促销项目做出一份总的预算，并根据实际情况对方案进行调整，直到认为调整的预算方案对企业自身而言可以接受为止。

6. 制定促销的实施、监督方案。制定详细的实施、监督方案是保证促销方案顺利实施的前提，其主要内容是确定整个方案中各个项目的执行方法、负责人、监督方法及监督人。

7. 评估促销绩效。评估促销绩效是对促销方案做出评估和调整，其目的不仅仅是为了调整那些效果不佳的促销手段，同时也是为了使以后的促销方案能够更有效地为实现促销目标服务。在制订方案时，要做出评估此次促销活动结果的方法，如促销总费用与因促销引起的销售量的比例、促销总费用所达到的宣传效果等。

六、促销活动方案的主要内容

1. 活动目的

市场现状如何；开展这次活动的目的是什么；是处理库存还是提升销量；是打击竞争对手还是新品上市或提升品牌认知度及美誉度。只有目的明确，才能使活动有的放矢。

2. 活动对象

活动针对的是目标市场的每一个人还是某一特定群体；活动控制在范围多大内；哪些人是促销的主要目标；哪些人是促销的次要目标；这些选择的正确与否会直接影响到促销的最终效果。

3. 活动主题

在这一部分，主要是解决两个问题：确定活动主题、包装活动主题。

降价、价格折扣、赠品、抽奖、礼券、服务促销、演示促销、消费信用、还是其他促销工具？选择什么样的促销工具和什么样的促销主题，要考虑到活动的目标、竞争条件和环境及促销的费用预算和分配。

这一部分是促销活动方案的核心部分，应该力求创新，使活动具有震撼力和排他性。

4. 活动方式

这一部分主要阐述活动开展的具体方式。有两个问题要重点考虑：一是确定伙伴，与政府合作还是与经销商合作，或是厂家单独行动。二是确定刺激程度，要使促销取得成功，必须使活动具有刺激力，能刺激目标对象参与。刺激程度越高，促进销售的反应越大。但这种刺激也存在边际效应。因此必须根据促销实践进行分析和总结，并结合客观市场环境确定适当的刺激程度和相应的费用投入。

5. 活动时间和地点

促销活动的时间和地点选择得当会事半功倍，选择不当则会费力不讨好。在时间上尽量让消费者有空闲参与，在地点上也要让消费者方便，而且要事前与城管、工商等部门沟通好。不仅发动促销战役的时机和地点很重要，持续多长时间效果最好也要深入分析。持续时间过短会导致在这一时间内无法实现重复购买，很多应获得的利益不能实现；持续时间过长，又会引起费用过高而且市场无法形成热度，并降低顾客心目中的身价。

6. 广告配合方式

一个成功的促销活动，需要全方位的广告配合。选择什么样的广告创意及表现手法，选择什么样的媒介炒作，这些都意味着不同的受众抵达率和费用投入。

7. 前期准备

前期准备分三块：人员安排、物资准备、试验方案。

8. 中期操作

中期操作主要是活动纪律和现场控制。

9. 后期延续

后期延续主要是媒体宣传的问题，对这次活动将采取何种方式，在哪些媒体进行后续宣传。

10. 费用预算

没有利益就没有存在的意义。一个好的促销活动，仅靠一个好的点子是不够的，对促销活动的费用投入和产出应做出预算。

11. 意外防范

每次活动都有可能出现一些意外。比如政府部门的干预、消费者的投诉、甚至天气突变导致户外的促销活动无法继续进行等等。必须对各个可能出现的意外事件做必要的人力、物力、财力方面的准备。

12. 效果预估

预测这次活动会达到什么样的效果，以利于活动结束后与实际情况进行比较，从刺激程度、促销时机、促销媒介等各方面总结成功点和失败点。

当然以上十二部分只是促销活动方案的一个大体框架，在操作时还需根据实际情况加以充实和完善，另外，负责人还应大胆想象，小心求证，进行分析比较和优化组合，这样才能实现最佳效益。

项目小结

本项目主要是让大家了解促销的实质和主要方式，学会制定促销方案以及企业该如何组织促销活动。

促销是通过人员推销和非人员推销的方式，传递商品或服务的存在及其性能、特征等信息，帮助顾客认识商品或服务所能带来的利益，从而达到引起顾客注意和兴趣、唤起需求、实现购买行为的目的。因此，促销的实质是营销者与购买者之间的信息沟通。企业的促销包括人员推销、广告、营业推广和公共关系这四种促销方式，各种方式都有自身的特点、具体操作方式和各自的适用性。

企业在选择促销方式时要根据企业的促销目标、产品性质、产品生命周期、市场性质、促销预算等因素，将几种促销方式有机结合，综合运用。

促销活动是一种综合性的活动，因此企业必须从整体上制订计划，以便有效实现预期的促销目标。其实不管是促销组合方案还是某单一形式的促销方案，都应有以下内容：目标市场、促销目标、促销信息、促销方式、促销预算、促销的实施、监督方案和促销绩效评估。

促销活动的组织实施水平直接决定了促销的成败。再好的方案如果实施不好也只能是一纸空谈，所以除了方案的可行性评估，还要团队成员的通力协作和实施评估调配。

项目检测

1. 名称识记

促销　　促销组合　　广告　　公共关系

2. 单项选择题

1）人员推销的缺点主要表现为（　　）。

A. 成本低，顾客量大　　B. 成本高，顾客量大

C. 成本低，顾客量有限　　D. 成本高，顾客有限

2）对于单位价值高、性能复杂、需要做示范的产品，通常采用（　　）策略。

A. 广告　　B. 公共关系　　C. 推式　　D. 拉式

3）现代市场营销学认为，促销方式包括人员促销和（　　）两大类。

A. 非人员促销　　B. 广告宣传

C. 营业推广　　D. 公共关系

4）人员推销的策略有（　　）和“启发—配方”策略“需要—满足”策略。

A.“推”式策略　　B. “拉”式策略

C. “刺激—反应”策略　　D. 广告策略

5）公共关系的对象是（　　）。

A. 群众　　B. 公众　　C. 顾客　　D. 中间商

6）在人员推销这种形式中，当推销人员不十分了解顾客需求的情况下，可采取（　　）。

A. 诱导性策略　　B. 针对性策略

C. 试探性策略　　D. 赠品促销

7）与消费品的其他类别相比，选购品是（　　）。

A. 可以大量获得，很少需要促销

B. 在消费者意识到自己需要时立即购买

C. 一般比便利品贵，消费者购买时要反复挑选和比较

D. 消费者经常和随时需用，不用计划购买

8）制造商推销价格昂贵技术复杂的机器设备时，适于采取（　　）方式

A. 广告宣传　　B. 营业推广

C. 经销商品陈列　　D. 人员推销

9）营业推广的目标通常是（　　）。

A. 了解市场，促进产品适销对路

B. 刺激消费者即兴购买

C. 降低成本，提高市场占有率

D. 帮助企业与各界公众建立良好关系

10）在以下几种主要的广告媒体中，最具有针对性的媒体是（　　）。

A. 报纸　　B. 杂志　　C. 电视　　D. 广播

11）饮料的广告词是：“你今天喝了没有？”，属于（　　）广告。

A. 通知型　　B. 提醒型　　C. 说服型

12）广告效果是指广告活动目的的实现程度，是广告信息在传播过程中所引起的直接或间接变化的总和，下列哪个选项不属于广告效果的范畴（　　）

A. 经济效益　　B. 心理效益　　C. 社会效益　　D. 个人效益

3. 判断题

1）促销的实质是一种沟通激励活动。（　　）

2）人员推销是一种“拉”式促销策略。（　　）

3）人员推销和营业推广属于人员促销，广告和公共关系则属于非人员促销。（　　）

4）拉式策略一般适用于单位价值低、市场需求量大、流通环节多，消费者对产品非常熟悉，市场比较成熟的产品。（　　）

5）促销目标是在短期内加快信息传递，所采用的促销组合方案应侧重广告，并配合营业推广。（　　）

6）在产品投入期，企业的促销目标是让消费者认识和了解产品，需要进行广泛的宣传以提高产品的知名度。所以公共关系与营业推广效果最好。（　　）

7）产品分散、渠道长而多，产品差异性大，消费趋势明显，则应选择人员促销。（　　）

8）不同性质的产品，用户具有不同的购买行为和购买习惯，需要采用不同的促销组合策略。（　　）

9）选择广告媒体时，要全面考虑消费者的媒体习惯、媒体的传播范围、商品的特性、媒体性质和成本，充分权衡各种媒体的优缺点，力求扬长避短。（　　）

10）广告目标可分为两种类型：通知型，提醒型。（　　）

11）与其他促销方式相比，人员推销在选择目标顾客的针对性和准确性、掌握顾客需求的灵活性、提供服务过程的完整性以及与客户建立关系的情感性等方面有明显的优势。（　　）

12）潜在顾客是指一个可以获益于某种推销的商品人或组织。（　　）

13）双方达成交易就是推销过程的终止。（　　）

14）广义广告包括非经济广告和经济广告。（　　）

15）经济广告就是商业广告。（　　）

16）商业广告是指法人、公民和其他经济组织，为推销商品、服务或观念，以付费的方式，通过各种媒介和形式向公众发布有关信息的一种促销手段。（　　）

17）营业推广在较长的时期内，对销售量的迅速提高是很有效的。（　　）

18）公共关系的目标是塑造组织形象。（　　）

4. 实训操作

1）广告策划设计训练

目的：通过实训理解广告在促销中的作用，掌握广告策划的内容与流程，增强团队合作能力，巩固促销基本知识。

步骤：A 组建团队

B 成员分工收集产品资料并汇总

C 进行广告设计

D 展示方案

E 互评和教师评价方案

2）成功推销游戏

一人扮演推销人员，另一人扮演顾客，进行推销演练，然后交换角色，要求体现人员推销的步骤。

3）校园中国移动业务点准备利用开学这个时机开展促销活动，请为此制定一份详细的计划书。

知识巩固

1. 试比较人员推销、广告、营业推广、公共关系这四种促销方式的特点。
2. 人员推销的步骤是怎样的？
3. 常见的广告媒体有哪些？
4. 选择促销组合时，应考虑哪些因素？
5. 一个完整的促销方案，应包括哪些部分？
6. 促销活动的前期准备阶段有哪些具体工作？

实例训练

顾客争座的处理

2000年8月，江西第一家肯德其餐厅落户南昌，开张数周，一直人如蜂拥，非常火爆。不想一月未到，即有顾客因争座被殴打而向报社投诉肯德基，造成一场不小的风波。

事件经过大致如下：一位女顾客用所携带的物品占座位后去排队购买套餐时，座位被一位男顾客坐了而发生争执。首先是两位顾客因争座发生口角，尽管已引起其他顾客的注意，但都未太在意，此时餐厅的员工未能及时平息两人的争端。接着两人由小声口角上升到大声争吵，店内所有顾客都开始关注事态，邻座的顾客则停止用餐，离座回避，带小孩的家长担心事态危险和小孩受到粗话影响，陆续带着孩子离店。最后二人由争吵上升到斗殴，男顾客大打出手，殴伤女顾客后离店。女顾客非常气愤，当即要求肯德基餐厅对此事负责，并加以赔偿。到此时，其影响面还局限于人际范围，如果餐厅经理能满足顾客的要求，女顾客就不至于向报社投诉。但餐厅经理表示“这是顾客之间的事情，肯德基不应该负责”，拒绝了女顾客的要求。女顾客马上打电话向《南昌晚报》和《江西都市报》两报投诉，两报立即派出记者到场采访。女顾客陈述了事件的经过并坚持自己的要求，而餐厅经理在接受采访时对女顾客被殴表示同情和遗憾，但是认为餐厅没有责任，不能做出道歉和赔偿。两报很快对此事做了报道，结果引起众多市民的议论和有关法律专家的关注。根据消费者权益保护法，肯德基被认为对此事负有部分责任，向女顾客公开道歉，并赔偿了部分医药费，两报对此也都做了后续报道。

问题：

1. 从公共关系角度来看，顾客争座，肯德基到底该不该管？
2. 通过这一事件，我们应该吸取哪些教训？

在合适的时间地点对合适的人做促销

A. 某地方名牌洗发水踌躇满志地在各大超市推出了买 400 ml 装送精美浴刷的促销。依照去年成功的经验,这样的促销至少能够提高 80%的销量。4 周过去了,销售结果却让人大跌眼镜:销量只提高了 12%!在市场部经理百思不得其解的时候,一位经销商的电话道出失败的原因:联合利华和宝洁的促销装我还没卖光呢!

B. 某瓶装水公司决定对某市的零售小店举行"进一箱(12 瓶)水送 5 包餐巾纸"的活动,开始在传统渠道(零售小店)取得了很大成功。后来,该活动的范转扩大到超市,结果现代渠道(超市)的促销以惨败告终。

C. 四川某酱菜厂有一拳头产品,在当地非常畅销。为了扩大销量,他们准备开拓浙江市场。通过当地办事处对千余名消费者的调查发现,能接受辛辣口味的消费者比原先有较大的增长,于是开始大举进攻浙江市场。尽管他们在小包装的免费赠品上投资很多,但几个月下来,销量依然没有大的起色,后来,一位新来的市场部经理是本地人,他道出了缘由:虽然当地能接受辛辣口味的人多了,但毕竟地域是有差异的,四川市民喜欢的辣味程度对于浙江市民而言,还是很难接受的。

问题:

1. 同一方案,为什么有时成功,有时失败,说明了什么?
2. 结合本项目的理论知识和上述促销实例,谈谈你的感悟。

综合实训

联想乐 Phone 促销活动策划

实训时间:135 分钟

实训场地:网络机房,电脑接入国际互联网,可以使用国内外主要搜索引擎,浏览网页。

实训目标:通过制定促销活动策划方案,加深对主要促销手段、影响促销组合选择的因素、促销方案所应有的内容、制定促销方案的步骤等的了解。提高策划能力,增强团队合作能力以及各种综合素质。

实训内容:自定主题,为联想乐 Phone 制定一份促销活动策划书。

实训准备:学生事先了解和收集联想手机的相关资料,了解促销活动策划书范例,选择团队成员,明确分工与职责;教师事先设计实训项目操作方案、查询了解相关资料、准备小组奖品。

实训步骤:1. 了解实训目的和要求,熟悉相关的理论知识。

2. 组建团队,填写好小组成员分工表。
3. 资料收集,通过互联网查阅相关资料。
4. 方案设计,根据范例按步骤制定促销方案。
5. 方案解说,小组派代表发言并展示成果。
6. 教师点评,教师和其他组同学一起指出每组的亮点不足之处。
7. 方案修改,根据老师和其他同学的意见,将方案完善,课后打印上交。

评分标准

考核项目	比重	考核标准
表一	10%	分工合理，每个人的工作都进行了准确地说明，确保每一名成员在规定的时间内完成了实训内容
表二	30%	表格全部完成，各项内容切实可行，有创意
促销活动方案	40%	方案结构完整，可操作性强，表达通顺，且富有创新创意，排版美观
方案解说	20%	举止得体，吐词清晰，有吸引力，能较好地解说的创新创意

实训成果

一、完成下列表格

表一　小组成员分工表

序号	成员	角色	任务
1			
2			
3			
4			

表二　促销活动策划主要内容

活动名称	
活动目的	
活动对象	
活动主题	
活动时间	
活动地点	
活动内容	

二、形成联想乐 Phone 促销活动策划书

三、形成演示报告

参考文献

[1] 李志敏,江孝东.市场营销学(第二版).中国广播电视大学出版社,2006年
[2] 刘莉.市场营销管理实训教程.清华大学出版社,2010年
[3] 黄彪虎.市场营销原理与操作.北京交通大学出版社,2008年
[4] 科特勒.梅汝和等译.营销管理.上海人民出版社,2002年
[5] 谢宗云.现代市场营销实务.南京大学出版社,2007年
[6] 赵国柱.市场营销学.中国商业出版社,1998年
[7] 冯英健.网络营销基础与实践.清华大学出版社,2004年
[8] 沈玉良.企业营销.复旦大学出版社,2004年
[9] 闫丽霞.市场营销学.立信会计出版社,2008年
[10] 张岩松,王海鉴.现代市场营销学案例教程.清华大学出版社,2010年
[11] 吴健安.市场营销学.高等教育出版社,2004年
[12] 郭国庆.市场营销学通论.中国人民大学出版社,2009年
[13] 郑方华. 营销策划技能案例训练手则.机械工业出版社,2006年
[14] 杜明汉.市场营销知识.中国财经出版社,2006年
[15] 单凤儒.市场营销综合实训.科学出版社,2009年
[16] 兰炜.市场营销理论与技能训练.化学工业出版社,2009年
[17] 宋素红.推销理论与实务.化学工业出版社,2007年
[18] 车慈慧.市场营销.高等教育出版社,2007年
[19] 汤定娜,万后芬.中国企业营销案例.高等教育出版社,2001年
[20] 杨明刚.市场营销100个案与点析.华东理工大学出版社,2004年
[21] 迈克尔·波特.陈小悦译.竞争战略.华夏出版社,2005年
[22] 毕思勇.市场营销.高等教育出版社,2007年